KB271789

가치분석과
명료화

가치분석과 명료화

설 재 풍 著

한국학술정보[주]

　여러분은 살아가면서 미해결의 문제를 만나 이를 해결하기 위하여 많은 시간을 투자해본 경험이 있을 것이다. 사실상 인간의 삶은 끊임없는 문제해결의 과정이며 어떻게 문제를 해결했는가에 따라서 삶의 방향이 달라질 수 있음을 체험적으로 우리는 알고 있다.

　우리가 당면한 문제들을 해결해 나가면서 살아가고 있다는 것은 곧 우리의 삶이 선택의 연속이며 의사결정의 과정이란 사실을 말하여 준다. 그것은 '어떤 기준을 가지고 어떠한 방식으로 삶의 문제를 풀면서 살아가고 있는가'로 바꾸어 표현할 수 있으며 이러한 의사결정과 선택 과정에서 가장 중요한 요인은 '어떤 기준'일 것이다.

　생을 영위하면서 선택의 기준이 서 있지 않다면 문제해결에 필요한 선택적 행동은 불가능하다. 특히, 오늘날처럼 고도로 정보화된 사회에서 발생하는 문제들은 결코 단순하지 않으며 매우 미묘하고 복잡한 성격을 띠는 경우가 많다. 그렇기 때문에 분명한 선택의 기준이 없다면 삶 속에서 만나는 문제를 해결하는 데 많은 어려움이 따를 것이다.

　그렇다면 문제해결의 열쇠에 해당하는 선택의 기준이란 무엇인가? 필자는 그 해답으로 과감히 가치를 든다. 물론 선택의 기준은 사람마다 다를 것이다. 그럼에도 불구하고 가치를 제일 순위로 올려놓는 이유는 인간행동의 결정요소 가운데 가치가 가장 중요하게 작용한다는 생각 때문이다.

우리들은 아주 작은 생활용품을 사는 문제로부터 진로나 직업 문제와 같은 매우 중요한 일들에 수없이 당면하면서 생활하고 있다. 때로는 자신이 원하는 방식으로, 때로는 자신이 원하지 않지만 그 누군가 또는 무엇에 의해서 갈등을 겪으면서 결국은 해결되었거나 아직도 미해결된 문제들을 안고 살아가고 있는 것이다. 자의든 타의든 문제해결 과정에 가치는 개입되어 있으며 우리 인생의 상당한 부분이 가치에 의해 결정되고 있다는 사실 앞에 놀라지 않을 수 없다.

그렇기 때문에 가치는 우리의 삶의 결정요소 가운데 최종적으로 막강한 영향력을 행사하고 있는 괴물과도 같은 존재인 것이다. 필자는 이러한 사실을 인식하고 이 책을 집필하게 되었다.

이 책은 가치에 대한 두 가지 중요한 흐름, 즉 가치분석과 명료화에 대하여 다루었다. 제Ⅰ장 '가치의 이해'에서는 가치에 대한 전반적인 개관을 적어보았으며, 제Ⅱ장 '가치분석'과 제Ⅲ장 '가치명료화'에서는 가치에 관한 두 가지 이론적 배경을 개괄적으로 펼쳐보았다. 그리고 제Ⅳ장 '가치분석과 명료화의 실제'에서는 가치분석과 명료화에 대한 이해를 실제적인 프로그램을 통하여 가능하도록 실어 보았다.

이 책의 장점은 가치분석과 명료화에 대한 이론과 실제의 접목을 시도했다는 점일 것이다. 특히 이론적 배경을 바탕으로 필자가 직접 개발하여

　수록한 프로그램은 가치분석과 명료화에 대한 이해의 폭을 넓히고 그 실제성을 높일 수 있으리라 기대한다. 이 책의 상당 부분이 가치분석과 명료화에 대한 이론적 기술과 함께 그 실제성과 관련된 내용으로 채워진 이유가 바로 여기에 있다. 실제성이 살아 있지 않은 학문은 생기 없는 고목과도 같다는 생각이다.

　이 책을 읽는 분은 가치분석과 명료화에 관한 이론들을 어떻게 실제화할 것인가 고심한 흔적들을 곳곳에서 발견하게 될 것이다. 그럼에도 불구하고 이 책이 가치분석과 명료화에 대한 필요 충분한 조건을 모두 갖추었다고 단언할 수 없다. 앞으로 이 분야에 대한 더욱더 다양하고 현장성 높은 프로그램이나 접근 방법을 담은 역작을 기대한다. 아울러 가치분석과 명료화에 대한 이론적 무게를 더하는 것도 이 책의 또 다른 과제에 속할 것이다.

　처음부터 완벽을 기대하는 것은 오만에 속하리라. 후일의 과제를 잊지 않고 더욱더 연구하는 자세를 갖기로 다짐함으로써 그 부족함을 대신하고자 한다. 미약하나마 이 책이 가치분석과 명료화에 대해 관심을 가지고 교육적 성취를 꿈꾸는 분들께 실제적인 도움이 된다면 그동안의 산고를 잊는 기쁨이 될 것이다.

　끝으로, 이 책이 나오기까지 지도 편달을 아끼지 않으신 많은 분들께 감사드린다. 프로그램 개발 작업 초기에 방향 감각을 잃지 않게 해주신 조성민 교수님, 프로그램의 오류를 잡아주는 데 일조를 아끼지 않은 선배와 동료. 그리고 원고 수정 작업에 천금같은 시간을 할애해 준 친구 홍봉표 선생과 아름다운 결실로 끝을 맺게 해주신 한국학술정보 채종준 사장님, 박주선 선생님 이하 제작팀 여러분께 거듭 감사를 드린다.

2007. 4

넓은 골 광주에서

저자 설 재 풍

차례

제 Ⅰ 장

가치의 이해

1. 왜 가치인가

38년 동안 남편 간호한 할머니 사연에 '감동'

SBS '순간포착! 세상에 이런 일이'가 지난 18일 방송한 한 할머니의 사연이 시청자들의 잔잔한 감동을 이끌고 있다.

사연의 주인공은 이옥금 할머니. 할머니는 결혼 생활 3년 만에 사고를 당해 식물인간이 된 남편을 38년째 병간호하고 있다. 특히 그림자처럼 지난 38년 동안 20분 이상 할아버지 곁을 떠난 적이 없다는 할머니는 기초생활수급대상자로 집도 없는 상태. 다행히 병원의 배려로 그곳에서 살게 된 할머니는 병원을 집 삼아 할아버지를 극진히 간호하고 있다. 때문에 주민등록증 주소지도 병원 주소가 기재돼 있다.

이날 방송이 끝난 후 이 프로그램의 시청자 게시판에는 할머니의 사연에 감동을 받았다는 네티즌들의 글이 끊임없이 올라왔다.

> 한 네티즌은 "남편의 사랑 많이 받고 행복한 가정을 꾸릴 나이에 갑작스런 남편의 사고에 얼마나 힘드셨을까. 할머니가 겪었을 마음고생을 생각하면 정말 눈물이 앞을 가린다."며 "할머니를 보며 참사랑이 무엇인지 배운다. 힘내시길 바란다."고 응원의 글을 올렸다.
>
> 또 다른 네티즌도 "젊은 나이에 사고를 당한 할아버지를 간호하시는 모습이 안쓰럽고 슬프고 감동적이었다."며 "38년 전 뱃속에 아이가 있었는데 할아버지 간호하다 유산을 하셨다는 말 듣고 너무 안타까웠다. 지금쯤 손자도 보실 나인데 너무 속상하다. 절대 아프지 말고 건강하시길 바란다."고 적었다.
>
> 이와 함께 "너무 아름답고 감동이었다."며 "이 위대한 사랑 앞에 무슨 수식어가 필요하겠냐."고 적은 네티즌도 있었다.
>
> 〔스타뉴스, 2006. 05. 19〕

많은 사람들의 격려를 받고 있는 이옥금 할머니의 얘기로부터 우리는 무엇을 발견할 수 있는가?

무려 38년 동안을 식물인간이 된 남편 곁을 떠나지 않고 할머니가 지켜올 수 있었던 이유를 사람들은 사랑이란 말로 표현하고 있다. 남편을 사랑하는 마음이 극진하여 그 험난한 세월을 힘들게 버텨온 것이라며 감동의 마음을 제각각 전한다.

많은 사람들의 마음속에 각인된 할머니의 사랑! 오랜 세월 동안 그토록 할머니를 할아버지 곁에 머무르게 한 사랑의 정체는 무엇인가?

우리는 여기서 가치의 위대한 힘을 발견하게 된다. 이옥금 할머니가 소중히 여기는 사랑이라는 가치는 험난한 세월의 산과 들을 넘고 고단한 삶을 견디게 해주는 버팀목이 되어 주었다. 그뿐인가 할머니가 지켜온 가치는 사람들을 감동시켜서 눈물을 짓게 하고 박수를 치게 만들었다.

이옥금 할머니의 얘기는 우리의 삶이 가치에 얼마나 좌우되는지 일깨워주기에 충분하다.

익히 알려진 데레사 수녀의 경우는 또 어떠한가. 인도의 캘커타에서 극빈자들을 위해 헌신적으로 봉사를 하다가 생애를 마친 마더 데레사(1997)의 삶. 그녀의 삶은 그녀 자신이 말한 다음과 같은 가치의 실천 결과이다.

> 세상에는 허다한 고통들이 있습니다. 굶주림에서 오는 고통, 집 없음에서 오는 고통, 모든 질병에서 오는 고통. 그러나 가장 큰 고통은 외로운 것, 사랑받지 못하는 것, 옆에 아무도 없는 소외감이 아닐까요. 많은 사람들이 앞으로 나아갈 힘이 없이 길 위에 무참히 쓰러지고 있습니다. 이들이야말로 우리가 돌보아야 할 사람들입니다.

일본의 벽촌에서 가난한 장사꾼의 아들로 태어나 대학 입시 일주일 전까지 거름통을 들고 다녀야 했던 히로나카 헤이스케(廣中平祐)(1993)의 삶을 들여다보자. 수학의 노벨상이라는 필드상을 받고 난 뒤 그는 다음과 같이 지난날을 술회하며 자신의 가치를 내보였다.

> 아버지는 대학은 공부를 안 해도 합격할 수 있는 똑똑한 사람만 가는 곳이라고 여기며 나에게 거름통을 들려 밭으로 끌고 가셨다. 어머니 역시 학문하고는 전혀 관계없는 인생을 살아오신 분이다.
> 그러나 나는 이렇게 생각한다. 사는 것은 배우는 것이며, 배움에는 기쁨이 있다. 사는 것은 또한 무언가를 창조해 나가는 것이며, 창조에는 배우는 단계에서 맛볼 수 없는 큰 기쁨이 있다.

히로나카 헤이스케(廣中平祐)의 학구적 삶은 그의 가치의 반영에 다름 아니다. 배우고 탐구하며 창조하는 일 속에서 그는 자신의 가치를 발견해 나갔던 것이다.

평생을 농장을 가꾸며 자본주의 경제로부터 독립하여 조화로운 삶을 보냈던 Helen과 Scott(2002)의 생애에도 가치는 절대적인 영향을 미치고 있다.

다음의 얘기 속에서 그들이 소중히 여겼던 가치를 우리는 쉽게 찾을 수 있을 것이다.

> 새로 골짜기(버몬트 자메이카)에 뿌리를 내린 젊은 사람들은 거의 집에서 술 마시고 춤추는 자리를 열곤 했다. 도대체 뭘 위해 그렇게 할까? 우리는 삶을 진지한 것으로 여겼다. 삶은 배우고, 봉사하고, 세상에 진리와 아름다움과 정의를 심는 기회가 아닌가. 삶이 그런 것이 아니라면 허튼소리나 지껄이면서 술 마시는 파티를 여는 걸 나무랄 수 없을 것이다. 얻을 것도 없고 뜻도 없는 삶이라면 어떤 식으로든 답답함에서 벗어나는 것이 가장 중요할 테니까.
>
> 우리에게 삶은 현실이고, 생생하고, 절박하고, 중요한 문제였다. 할 일이 많았다. 우리는 비슷한 관심을 가진 이들과 함께 시간과 힘을 보태어 일하고 싶었다.

그래서 Helen 부부는 자신들의 가치를 실현할 곳을 찾아 18년 동안 정들었던 버몬트를 떠나게 된다. 그리고 메인의 하버사이드에서 거칠고 메마른 땅에 그들의 가치를 심었다.

가치가 얼마나 우리의 인생을 지배하고 있는가에 새삼 놀라지 않을 수 없다. 아주 작은 일에서부터 아주 크나큰 일에 이르기까지 참으로 가치와 관련되지 않은 것을 찾아보기 어렵다.

우리는 거의 매일같이 직장 동료나 친척 또는 그 외의 안면이 있는 사람들을 만나게 되면 고개를 숙이거나 웃음 띤 얼굴로 인사를 한다. 아니면 반대로 전혀 고개를 숙이지 않거나 얼굴을 찡그리며 그냥 스쳐지나갈 수도 있다. 두 말할 나위 없이 '나는 당신과 어떤 관계를 맺고 있다'라는 표시를 하며 생활하고 있는 셈이다. 물론 그 속에 가치가 숨어 있다. 애정과 존중 또는 증오나 불신 등의 가치에 따라 인사하는 방법이 달라진다.

결혼의 배우자를 선택하는 더 큰일을 생각해 보자. 우리는 지금까지 살아 오면서 얼마나 많은 사람과 만나고 헤어짐을 반복했던가. 그 가운데 결혼식장의 주인공이 되어 함께 축복을 받을 수 있는 사람을 고르게 될 때 우리 자신이 소중히 여기는 가치에 따르게 된다는 사실은 전혀 이상한 일이 아니다.

어떤 사람은 돈이 많은 사람과 결혼식을 올리고, 어떤 사람은 학벌이 좋거나 좋은 직장을 갖고 있는 사람과 평생을 언약할 것이다. 또 어떤 사람은 단지 사랑한다는 이유만으로 배우자를 선택할지 모른다. 어쨌든 이 모든 선택의 핵심에 가치가 자리잡고 있다.

가치는 우리의 마음을 결정하는 최종적인 잣대에 해당한다. 그러므로 우리가 어떤 가치를 소중히 여기며 생활하느냐에 따라 우리의 삶의 형태가 달라질 수밖에 없다.

마치 커다란 배의 키처럼 가치는 알게 모르게 우리의 인생행로를 결정해 나간다. 묵중한 배의 몸무게에 비하면 보잘것없는 아주 작은 키! 그러나 그 키의 조정에 따라 배가 앞으로 똑바로 가기도 하고 좌우로 움직이며 원하는 방향으로 나간다.

다음의 얘기들은 우리가 왜 가치에 관심을 가져야 하는지 극명하게 보여줄 것이다.

> 학교를 졸업하고 마땅히 할 것이 없었던 혜원이는 부모님의 도움으로 겨우 옷가게를 차릴 수 있었다. 중소도시의 시장 한 모퉁이에 가게 자리를 구하고 간판까지 그럴 듯하게 걸어 놓고 개업한 지 3일째 되던 날. 아침에 가게 문을 열려는데 웬 지갑이 떨어져 있는 게 아닌가. 지갑에는 현금이 50만 원가량 들어 있었다.

그렇지 않아도 부모님께 돈을 많이 빌려서 무척 부담을 느껴오던 차에 지갑을 발견하니 괜스레 욕심이 생겼다.

K중학교 1학년 3반 2교시 사회 수업 시간, 김 선생은 수업을 하다 말고 시력이 나빠서 맨 앞에 앉아 있는 장수를 주목하게 되었다.

장수가 야뇨증이 있다는 말을 며칠 전에 보건선생님으로부터 들었던 기억을 떠올렸다. 한참 필기를 하던 장수가 안절부절 못하고 고개를 푹 숙이고 있어서 이상하다는 생각이 들었었다. 얼굴까지 벌게지는 장수를 보고 실수를 하고 만 모양이구나 싶었다.

장수가 뜻하지 않게 이런 실수를 할 때마다 반 친구들은 비웃음을 쏟아놓기 일쑤였다. 벌써부터 몇몇 학생들이 눈치를 채고 키득거린다. 그래서 되도록이면 장수가 방뇨한 사실을 아무도 모르게 자연스럽게 처리해야 될 것 같았다.

병철이는 요즘 사업이 잘 안되어 울상이다. Y회사에 음식재료를 조달하는 일을 하는 그는 그런대로 4가족의 생계를 유지할 만큼 돈을 벌어왔다. 그런데 경기불황으로 전처럼 사업이 잘 되지 않는다. 그러던 중 그날 저녁에 부산에 사는 작은 형으로부터 전화가 왔다.

사업상 은행에서 돈을 빌려야 하는데 보증을 좀 서 달라는 것이다. 병철이는 아내와 상의해 보겠다고 했지만 아내에게 말할 엄두가 나지 않는다.

우리가 지갑을 주은 혜원이나 수업 장면에서 돌발적인 상황에 직면한 김 선생, 또는 형의 보증제의를 받은 병철이었다면 어떻게 해야 할 것인가. 실제로 우리는 알게 모르게 이와 유사한 경험을 했거나 또는 앞으로 하게 될지 모른다.

부모에게 진 빚에 대한 부담을 늘 가지고 있는 상황에서 뜻하지 않게 큰 돈이 들어 있는 지갑을 주었을 때 곧바로 파출소에 신고를 하거나 지갑 주인을 찾아주는 일을 하겠는가. 아니면 주위를 일단 한번 둘러보고 슬

그머니 자신의 가방이나 주머니에 지갑을 집어넣으며 미소를 지을 것인가.

만약 혜원이가 정직이라는 가치에 삶의 무게를 두었다면 지갑 주인을 찾는 일을 했을 것이다. 그러나 개인적인 이익에 가치를 두었다면 미소뿐만 아니라 휘파람을 불면서 주은 지갑을 아무도 모르게 챙겼을지 모른다.

김 선생의 경우는 어떤가. 약자 보호나 학생 존중, 그리고 공공의 질서나 전체 이익, 그 어떤 것에 가치를 두느냐에 따라 교실의 상황은 완전히 달라질 수 있다. 만약 김 선생이 공공의 질서나 전체 이익의 추구라는 가치에 따라 공개적으로 장수의 문제를 거론한다면 장수는 심한 자존감의 손상을 입게 될지도 모른다. 이럴 경우 김 선생의 가치는 장수의 인생에 지대한 영향을 미칠 수 있는 요인으로 작용한다.

마지막으로 병철이의 경우를 보자. 그는 아내에게 사실을 얘기하고 보증을 서 주어야 할까. 아니면 아무런 내색을 하지 않고 아내 몰래 형을 도와주어야 할까. 그도 아니면 처음부터 냉정히 거절할 것인가. 어떤 경우를 선택하든지 병철이의 행동은 자신을 지배해 온 가치의 범위를 벗어날 수 없다.

우리의 삶이 이미 가치에 의해 설계되고 건축되어 버려서 쉽사리 그 영향권을 이탈할 수 없음을 알게 된다. 말하자면 가치는 단단한 돌집과도 같다. 한번 돌과 콘크리트로 버무려 지은 집은 여간해서는 무너지지 않고 그 형태도 바꾸기 어렵다. 그러므로 아직 본격적으로 집을 짓기 전에 가치의 중요성을 알고 교육을 받을 필요성이 있다.

오늘날 심심치 않게 등장하는 사회적인 문제나 개인적인 문제들이 가치와 밀접히 연관되어 있다는 사실을 간파한 사람이라면 청소년기 이전부터 가치교육이 강조되어야 한다고 말할 것이다.

자라나는 나무처럼 유연성과 순발력이 뛰어난 청소년들에게 가치를 탐구하고 분석하여 명료하게 해 줌으로써 성인이 되어 이미 굳어진 돌집을 다시 허물 필요성을 못 느끼게 하여야 한다. 그들은 아직 어떻게 살아가야 할지 삶의 방향이 분명히 서 있지 않고 자신이 소중히 여길 만한 가치를 찾지 못하여 방황하고 있다.

책가방을 던지고 교문을 완전히 벗어날 때까지 청소년들은 기성세대가 단단히 쌓아놓은 돌집에 갇혀서 자신이 일생 동안 추구할 가치를 찾아 나설 기회를 얻고 있지 못하다. 우리는 그들 자신이 소중히 여기는 가치를 추구하며 살기를 원하면서도 그들에게 너무 일찍 우리들이 만들어 놓은 돌집에 가두어 놓고 만다.

그러나 그들은 끊임없이 성장하는 나무다. 결코 가만히 돌집에 갇혀있을 수 없다. 자신이 소중히 여길 수 있는 새로운 가치를 찾아나서는 그들에게 도움이 되도록 우리는 무언가를 해야 한다.

가치에 대한 전반적인 이해와 가치 분석, 그리고 명료화 과정을 통하여 자신의 가치를 분명히 알고 촉진할 수 있도록 도와주는 일도 그 가운데 하나가 될 것이다.

2. 가치의 개념

가치는 우리가 추구하는 대상으로서 우리의 행동의 방향과 삶을 결정하는 중요한 요인이다. 예컨대 어떤 사람이 가난한 사람에게 의술을 베풀기 위해 의사가 되기로 결심했다면 그 사람에게는 봉사라고 하는 도덕적 가치가 반영되어 있는 것이다. 그러나 의사라는 직업이 수입이 많기 때문에 그 직업을 택하기로 결심했다면 돈이라는 경제적인 가치가 반영된 결과로 볼 수 있다.

이처럼 가치는 인간의 모든 행위와 활동의 직접적인 동기라고 볼 수 있다. 가치는 마치 자동차의 핸들처럼 우리의 갈 길을 정해주는 방향키의 역할을 한다. 어떠한 가치에 무게를 두고 자신의 삶의 방향을 정하느냐에 따라 살아가는 모습이 달라질 수 있는 것이다.

Paulson(1976)은 가치를 특정한 문제에 대한 개인의 사고와 느낌, 행동이 통합되어 나타내는 일관된 것으로 보았으며, Rokeach(1973) 역시 어떤 특정한 행위의 모습 또는 존재의 목적 상태를 이와 반대되는 행위의 모습 또는 존재의 목적 상태보다 개인적 또는 사회적으로 더 좋아하는 지속적인 신념으로 정의하였다. 예컨대 이들은 특정한 대상에 대한 일관되고 지속적인 성격을 지닌 것을 가치로 간주하였다.

Spranger(1928)는 가치를 경험과 행위의 지속적인 성향으로 항상 개인적인 구조의 부분이라고 하면서 가치를 개인적 차원으로 규명하였는데, 생활과정 자체에서 무엇을 좋아하고 존중하는 것, 그리고 평가하고 값을 매기는 기준으로써 가치를 정의한 Dewey의 생각과 유사하다(정철규, 1999).

Kluckhohm과 Strodbeck(1961)은 가치를 개인이나 한 집단의 독특성을 규정짓는 행동양식으로 선택의 외현적, 내재적 준거 개념과 어떤 생각, 관념, 표현된 느낌과 같은 상징적인 범주들로서 행동과 사고의 순위를 정할 수 있게 하고 좋고 나쁜 것, 해야 하거나 하지 않을 것을 결정해 주는 것으로 각각 정의하였다. 그의 경우 가치를 사고의 판단과 행위의 결정 준거로서 보고 있는데 Perry(1970)는 모든 관심과 그 대상 사이의 특수한 관계, 즉 어떤 사상이나 관심 대상이 되므로 말미암아 갖게 되는 특수한 성격으로 가치를 정의하여 대상관계론적 관점을 보여주었다. 그에 있어서 가치란 대상과 사상, 그리고 관심과 흥미 사이에서 발생하는 독특한 성질인 것이다.

이에 비하여 Ryan(1994)은 가치를 바람직하다고 생각하는 감각이라고 하면서 선, 악에 기본을 두고 있는 도덕과 구분하였다. 이형득(1993)과 정범모(2000) 역시 가치를 행동방향 선택에 영향을 미치는 바람직하고 당연한 것으로, 그리고 행동방향에 영향을 주는 바람직한 것이면서 하여야 할 것에 대한 일반적인 개념으로 각각 정의하였다. 이들에 있어서 가치는 규범적으로 당연하게 수용되어야 할 바람직한 성질인 것이다.

가치에 대한 이러한 견해들을 종합해보면 가치는 ① 평가하고 사고하는 인지적 성격을 지니고 있을 뿐만 아니라, ② 느낌이나 좋아하고 싫어하는 감정, 흥미와 관련하여 정의적인 기능을 하고, ③ 행동방향 설정에 당연성을 부과하는 행동적 특성을 지니고 있다고 할 수 있다.

따라서 가치는 인지적, 정의적, 행동적 측면을 모두 포함하는 폭넓은 개념으로 볼 수 있다. 즉 인간의 행동방향을 결정하는 기준으로 인지적 판단의 준거로 작용하며 주관적인 개인의 경험을 동기화시켜 주는 지속적인 신념 같은 것이다.

결국 어떤 일에 대해 사려분별을 하고 성취동기를 부여하면서 일관되게 지속적인 방향으로 행동을 결정할 수 있게 해주는 신념이나 소신 같은 내적 준거에 해당되는 것을 가치로 정의내릴 수 있겠다.

3. 가치의 형성 과정과 가치체계

가치가 인간의 행동방향을 결정하는 중요한 평가기준으로 신념화되어 있는 것이라면 그 속에는 복잡한 내재적 심리적 과정, 즉 정보처리 과정이 개입되어 있음을 암시한다. 왜냐하면 우리가 어떤 가치와 관련된 사상들에 대해 일관성 있는 행동을 보인다는 것은 곧 가치를 담고 있는 정보의 체계적인 습득 과정을 통한 내면화의 결과이기 때문이다.

우리는 우리가 나름대로 비중을 두고 있는 가치관련 정보들을 정보처리 과정을 거쳐서 장기 기억 속에 저장시키고 지속적으로 신념화시킨 다음 일상생활에서 행동으로 표현한다.

다시 말하면 개인은 의식적이든 무의식적이든 외부에서 다양하게 제공되는 정보들을 선택적으로 수용하여 기억구조 속에 저장하는 일련의 구조화 과정을 진행한다(이성진, 1996). 우리가 어떤 가치문제에 대해 판단을 내릴 때는 이렇게 구조화되어 저장된 가치관련 정보들이 중요한 역할을 하게 될 것이다.

그런데 가치관련 정보들은 어디에 있는 것일까? 인생목적, 욕망, 포부, 관심, 태도, 감정, 근심걱정, 활동, 장애물, 문젯거리 등 말하자면 잠재적 가치결정 인자 속에 다양한 형태로 가치관련 정보들은 들어 있는 것이다. 개인은 잠재적 가치결정 인자 속에 들어 있는 언어적, 비언어적 정보들을 흥미나, 기호, 관심의 정도에 따라 지속적으로 정보를 처리하고 포괄적인 개념으로 가치화시킨 다음 장기 기억 속에 저장하게 된다.

가치관련 정보의 처리 과정을 구체적으로 제시하면 [그림-1]과 같다.

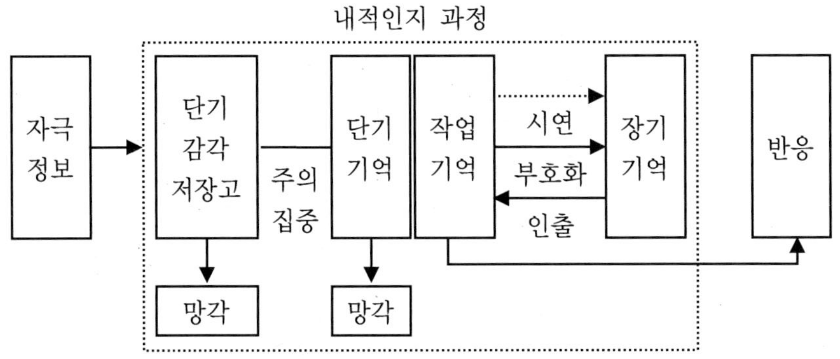

자료: 이성진(1996). 교육심리학서설. 서울: 교육과학사, p.226

[그림-1] 가치관련 정보의 처리 과정

이러한 정보처리 모형에서 주목할 점은 감각저장고에서 단기 기억저장고로 정보가 이동할 때 매개 변인으로 주의 집중, 곧 관심이나 기호, 흥미에 따른 선별적 수용 과정이 발생한다는 것이다. 만약에 어떤 사람이 사회봉사에 관심이 있다면 수많은 정보들 중에서 사회봉사와 관련된 정보를 우선적으로 수용하여 단기 기억에 저장하게 되고 그 사람이 지속적으로 사회봉사에 관심을 가지고 행동한다면 단기 기억에 저장된 사회봉사와 관련된 정보들은 장기 기억에 체계적으로 조직되어 하나의 개념적 구조를 형성하게 될 것이다.

예를 들면 사회봉사와 관련된 정보들인 수재민 돕기라든가, 양로원을 방문하여 위문한다든가, 불우한 이웃을 돕는다든가 하는 정보들은 주의집중과 관련된 정의적 매개 요소인 흥미, 기호, 관심 등에 따라 선택적으로 장기 기억에 저장되는 인지 과정을 거친다. 그런 다음 이들 정보들은 생활 장면에서 인출되어 행동으로 나타나기도 하고, 그 결과는 다시 피이드백 과정을 거쳐 정보의 원천으로 입력될 것이다. 이러한 반복적인 정보처리 과정 속에서 정보들은 유기적으로 구조화되어 '사회봉사는 좋은 일이야'라는 포괄적인 개념으로 신념화될 것이다.

이렇게 반복적인 정보처리 과정을 거쳐 포괄적으로 신념화된 개념이 곧 가치라고 본다면 가치는 인지적 측면과 정의적 측면 그리고 행동적 측면 모두를 포함하고 있다고 단정 지을 수 있다. 이 점은 가치의 개념에 대해서 진술한 바와 같다. 그렇기 때문에 가치와 관련된 문제에 접근하기 위해서는 가치의 지·정·행 요소를 고르게 다룰 필요가 있다. 이러한 가치의 형성 과정에서 얻을 수 있는 시사점은 가치화 과정에서 다루어져야 할 가치의 요소가 무엇인가를 보여준다는 점이다. 가치의 형성 과정에서 알 수 있는 것처럼 가치화 과정에서 충분히 고려되어야 할 사항은 가치의 인지적, 정의적, 행동적 측면이 모두 다루어지고 있는가 하는 점이다. 이러한 세 가지 측면을 충분히 다루지 못한다면 진정한 가치화 과정이라고 할 수 없을 것이다. 이것은 곧 가치 자체가 지·정·행 요소를 모두 포함하고 있으며 가치의 형성 과정에서 알 수 있듯이 이러한 세 가지 요소들이 통합적으로 작용한 결과로 가치는 만들어지기 때문이다.

그런데 대개의 사람들이 이와 같은 가치화의 과정을 거치면서도 왜 개인마다 서로 다른 가치선택이 이루어지는 것일까? 극단적으로 동일한 조건과 동일한 상황 속에서 똑같은 가치선택이 나오지 않는다면 그 이유는 무엇일까?

Rokeach(1973)는 그 원인을 가치체계에서 찾는다. 그에 의하면 인간이 가치를 학습하는 최초의 과정은 어떤 가치를 절대적인 것으로 받아들이는 것으로부터 시작되지만 경험과 함께 성숙되어감에 따라 이러한 독립적이고 절대적인 가치를 위계적으로 조직한다는 것이다. 개인은 상황과 맥락에 따라서 학습한 객관적 가치들을 우선순위에 따라 위계적으로 구조화된 가치체계를 형성하게 된다. 그가 말하는 가치체계는 상대적 중요성의 연속선에 따라서 더 좋아하는 행위의 모습이거나 존재의 목적 상태에 관한 신념의 지속적인 조직 형태라고 할 수 있다. 한 사람이 가지는 가치들은 하나의 가치체계(Value Systems)로 조직되게 마련이며 하나의 가치가 실제로 어떤 상황에서 행동으로 나타날 때는 그 상황에서 경쟁적으로 작용하는 모든 가치들 가운데서 상대적으로 중요한 가치가 선택된 결과라는 것이다.

Simon, Howe와 Kirschenbaum(1991) 역시 학습된 가치들은 다른 가치들과의 관계에서 우선순위를 가진 하나의 조직된 가치체계로 통합된다고 하여 Rokeach와 마찬가지로 가치의 위계성을 강조하고 있다. 예컨대 개인은 정의적, 행동적 매개 요인에 의한 인지적 정보처리 과정의 결과로 형성된 가치들을 그 중요도에 따라 위계적으로 조직하고 그들을 하나의 가치판단의 틀로써 구조화하여 내면화시킨다고 가정해볼 수 있다. 따라서 개인마다 가치체계는 다를 수밖에 없으며 가치선택의 결과로 나타나는 행동들도 다를 수밖에 없다. 이러한 가치체계에 대한 논의들이 함의하고 있는 바는 가치의 우선순위가 분명하게 존재하고 개인적으로 다양한 가치체계들이 공존한다는 사실이다.

예를 들면, 학교에 등교하는 학생에게 "왜 학교에 가느냐?"고 물었을 때, A학생은 "공부하는 것이 좋아서"라고 대답하고, B학생은 "친구를 만나서 즐거운 시간을 보내는 게 좋아서"라고 각각 다른 대답을 하였다고 가정해 보자.

A학생은 친구를 만나는 것보다 공부하는 것에 우선순위를 둔 가치체계를 형성하고 있는 반면에, B학생은 그와 반대의 가치체계를 가지고 있는 셈이다.

위의 예에서 알 수 있는 것처럼 결국 가치는 개인에 따라서 상대적으로 존재하고 가치체계도 개인마다 다르기 때문에 개인마다 가치판단의 기준과 가치체계의 구조화 정도가 다를 수 있다는 점이다. 똑같은 문제 상황을 대하고서도 가치를 쉽게 결정하지 못하고 당혹스러워하는 사람이 있는가 하면 합리적으로 가치를 선택하여 문제를 쉽게 처리하는 사람도 있는 것이다.

그리고 가치판단 수준이 동일하더라도 가치체계의 차이에 따라 가치갈등이나 가치혼란 문제가 발생할 수도 있다. 어차피 서로 다른 환경과 조건 속에 있는 개인들이 지니고 있는 특정한 가치는 서로 다를 수밖에 없기 때문에 개인 간의 상대적인 가치체계의 차이를 인정하고 가치의 개인적인 형성 과정을 중시할 필요가 있다.

그런데 Piaget(1970)은 가치체계와 밀접한 연관을 맺고 있는 인지구조가 오히려 내적인 갈등에 직면했을 때 변형과 창조가 일어난다고 하여 가치체계의 발달과 관련하여 중요한 시사점을 던져준다. 말하자면, 기존의 인지구조의 관점에서 새로운 경험이나 지식을 해석하는 동화(assimilation), 기존의 인지구조와는 다르게 새로운 상황에 맞게 인지구조를 변형시키는 조절(accommodation), 그리고 잠재적인 인지구조의 균형상태인 평형(equilibrium)의 과정을 통한 변증법적 인지구조의 발달은 개인이 어떤 문제를 해결하면서 겪는 내부적 갈등이 있을 때 효과적이라는 것이다(김용신, 1999). Simon(1991) 등도 가치체계란 성장하고 변화하는 역동성을 지니고 있으며 모든 가치체계는 불일치와 갈등이 존재할 수 있다고 보았다. 경험에 따른 주체적인 심리 작용에 따라 형성되는 가치를 중요시한 Dewey 역시 모든 경험이 아닌 문제 상황을 경험할 때 가치가 발생되는 것으로 보았다(정철규, 1999).

따라서 가치체계를 발달시키기 위해서 역설적이게도 문제 상황을 제시하여 개인으로 하여금 가치갈등을 의도적으로 일으킬 필요성을 제기하고 있다. 즉 인지구조와 마찬가지로 가치체계 역시 가치와 관련된 문제를 해결하는 과정에서 발달할 수 있다고 가정해 볼 수 있는 것이다.

결국, 가치체계는 가치갈등 상황에 대하여 동화, 조절, 그리고 평형의 3단계 과정에 따라 변증법적으로 해결해나가면서 발달한다고 할 수 있다.

4. 가치의 분류와 존재양상

가치는 우리가 매일 마시는 물이나 공기처럼 일상생활 속에서 가까이 접하면서도 그 중요성을 느끼지 못하는 경우가 많다.

하루 일과를 생각해 보자. 대개의 사람들은 아침에 일어나서 세면을 하고 식사를 한 다음 각자 자신이 하루 일과를 보낼 곳(집이거나 아니면 집밖이거나 간에)으로 가서 일을 하고 다시 저녁에 집으로 되돌아온다.

우리는 왜 세면을 하고 밥을 먹고 일터로 나가는가? 매일같이 반복하는 이러한 일상 속을 가만히 들여다보면 하나하나의 행동 속에 가치가 들어 있음을 발견할 수 있다. 예컨대 세면을 하는 행동 속에는 '청결', '만족' 등과 같은 가치가 내재되어 있으며, 밥 먹는 행위 속에는 '생존', '쾌락'과 같은 가치가 숨어 있는 것이다. 그리고 우리가 일터에 가는 것은 '경제적 안정'이나 '풍요' 또는 '직업적 봉사'나 '자아 성취', '기쁨' 등의 가치와 연관된 활동임을 알게 된다.

이렇게 가치는 우리가 의식하지 못하는 사이에 우리의 행동을 일으키는 중요한 요인으로 작용하고 있는 것이다. 그럼에도 불구하고 우리는 자신의 행동을 지배하고 있는 가치들에 대해 대부분 모호한 의식을 가지고 생활하고 있으며 그 중요성을 미처 깨닫지 못하고 있다. 따라서 무의식이라는 수면 밑에 가라앉아 있는 가치들을 분류하고 정리함으로써 우리의 선택적 행동들을 보다 분명히 하는 데 도움을 얻을 수 있을 것이다.

Rokeach(1973)는 가정의 안전, 내적 조화, 성취감, 세계평화, 지혜, 안락

한 삶, 평등, 구원, 미의 세계, 사랑, 자유, 사회적 인정, 진실한 우정, 행복 등을 목적적 가치로 분류하였으며, 자제력, 독립심, 풍부한 상상력, 용기, 야망, 명랑, 지성, 사랑스러움, 책임감, 포용 등을 수단적 가치로 분류하였다. 그리고 Spranger(1928)는 생물적 자아, 경제적 자아, 미적 자아, 이론적 자아, 종교적 자아로 자아의 유형에 따라 가치를 분류하였다. Kekes(1993)는 자연적 가치, 인위적 가치, 도덕적 가치, 탈도덕적 가치, 우선적 가치, 조건적 가치, 일차적, 이차적 가치로 가치의 특성에 따라 구분하였다.

한편, Morris는 가치를 보는 측면에 따라 선택적 가치, 개념적 가치, 대상적 가치로 분류하였으며, Maslow는 진, 선, 미, 정의, 성취감, 완전성, 풍요, 생동감, 전체성, 유일성, 생리적 만족 등으로 가치를 분류하였다(남궁달화, 1994에서 재인용, p.50).

사실 가치를 분류하는 방법은 가치에 대한 견해에 따라 다양하게 나타날 수 있다. 가치의 특성이나 성격에 따라서 분류할 수도 있고 그 범주나 관점에 따라서 분류할 수도 있다. 가치에 대한 분류를 Sichel(1982)의 가치의 범주화 방법에 따라 재구성해 보면 〈표-1〉과 같다.

〈표-1〉 가치의 분류

가치의 분류	가치의 종류	가치판단 관점
물질적 - 육체적 (material-physical) 가치	건강, 안전, 생리적 만족 등	물질적 - 육체적 관점
경제적(economic) 가치	경제적 안정, 풍요 등	경제적 관점
도덕적(moral) 가치	정직, 공정, 책임감, 포용, 선 등	도덕적 관점
사회적(social) 가치	관습, 자비로움, 사회적 인정 등	사회적 관점
정치적(political) 가치	자유, 정의, 평등 등	정치적 관점
심미적(aesthetic) 가치	미, 조화, 아름다움 등	심미적 관점
종교적(religious) 가치	경건, 유일성 등	종교적 관점
지 적(intellectual) 가치	총명, 진, 지능 등	지 적 관점
직업적(professional) 가치	성공, 성취감 등	직업적 관점
정서적(sentimental) 가치	사랑, 수용 등	정서적 관점

　가치는 그것을 범주화하는 방식에 따라 그 범위가 대단히 넓으며, 가치의 종류 또한 다양할 수밖에 없다. 그것은 가치를 분류하는 절대적 기준을 명확히 정할 수 없는 이유 때문이다.

　사실 가치가 담긴 실제적인 상황에서는 가치를 분류하기가 애매하거나 가치들이 혼재되어 있는 경우가 많아서 합리적인 가치결정을 이끌어 내기까지는 많은 어려움이 따른다.

　다음의 예를 보자.

> 　순영이는 K회사 사장 비서로 근무하고 있다. 사장은 대단히 친절한 사람으로 순영이 어머니가 몸이 편찮으셔서 병원에 입원했을 때 직접 병문안을 와서 위문을 해주기도 하고 순영이가 주간에 대학원을 다닐 수 있도록 특별한 배려까지 해 준다. 그런데 어느 날 순영이는 사장실의 문서들을 정리하다가 회사 사장이 탈세를 하기 위해 이중 문서를 작성한 사실을 알게 되었다. 순영이는 이러한 사실을 알고 고민에 빠지지 않을 수 없었다.

　위의 사례에 담겨 있는 가치들은 하나가 아님은 분명하다. 먼저 탈세는 법을 어기는 행동이기 때문에 순영이는 정치(법)적 가치, 즉 '탈세는 법을 어기는 행위로 옳지 않다'라는 정치적 관점에서 바라본 가치가 있을 수 있으며, '은혜를 입은 사람에게 피해를 주는 일은 옳지 않다'라는 도덕적 가치(도덕적 관점), 그리고 '기업인으로서 기업윤리를 지켜야 한다'는 직업적 가치(직업적 관점)들이 혼재되어 있는 것이다.

　이와 같이 실제적인 상황에서는 가치가 복합적으로 섞여 있어서 그것들을 구별하여 합리적인 가치판단을 내린다는 것이 쉬운 일이 아니다. 그리고 가치선택의 문제는 지극히 개인적인 가치의 우선순위 결정, 즉 가치체계와 관련되어 있기 때문에 위의 예에서 순영이가 정치적 가치나 직업적 가치, 그리고 도덕적 가치들 사이에 위계가 명료하게 설정되어 있지 않다면 가치혼란 상태에 빠질 것은 자명한 일이다.

그러나 만일 순영이가 내부적으로 이들 가치들 사이에 분명한 위계가 서 있다면 가치의 혼란 상태에서 오는 정신적 고통을 줄일 수 있을 것이다. 이러한 사실은 가치를 선택하고 실천하는 능력과 가치체계의 성숙이 얼마나 중요한 것인지 말하여 주고 있다.

어떻게 보면 가치문제와 관련하여 우리가 당황하고 혼란스러워하는 것은 가치문제 상황 그 자체보다도 우리 자신의 미성숙한 가치선택과 실천 능력, 그리고 확실하게 명료화되지 않은 가치체계에서 기인한다고 볼 수 있을 것이다.

따라서 가치의 선택과 실천의 수준을 높이고 가치체계를 명료화하여 가치를 이행하는 과정에서 오는 혼란과 갈등을 최소화하도록 노력해야 한다.

5. 가치에 대한 관점

1) 가치상대주의

왜 사람들은 동일한 조건과 상황 속에서 서로 다른 선택적 행동을 하는 것일까? 이에 대한 해답은 가치상대주의에서 찾을 수 있을 것이다. 가치상대주의(relativism)는 가치가 어떠한 환경적인 요인이나 심리적인 영향과 관계없이 그 자체로 존재하는 절대적인 성격을 지니고 있는 것이 아니라 개인의 느낌이나 욕망, 기호, 태도 등에 따라 상대적으로 존재하는 것으로 파악한다. 예컨대 사물이나 현상 그 자체가 가치를 가지고 있는 것이 아니라 개인이 사물과 현상을 인식하고 평가하여 가치를 부여함으로써 비로소 그것들은 의미를 가지게 되는 것이다.

그러므로 가치상대주의에서는 가치의 절대성과 보편성을 부정하고 가치의 상황 의존성과 개별성을 강조한다. 예컨대 개인이 처한 상황에 따라 개별적인 경험이 일어나고 이렇게 차별적으로 발생하는 경험의 축적에 따라 가치는 서로 다른 양상을 띠게 될 것이다.

이러한 가치상대주의는 경험으로부터 비롯되는 가치의 차이에 대하여 주목한 Dewey(1939)에 의해서 분명해진다. 그는 후천적인 경험 이외에 선험적으로 다룰 수 있는 가치를 부정하고 개인이 환경과 상호 작용하여 형성한 경험에 바탕을 둔 가치만을 진정한 가치로 보았다. 그에 있어서 가치는 개인만이 겪고 있는 특정한 상황에서 개인의 의식이 작용한 결과이며 그와 관련된 대상은 개인이 인식한 가치와 관련되었을 때만이 의미가 있는 것이다.

이렇게 가치는 상황과 경험에 따라서 개별적으로 형성되는 것이기 때문에 상호 비교 불가능한 상대성을 지니게 된다. 개인이 처한 상황은 동일할 수 없으며 이에 대한 대처 방식들에 따른 경험의 차이 또한 당연한 것이기 때문에 가치와 가치체계에서 개인마다 서로 다른 차이를 보이는 것은 어쩌면 자연스러운 현상일 것이다. 이렇게 개인마다 다른 가치와 가치체계는 그 자체로 고유한 특성을 지니고 있기 때문에 결코 비교할 수 없는 것이 된다.

이러한 가치에 대한 상대주의적 관점은 문화적 가치상대주의에서 두드러진다. 문화적 가치상대주의 입장에서 보면 문화권에 따라 존재하는 개별적인 문화들은 각각 그 나름대로 고유성을 지니고 있기 때문에 가치 또한 문화권에 따라 상대적이라는 것이다. 그렇기 때문에 동일한 행위일지라도 문화권에 따라 서로 다른 가치를 부여하게 되고 이렇게 부여된 가치는 절대적인 기준에 따라 평가될 수 없는 상대적인 성질을 지니게 된다(Kohlberg, 1987).

이와 같이 가치와 가치체계는 개인마다 상대적인 고유성을 부여받고 형성되며 발달한다고 볼 수 있는 것이다. 이렇게 가치와 가치체계는 상대적인 성격을 지니고 있기 때문에 개인이 가진 가치와 가치체계는 그 자체로 독립된 의미를 지니기 마련이다.

그런데 여기서 우리는 한 가지 의문점을 발견하게 된다. 가치상대주의에 따라서 가치가 지극히 개인적인 범주에 머물게 된다면 사회 전체적으로 볼 때 가치갈등이나 가치충돌 현상이 빈번하게 발생하지 않을까 하는 점이다. 절대적이고 보편적인 가치를 인정하지 않는 사회에서 상대적인 가치들 간의 충돌 가능성은 그만큼 커질 수 있기 때문이다.

이와 같은 가치상대주의 맹점을 극복하기 위하여 각각의 가치와 가치체계는 상호 존중의 원리에 따라 보호되어야 함을 알게 된다. 예컨대 개인마다 상대적으로 존재하는 가치와 가치체계가 공존하기 위해서 서로 다른 가치에 간섭하지 않고 서로 존중해 주는 합리적인 합의점이 요구되는 것이다. 이와 같은 생각들은 가치중립주의에서 구체화될 수 있다.

2) 가치중립주의

가치중립주의(neutralism)는 지성에 의한 보편타당성의 발견에서부터 비롯되었다. 예컨대 '자신의 권리를 인정받으려면 남의 권리를 인정하라'는 말처럼 상호 존중의 원칙에는 가치중립의 의미가 담겨 있는 것이다. 위의 말이 효력을 발휘하기 위해서는 다른 사람의 권리와 나의 권리가 동등하다는 전제가 깔려 있어야 한다. 즉 상대방의 권리와 나의 권리는 우열을 가릴 수 없는 평등한 관계에 있는 것이다.

가치도 이와 마찬가지이다. 개개인이 상대적으로 지니고 있는 가치는 어떤 절대적인 기준에 의해서 그 우열을 정할 수 없는 그 자체로 고유한 특성을 가지고 있기 때문에 모든 개인의 가치는 동등한 위치를 보장받게 되는 것이다.

이와 같은 가치중립주의는 개인 간의 가치를 서로 비교할 수 없다는 가치상대주의의 당연한 귀결로 여겨진다. 말하자면 자신의 환경과 경험에 바탕을 둔 주관적인 인식의 작용의 결과로 형성된 가치는 객관적으로 평가할 수 없는 불가역성을 지니고 있는 것이다. 그리고 서로 간의 주관적인 가치를 보장받기 위해서 다른 사람의 가치에 간섭하지 않는다는 가치중립주의는 합리적인 이성의 판단이 낳은 자연스러운 결과이다.

그렇기 때문에 가치중립주의는 정의나 진실 또는 정당성 등과 같은 규범들 때문에 불가피하게 다른 사람의 가치에 영향을 미치거나 자신이 영향을 받을 수 있다는 점을 인정하지 않는다(Kohlberg, 1987).

Gardner(1989)는 가치중립주의가 구체적으로 실현되는 수업 장면을 제시하면서 교화에 의한 교육방법을 가장 경계하였다. 그에 의하면 학생들에게 강요되는 어떠한 교화의 방법도 비중립적인 교수 행위이기 때문에 학생들이 자발적으로 성장할 수 있도록 교사는 학습의 도우미 역할에 그쳐야 한다는 것이다. 따라서 교사는 학생들의 학습 장면에 적극적으로 개입해서는 안 되며 어디까지나 학생들의 학습 활동에서 조정자 역할에 머물러야 한다고 제의하였다.

가치중립주의가 어떻게 실제적인 학습 장면에 적용될 수 있는가를 보여 주는 이와 같은 Gardner의 견해는 학습하는 당사자인 학생들 간에도 다른 사람의 가치 활동을 방해해서는 안 된다는 상호 존중의 원리가 적용될 수 있음을 시사해준다.

따라서 가치와 가치체계의 형성과 발달에 어떠한 외부적인 압력이나 특정한 기준에 의한 일방적인 간섭은 철저하게 배제되어야 한다. 어차피 가치의 형성과 가치체계의 발달은 개인의 주관적인 영역에 해당하고 상호 비교할 수 없기 때문에 서로의 가치를 그대로 인정해 주는 중립적인 자세가 요구되는 것이다(정호범, 1997).

개인의 주관적인 가치와 가치체계를 서로 비교할 수 없기 때문에 중립을 유지하는 것이 합리적이라는 이와 같은 가치중립주의는 가치의 보편성을 부정하고 가치의 특수성을 강조하는 가치상대주의와 상호 보완 관계를 유지하고 있다. 사실 가치와 가치체계의 형성과 발달은 절대적인 가치의 존재 여부를 떠나서 지극히 개인적이며 주관적인 특수성을 지니고 있기 때문에 이들의 입장이 합당하게 여겨진다. 어차피 서로 다른 환경과 조건 속에 있는 개인들이 지니고 있는 특정한 가치는 서로 다를 수밖에 없기 때문에 개인 간의 상대적인 가치체계의 차이를 인정하고 가치의 개인적인 형성 과정을 중시하는 입장이 현명하다 할 것이다.

이러한 입장들은 객관적인 성격을 지닌 특정한 가치가 무엇인가 보다 개인의 주관적인 가치들이 어떻게 형성되는가에 관심을 가질 필요성을 제기한다. 그런데 개인의 주관적인 가치의 형성 과정에서 가치상대주의와 중립주의 입장은 어떻게 반영될 수 있을까.

다음의 예를 보자.

> 경수 아버지는 돈벌이가 시원치 않아 경수에게 충분한 용돈을 줄 수 없었다. 중학교 2학년인 경수로서도 항상 이것이 불만이었다. 가난한 집에서 태어나 살 것도 맘대로 사지 못하고 먹을 것도 제대로 못 먹으니 돈 많은 애들이 부러웠다. 그래서 돈이 최고라는 생각을 가지게 되었다. 아버지에게는 돈에 대해서 기대할 것이 없으니 스스로 조달하는 방법을 찾았다. 그 방법은 초등학생들을 위협하여 돈을 뺏는 것이었다.

이 경우 가치의 특수성을 인정하는 가치상대주의 입장에서는 평가를 유보하겠지만 가치의 평등성을 강조하는 중립주의 입장에서는 비난을 하게 될 것이다. 왜냐하면 다른 사람의 가치나 생활에 영향을 주는 행동은 가치중립주의에 어긋나기 때문이다.

따라서 가치상대주의와 중립주의는 따로 분리될 수 없는 서로 밀접한 관계에 있으며 이들을 충족시키기 위해서는 개인의 가치화 과정이 합리적이며 어느 정도 정당성이 있어야 함을 깨닫게 된다. 말하자면 가치화 과정은 개인의 주관적인 차원에서 서로 다른 양상을 띠지만 가치의 형성 결과가 최소한 다른 사람에서 피해를 주지 않고 그 사회에서 수용될 수 있는 중립성을 갖추기 위해서는 어느 정도 합리적이며 객관적인 가치화의 과정이 수반되어야 하는 것이다. 비록 가치화 과정이 개인 내적인 절차이지만 가치의 형성 과정에서 모순이 없을 때 가치상대주의와 중립주의를 둘 다 충족시킬 수 있는 합당한 가치가 성립된다는 가정이 가능한 것이다.

앞의 예에서 경수가 '돈은 최고로 좋은 거야'라는 생각을 가지고 초등학생을 위협하여 돈을 뺏는 행동을 한 것은 '남에게 피해를 주는 일을 해서는 안 되지'라는 중립적인 가치화의 과정, 즉 합리적이고 정당한 가치 형성의 과정이 부족한 데에서 비롯된 현상일 수 있다.

이것은 결국 가치화 과정에서 비합리성과 모호함을 어떻게 줄여서 합당한 가치를 만들 것인가로 귀결되는 문제이며, 가치분석과 명료화 이론을 살펴봄으로써 이 문제는 분명해질 것이다.

모아이 희망을 말하다

내가 근무하는 학교 상담실에는 철따라 심심치 않게 꽃들을 볼 기회가 있어서 좋다. 이제 막 봄의 절정을 달리고 있는 꽃들은 연세가 지긋하신 여선생님 손길 탓인지 한껏 봉오리를 열고 앙증맞은 자태를 연출하고 있다.

개미허리처럼 가냘프게 꽃대를 세우고 하얀 꽃잎에 연분홍 분을 바른 천상초, 기세등등하게 보라색 꽃등을 세우고 있는 캄파벨리, 그리고 시루떡처럼 하얀 꽃잎을 쌓아 놓고 한가운데 노란 떡가루를 뭉쳐 놓은 듯한 종이꽃. 그것들을 바라보고 있노라면 햇빛을 바라는 것이 해바라기만은 아니라는 생각이 든다.

금방이라도 부러질 듯 연약하게 보이는 줄기로 화분 위에 버티고 서서 모두가 빛이 들어오는 창문 쪽을 향하여 얼굴을 디밀고 있는 모습이 해바라기를 닮았다. 상담실이 북향이라서 그러는 것일까. 조금이라도 더 많은 햇빛을 받기 위해서 몸부림치고 있는 것이다.

햇빛의 소중함을 새삼 깨닫는 순간이다. 꽃들에게 햇빛은 무엇일까. 나는 그것을 희망이라는 말로 규정짓고 싶다. 꽃들은 제 몸에 필요한 양분을 얻어 성장하기 위한 희망을 햇빛에서 찾는다. 사실 꽃들은 햇빛을 먹고 사는 것이 아니라 희망을 먹고 산다는 생각이 든다. 햇빛을 받으며 성장을 위한 희망을 키우니까. 그러고 보면 희망 없이 살 수 없는 것이 어찌 꽃들뿐이겠는가.

사람 사는 세상에도 희망에 대한 갈증의 흔적은 곳곳에 있다. 굵은 선으로 양각된 상반신을 드러낸 채 바다를 향해 시선을 고정시키고 서 있는 이스터 섬의 모아이들을 떠올려 보라. 깊게 파인 눈두덩과 굳게 다문 입, 그리고 뭉뚝한 코의 이미지에서 그들을 창조한 사람들이 품었던 희망에 대한 갈증의 깊이를 짐작케 한다. 무엇이 이스터 섬의 사람들로 하여금 천 개가 넘는 거대석상들을 만들게 한 것일까? 영생을 꿈꾸는 종교적인 이유 때문이었을까. 아니면 위기에 처한 섬 문명을 대체할 새로운 문명을 열망한 것일까.

강렬한 눈빛으로 끝없는 공간을 응시하고 서 있는 모아이들의 도열 장면은 햇빛을 향해 키 재기를 하는 상담실 꽃들이 만들어 낸 정경과 흡사하다. 무엇인가 간절히 염원하는 모습들이 너무나 닮은꼴인 것이다. 어찌 보면 모아이는 바위로 만들어진 것이 아니라 간절한 희망으로 만들어졌다는 생각이 든다. 그래서 그런 것일까. 오늘도 모아이는 자신을 만든 사람들이 그랬던 것처럼 묵묵히 희망을 바라고 서 있지 않은가. 모아이의 탄생은 정이나 망치가 아닌 희망에서 비롯되었음을 직감한다.

모아이의 존재에 관한 의문 속에서 희망의 위대함을 재발견하면서 나는 오늘 만난 어머니 한 분을 떠올렸다. 일주일에 겨우 한 번 정도 남편의 얼굴을 불편한 마음으로 대할 수 있는 그분에게 아들은 유일한 희망이었다. 자식이 학교 규칙을 어겨서 벌을 받을 때도 무려 닷새 동안을 아들과 함께 그 고통을 감내하며 일과 시간을 함께한 어머니다. 아들이 벌을 받을 때마다 각서를 쓰고 눈물을 흘리면서도 결코 자식에 대한 사랑의 끈을 놓을 수 없었던 어머니. 그런 어머니가 가출한 아들을 모아이처럼 기다려 온 끝에 파출소 조사실에서 자식의 얼굴을 다시 보게 된 심정은 어땠을까.

학교에 오지 않는 아들을 대신하여 어쩔 수 없이 자퇴희망 상담록을 작성하고 있는 어머니의 눈가에 눈물이 고였다. '도둑놈을 키운 부모'라는 주변의 시선 앞에 결국 포기하고 만 것일까.

그러나 '자퇴는 일시적인 것이고, 이제부터 새롭게 시작하면 된다.'는 말을 남기고 상담실을 나서는 그 어머니의 모습은 영락없이 모아이다. 간절한 희망으로 절망 앞에서도 오뚝이처럼 일어서는 모아이!

생각해 보면 얼마나 많은 사람들이 상담실의 꽃이나 이스터 섬의 모아이처럼 희망을 갈구하고 있는가! 우리의 일상을 비추고 있는 햇빛처럼 희망은 우리 곁에 있지만 우리는 그것을 쉽게 찾지 못한다. 희망은 햇빛처럼 그냥 주어지지 않기 때문이다. 우리의 마음이 모아이처럼 간절히 원하고 찾을 때 희망은 비로소 모습을 드러낸다.

이제 다시 상담실 창문턱에 늘어서 있는 꽃들을 바라본다. 작은 몸집을 곧추세우고 햇볕이 드는 창밖 쪽을 향하여 당당하게 서 있는 꽃들. 그리고 그 연장선에 묵중한 몸으로 거친 바닷바람과 시간의 도전을 이겨낸 모아이들이 있다. 이제 더 많은 노란 손수건을 준비하라고 꽃들과 모아이들은 나에게 말을 한다. 나 자신이 햇빛을 바라는 꽃이 되고 열망하는 모아이가 되라고 주문한다.

사실 나는 그동안 모아이에 대한 영상을 지울 수 없었다. 그만큼 내 자신이 무엇인가 간절히 원하고 있었는지 모른다. 절망과 희망의 경계를 넘나들며 얼마나 모아이를 그리워했던가! 그래서 나는 꽃들에게서 시선을 떼지 못하고 마음속으로 외친다.

'나는 모아이다.'

제Ⅱ장

가치분석

1. 가치분석의 성격

우리가 어떤 행동을 하게 된다는 것은 인지기억 속에 있는 내재화된 정보들을 재생하여 행위로 표출하는 인지, 행동적 반응이라 할 것이다. 그런데 우리는 가끔 전혀 상황에 맞지 않은 행동을 하여 다른 사람들로부터 웃음거리가 되거나 비난의 대상이 되기도 한다. 이것은 입력되는 정보들을 가치화하는 과정에서 오류를 겪었거나 기억 속에 내장되어 있는 가치화된 정보를 잘못 인출할 수도 있고 아니면 가치체계가 미성숙하여 가치판단 혼란 상태에서 비롯된 결과일 수 있다.

예를 들어, 의사는 돈을 많이 번다는 사실적인 정보를 바탕으로 '돈을 많이 버는 의사는 좋겠다'라는 내면화된 가치를 지닌 사람은 의사들이 돈을 더 많이 달라고 파업을 하는 행위에 대해 이해를 하지 못할 것이다. 이 사람은 의사들을 비난하거나 심할 경우에는 그들에 대항하는 행동을 할 수도 있다.

이 사람은 의사들 모두 다 돈을 많이 버는 것은 아니라는 상반된 정보를 놓쳤거나 설혹 두 가지 사실을 인지하고 있었더라도 돈을 많이 번다는 정보에 비중을 두고 정보들을 가치화한 것이다. 아니면 두 가지 사실을 동일하게 가치화했더라도 서로 상반된 가치들을 똑같이 고려하여 인출하지 못한 결과이다.

결국, 정보들의 가치화 과정이 얼마나 중요한가를 말하여 주는 예라고 할 수 있는 것이다. 만약 이 사람이 객관적으로 인정할 만한 사실적인 정보들을 바탕으로 체계적으로 그 정보들을 조직하고 가치화하는 과정을 거쳐서 합리적인 가치판단을 할 수 있다면 그만큼 실수를 줄일 수 있을 것으로 기대할 수 있다. 사실 우리는 너무나 많은 가치판단의 오류를 경험한다. 상황에 맞지 않는 행위로 실수를 하고 나서 후회하는 경우가 그것이다. 이것은 결국 가치판단이 선택적 행동의 표출에 얼마나 많은 영향을 주고 있는가를 단적으로 말하여 준다. 어떻게 하면 올바른 가치판단을 내려서 올바른 선택적 행동을 할 수 있는가? 이러한 문제에 논리적이며 합리적인 방법으로 답하고자 노력하는 것이 바로 가치분석이론이다.

가치분석이론에 구체적으로 접근하기 위해 다음의 예를 들어보자.

> K 씨는 가게에 생선을 사러 가던 중 트럭을 몰고 가는 낯모르는 사람이 길을 물어서 친절하게 안내해 주었다. 그 사람은 길을 안내해 준 것에 대해 고맙다고 하면서 답례할 것이 있으니 잠시 시간 좀 내달라고 하였다. K 씨는 궁금한 마음에 승낙을 하고 그 사람에게 다가갔다.
>
> 그 사람은 K 씨에게 "나는 ○○ 수산에 생선회감을 납품하러 왔는데, 물건이 남아서 도로 가져가기도 그래서 마음씨 좋은 아저씨에게 거저 드리고 갈려고 하는데 어떠세요. 그냥, 담뱃값이나 술값 좀 하게 3만 원만 주시고 가져가세요." 이렇게 말하며 스치로폼 상자를 내보였다. 그 상자 속에는 고급 어종인 도미, 우럭, 송어들이 잘 포장되어 얼음 속에 들어 있었다. 10만 원은 족히 넘어 보이는 상품이었다. 마침 K 씨는 생선을 사러가던 참이라 이게 웬 떡이냐 싶으면서도 그 사람이 부도덕한 방법으로 경제 질서를 파괴하고 있다는 생각을 하고 망설이게 되었다.

K 씨와 같은 상황은 우리가 살아가면서 얼마든지 발생할 수 있는 일이다. 만약 K 씨가 그 낯선 사람에게 약간의 돈을 주고 그 생선들을 사가지고 집으로 돌아왔다면 그는 자신이 처한 문제 상황에서 나름대로 평가적 의사결정을 한 것이다. 여기서 평가적 의사결정이라 함은 가치판단의 최종적 결과로 가치판단 자체가 어떤 것의 가치를 결정하고 있음(조성민·정성심, 1993)을 뜻한다.

이 사례에서 K 씨는 '① 적은 비용으로 원하는 것을 얻을 수 있다면 좋은 것이야, ② 나는 지금 생선을 사기를 원하고 이 생선은 값이 싸다, ③ 그러므로 내가 이 생선을 사는 것이 좋겠어'라는 가치판단으로 의사결정 행동을 했다고 가정해 볼 수 있다. 말하자면 그는 '생선 값이 싸다'는 사실을 바탕으로 경제적 가치(관점)에서 그 나름대로 합리적인 판단을 한 것이다. 여기서 합리적이라는 말은 어떤 사람이 그가 무엇을 하고 있는지를 완전히 알고 있을 때 그가 받아들이고 있는 사고 작용의 방식을 의미한다.

따라서 합리적 사고가 이루어지기 위해서는 객관적인 인식의 작용이 필요하다는 것을 알게 된다. 객관적인 인식의 작용은 논리를 바탕으로 하며 평가적 추론의 과정을 동반한다. 평가적 추론은 가치분석이론에서 중요한 개념으로 어떤 사람이 가치판단을 내리기까지의 논리적 연결고리가 타당한지 분별할 수 있는 열쇠가 된다. 즉 어떤 사람이 '컴퓨터 관련 업종은 좋다'라고 가치판단을 내리고 '왜냐하면 컴퓨터 관련 직업은 전망이 밝으니까'라는 이유를 제시할 수 있는데 이처럼 어떤 이유나 근거를 제시하여 가치판단을 내리는 것을 평가적 추론이라고 한다(조성민 외, 1993).

그렇다면 평가적 추론의 과정은 어떻게 이루어지는 것일까? 평가적 추론은 대개가 연역적 삼단논법의 형식을 갖추게 된다. 앞의 예에서 '③ 컴퓨터 관련 업종은 좋다'는 가치판단은 '① 전망이 밝은 직업은 좋다'와 '② 컴퓨터 관련 업종은 전망이 밝다'라는 연역적 삼단논법에 의한 결론에 해당한다. 이와 같이 논리적인 전개가 이루어지는 연역적 삼단논법에서 오류가 발생한다면 그로부터 내린 가치판단은 정당화될 수 없기 때문에 가치분석이론에서 평가적 추론 과정은 중요하다.

2. 평가적 추론

합리적인 가치판단을 내리기 위해서 평가적 추론방법으로 널리 사용하고 있는 연역적 추리는 결론이 전제들로부터 절대적인 필연성을 가지고 도출된다고 여겨지는 논증으로 전제가 결론을 확립해 주는 결정적 근거가 된다. 이와 같은 연역적 추리 방식의 종류에는 세 개의 정언 명제와 세 개의 개념으로 이루어진 정언삼단논법, 그리고 정언 명제들이 복합명제로 구성되어 있는 선언삼단논법과 가언삼단논법 등이 있다.

선언삼단논법은 'A이거나 B이다' 하는 식의 선언명제(選言命題)를 가지고 'A가 아니기 때문에 B이다'라는 논리전개 방식을 취하는 반면 가언삼단논법은 '만일 A이면 B이다', '만일 B이면 C이다'와 같은 가언명제(假言命題)를 바탕으로 '따라서 A이면 C이다' 하는 가정적인 진술로 논리가 전개된다. 이 두 가지 논리의 전개 방식은 가치분석이론에서는 거의 사용하지 않고 있는데 그 이유는 가치분석이론이 일반적인 원리와 사실적인 근거를 바탕으로 합리적인 가치판단을 내리는 과정을 중시하기 때문이다. 즉 논리적 구성요소인 평가대상, 평가대상의 특성, 평가용어들이 정언 명제로 명료하게 들어 있어야 가치판단 과정을 합리적으로 추론하기 쉬운데 이 두 가지 논법은 그것이 용이하지 않은 것이다.

정언삼단논법은 진술된 명제들을 비교적 쉽게 형식화할 수 있고 논리적인 추론의 과정을 분명하게 구조화할 수 있어서 가치분석에서 주로 사용하게 된다. 그렇다면 정언삼단논법은 어떻게 이루어지는 것인가?

다음의 예를 보자(조성민 외, 1993).

> 모든 사람은 동물이다(대전제).
> 모든 학생은 사람이다(소전제).
> 그러므로 모든 학생은 동물이다(결론).

위의 예에서 정언삼단논법은 대개념(동물)을 포함하고 있는 대전제와 소개념(학생)을 포함하고 있는 소전제, 그리고 대개념과 소개념이 함께 들어 있는 결론 부분으로 구성되어 있다는 것을 알 수 있다. 이들의 논리적 연결 고리는 매개념(사람)으로 두 전제 모두에 들어 있으면서 대개념과 소개념을 서로 논리적으로 엮어주는 중요한 역할을 하고 있다.

이와 같은 정언삼단논법에 의한 추론의 과정을 기호로 보다 더 간략화시키면 다음과 같다(S: 학생, P: 동물, M: 사람).

> 모든 M은 P이다.
> 모든 S는 M이다.
> ∴ 모든 S는 P이다.

그런데 논리적으로 기호화한 위의 형식이 타당한가 하는 문제가 남는다. 그렇기 때문에 정언삼단논법의 타당한 형식의 종류를 파악할 필요가 있다. 형식적으로 타당한 정언삼단논법의 대표적인 종류는 〈표-2〉와 같다.

〈표-2〉 정언삼단논법의 타당한 형식의 종류

형식 번호	형식의 구조	형식 번호	형식의 구조
1	모든 A는 B이다. 모든 C는 A이다. ∴모든 C는 B이다.	5	모든 B는 A이다. 모든 C는 A가 아니다. ∴모든 C는 B가 아니다.
2	모든 A는 B이다. 어떤 C는 A이다. ∴모든 C는 B이다.	6	모든 B는 A이다. 어떤 C는 A가 아니다. ∴어떤 C는 B가 아니다.
3	모든 A는 B가 아니다. 모든 C는 A이다. ∴모든 C는 B가 아니다.	7	모든 B는 A가 아니다. 모든 C는 A이다. ∴모든 C는 B가 아니다.
4	모든 A는 B가 아니다. 어떤 C는 A이다. ∴어떤 C는 B가 아니다.	8	모든 B는 A가 아니다. 어떤 C는 A이다. ∴어떤 C는 B가 아니다.

자료: 조성민 외(1993). 논리와 가치탐구. 서울: 철학과 현실사, p.76 내용을 재구성

정언삼단논법의 타당한 형식에 비추어 보면 앞의 사례는 형식 1의 구조로 타당한 형식을 갖추고 있다고 할 수 있다.

그런데 다음의 사례들을 비교해 보자.

갑)	을)
모든 조류는 동물이다.	모든 조류는 육식동물이다.
모든 닭은 동물이다.	모든 닭은 조류이다.
그러므로 모든 닭은 조류이다.	그러므로 모든 닭은 육식동물이다.

갑)과 을)의 두 사례에서 이루어진 논리적 추론의 과정을 기호화된 형식으로 나타내면 〈표-3〉과 같다.

〈표-3〉 갑과 을 사례의 논리적 추론 과정의 기호화된 형식

사례 구분	기호화된 형식	사례 구분	기호화된 형식
갑	모든 A는 B이다. 모든 C는 B이다. ∴모든 C는 A이다.	을	모든 A는 B이다. 모든 C는 A이다. ∴모든 C는 B이다.

갑)의 사례는 전제와 결론 내용이 모두 참이지만 형식적으로 타당하지 않은 추론인 데 비하여, 을)의 사례는 전제와 결론 내용이 거짓임에도 불구하고 형식적으로 타당한 추론이다. 이와 같은 두 사례의 비교 결과가 암시하는 바는 어떤 평가적 추론의 결과가 합리적으로 정당화되기 위해서는 전제들 내용이 모두 참이어야 할 뿐만 아니라 형식적으로도 타당해야 한다는 점이다.

이와 같은 정언삼단논법의 형식적, 내용적 타당화의 조건은 가치분석이론에 그대로 적용된다. 가치분석이론에서 강조하는 합리적 가치판단은 정당한 근거를 논리적으로 제시함으로써 정당화될 수 있다는 정당 근거론에 바탕을 두고(박육근, 2001) 있기 때문이다. 즉 정언삼단논법의 대전제는 가치원리(Value principle)로, 소전제는 사실들(Facts)로, 결론은 가치판단(Value judgement)으로 대치되며 어떤 가치판단이 정당화되려면 가치원리와 사실들의 내용이 참이어야 하고 그 논리적 전개방법이 형식적으로 타당해야 하는 것이다. 이와 같은 내용과 형식 면에서 정당한 근거가 제시되었을 때 결론적으로 내린 가치판단은 수용될 수 있는 것이다.

정언삼단논법과 가치판단의 논리적 구성 관계를 제시하면 〈표-4〉와 같다.

<표-4> 정언삼단논법과 가치판단의 논리적 구성 관계

삼단논법의 논리적 구성	가치판단의 논리적 구성	진술 형태	타당한 조건				형 식
			내 용				
대전제	가치원리	특성 평가대상이 속하는 부류 평가용어	참	참	거짓	거짓	형식적
소전제	사 실	평가대상 특성(평가대상이 속하는 부류)	참	거짓	참	거짓	타당성
결 론	가치판단	평가대상 평가용어	참	거짓	거짓	거짓	여 부

　　가치판단의 논리적 구조는 삼단논법의 논리적 구성요소인 대전제가 가치원리로, 소전제가 사실로, 결론이 가치판단으로 용어의 변화를 가져왔을 뿐 근본적으로 그 형식은 동일한 것이다. 여기에서 평가대상이 속하는 부류는 평가대상을 포괄할 수 있는 좀더 넓은 개념을 뜻한다. 예를 든다면, 소나 개, 닭 등을 포괄할 수 있는 개념은 '동물'이라 할 수 있는데 이 '동물'은 평가대상인 소나 개, 닭이 속하는 부류에 해당한다. 소전제 사실의 경우 이러한 평가대상이 속하는 부류는 생략되는 수가 많다. 왜냐하면 구어적인 의미상 생략해서 사용해도 아무런 문제가 없기 때문이다. 그리고 평가용어는 '좋다', '나쁘다', '옳다', '옳지 않다', '～을 해야 한다', '～을 하지 말아야 한다', '효과적이다', '아름답다' 등 어떤 것에 대한 가치평가를 나타내는 용어를 의미하며 가치원리와 가치판단 진술들에 포함되어 있다.

　　앞에서 제시되었던 직업관련 사례를 가치판단의 논리적 구성에 따라 정리해 보면 다음과 같다.

가치원리: 전망이 밝은(특성) 모든 직업(평가대상이 속하는 부류)은 좋다(평가용어).

사　　실: 컴퓨터 관련 업종(평가대상)은 전망이 밝다(특성).
또는 컴퓨터 관련 업종(평가대상)은 전망이 밝은(특성) 직업(평가대상이 속하는 부류)이다.

가치판단: 컴퓨터 관련 업종(평가대상)은 좋다(평가용어).

이와 같은 가치판단의 논리적 전개가 타당하려면 형식과 내용이 모두 참이어야 한다는 점에 다시 한번 주목하자. 말하자면 어떤 사람이 내린 가치판단이 논리적으로 타당한 형식을 갖추고 있는가와 그 구성요소들이 참 명제인가의 여부를 따져 보는 것은 매우 중요한 과제라고 할 수 있다. 가치분석 이론에서 주요 쟁점으로 다루고 있는 주제도 바로 이와 같은 가치판단의 논리적 형식과 그 내용의 검증에 있는 것이다. 따라서 가치판단의 중요한 두 가지 구성요소인 가치원리와 사실에 대해 구체적으로 살펴볼 필요가 있다.

3. 가치원리

가치원리는 평가의 표준과 행위의 규칙이며 우리의 선택과 결정을 안내하는 역할을 한다(김영진 역, 1985). 아무리 많은 경험적인 사실들이 있다 하더라도 그것이 곧바로 가치판단으로 연결되는 것은 아니며, 여기에 반드시 평가의 표준 혹은 행위의 규칙이 작용하게 되어 있는 것이다.

따라서 가치원리는 평가대상에 대한 규범적 근거라고 할 수 있으며 규정성(Prescriptivity)과 보편화 가능성(Universalizability)을 지니고 있어야 한다(김재식, 1997). 즉 가치원리가 되기 위해서는 모든 사람들이 동의할 수 있는 일반화된 표준을 지니고 있어야 하며 그 가치가 모든 사람에게 동등하게 적용될 수 있도록 분명하게 진술되어 있어야 한다. 진술된 규정이나 원칙이 일부의 사람에게 제한적으로 적용되거나 특정한 영역에만 해당된다면 가치원리로써 인정될 수 없는 것이다.

다음의 경우를 보자.

'환경을 오염시키는 행위는 옳지 않다'와 '강가에서 세차하는 것은 옳지 않다'라는 두 가지 가치판단이 있을 때 어느 것이 가치원리로 수용될 확률이 높은가? 환경을 오염시키는 행위 속에는 강가에서 세차하는 것 말고도 쓰레기를 아무 곳에 버린다든지, 합성세제를 지나치게 사용한다든지, 공장폐수를 무단으로 방류한다든지 하는 개별적인 사례들이 얼마든지 있다. 그러므로 보다 포괄적인 개념을 포함하고 있는 첫 번째 명제가 가치원리로 채택될 수 있을 것이다. 즉 '환경을 오염시키는 행위는 옳지 않다'라는 명제는 모든 사람들에게 똑같이 적용될 수 있는 보편화된 가치가 될 수 있는 것이다. 이렇게 볼 때 가치원리가 될 수 있는 관건은 과연 그 내용이 다른 사람에게 얼마나 일반적으로 수용될 수 있는가 하는 점이란 사실을 발견할 수 있다.

가치분석이론에서는 가치원리의 수용성 여부를 판별하기 위해서 네 가지 검사법을 제시한다. 여기에서는 대표적인 가치분석이론가인 Metcalf(1971)가 제안한 가치원리 수용성 검사방법을 중심으로 살펴보고자 한다.

1) 가치원리의 수용성 검사

(1) 새로운 사례검사(New cases test)

가치판단을 내릴 때 암암리에 전제하고 있는 원리를 반박하고자 할 때 주로 사용하는 방법으로 원리 속의 특성을 갖고 있는 다른 사례에서도 그 원리가 적용될 수 있는지를 알아보는 방법이다. 논리적으로 관련이 있는 다른 유사한 사실들에 그 원리를 적용했을 경우 결론으로 도출되는 가치판단을 받아들일 수 있는가를 생각해 보는 검사이다.

예를 들면 '어려운 처지에 있는 사람을 잘 도와주는 사람은 좋은 사람이다'라는 가치원리를 반박하기 위해서 시의원 선거에 출마해서 당선되려고, 또는 가게에 손님을 많이 끌어들이기 위해서와 같은 새로운 사례를 제시하였다면 이 원리는 수정되어야만 한다.

(2) 역할교환검사(Role exchange test)

가치원리가 보편성을 띠기 위해서는 어떤 사람이 그 행동에 참여한다고 하더라도 혹은 누가 그 결과를 경험한다 하더라도 똑같은 상황에서는 똑같은 판단이 내려질 수 있음을 전제로 한다(김재식, 1997). 가치원리는 보편타당성을 지녀야 함으로 동일한 상황에서는 동일한 판단이 나오리라 가정해 보는 것은 당연한 일이다. 만약에 똑같은 상황인데도 그 원리가 사람마다 다르게 해석된다면 일반화된 원리라고 볼 수 없는 것이다.

역할교환검사는 동일한 상황에서 가장 영향을 받는 사람의 입장에다 자신을 대치시켜보는 원리검사방법이다.

예컨대 '이윤이 많이 남는 모든 사업은 좋다'라는 가치원리를 가지고서 비위생적인 식품을 판매하고 있는 사람에게 '당신이 소비자라면 당신이 만든 그 비위생적인 식품을 먹을 수 있는가?'라고 역할을 교환해 보기를 주문할 수 있다. 만약에 그 사람이 역할을 교환해본 결과를 수용할 수 없다면 그의 가치원리는 수정되어야 할 것이다.

(3) 포섭검사(Subsumption test)

검사대상이 되는 가치원리를 정당화하기 위해서 그보다 상위의 원리를 끌어들이는 방법이다. 이때 하위 원리를 포섭한 보다 더 일반적인 상위의 원리가 참이라면 그 하위 원리 또한 수용될 수밖에 없다. 예를 들어보자.

'수질을 오염시키는 행위는 옳지 않다'라는 가치원리를 가진 사람에게 "왜 수질 오염을 시키는 행위가 옳지 않은가?"라고 가치원리에 대한 정당한 이유를 물을 수 있다. 이때에 가치판단자는 '인간의 건강에 위협을 주는 행위는 옳지 않다'라는 보다 일반화된 가치원리를 제시해서 그가 처음 지니고 있었던 하위의 가치원리를 정당화할 수 있다(박육근, 2001).

(4) 보편적 결과검사(Universal consequence test)

동일한 가치원리를 가진 사람이 그 원리에 따라 동일한 행동을 했을 경우, 발생하는 결과에 대해서 미리 생각해 보게 함으로써 그 원리의 수용성 여부를 결정하는 방법이다. 이것은 특정 행위 자체를 보편화된 결과와 연결시켜서 생각해 보게 하는 일종의 공리주의적인 관점에서 가치원리를 검사하는 방법이다.

예를 든다면 '돈을 많이 벌 수 있는 사업으로 재산을 증식하는 것은 효과적이다'라는 가치원리를 가지고 부동산 투기를 하는 사람에게 '만약 모든 사람이 일은 하지 않고 부동산 투기에만 몰린다면 어떻게 될까?' 질문하여 부동산 투기로 인해서 나타날 부정적인 현상들을 미리 예측해 보게 하여 그 원리를 수정하게 할 수 있다.

지금까지 살펴본 네 가지 가치원리 검사방법은 가치판단의 대전제에 해당하는 가치원리를 검증함으로써 가치판단 과정에서 나올 수 있는 오류를 막기 위해 매우 유용한 방법이라 할 수 있다.

가치판단의 타당화 조건에서 살펴보았던 것처럼 가치원리 명제의 진, 위 여부는 가치판단의 정당성과 직결되기 때문에 가치분석 과정에서 가치원리에 대한 검사는 생략할 수 없는 중요한 일에 해당한다. 그러나 가치원리를 검사할 때 이러한 네 가지 검사법 모두를 적용시킬 필요는 없고 문제의 진술 내용에 따라서 그 가운데 적합한 방법을 선택해서 실시하도록 한다(조성민 외, 1993).

4. 사 실

가치판단의 구성요소 중 소전제에 해당하는 사실은 평가대상과 그 특성이 반영되어 있는 실제적인 진술이다. 가치판단은 단지 개인의 주관적인 감정이나 태도로부터 내려진 결론이 아니라 평가대상과 관련된 사실들을 토대로 객관적으로 이루어지기 때문에 사실적인 근거의 확보는 대단히 중요한 일이다. 그렇기 때문에 평가대상과 관련된 사실들을 되도록 많이 수집하고 그 관련성을 따져 보아야 한다.

사실을 수집할 때는 사실적 진술 속에 가치판단 진술이 포함되어 있지 않도록 주의해야 한다. 만약 사실적 근거로 제시된 진술이 이미 평가자의 주관적인 판단이 개입되어 있는 가치판단 진술이라면 자료의 객관성을 상실하게 되어 정당한 근거로써 취급될 수 없다.

예를 든다면, '이 아파트의 구조는 경제적이다', '횡단보도를 무단으로 건너는 것은 위험하다' 등의 진술 속에는 이미 그 자체에 평가적 용어가 들어 있어서 사실적 근거로 보기 어렵다.

그리고 사실을 수집할 때는 긍정적 사실뿐만 아니라 부정적 사실도 포함하여 폭넓게 수집하도록 하여야 한다. 부정적 사실들은 제외시키고 긍정적인 사실들만 수집하여 가치판단을 내렸다면 정당한 가치판단이라고 볼 수 없다. 이럴 경우 대개는 부정적인 사실 근거를 제시하는 다른 평가자와 가치갈등을 일으키게 된다.

예컨대 '학생은 교복을 입는 것이 좋다'라는 가치판단을 지지하는 근거로써 ① 교복 값이 사복 값에 비하여 저렴하다, ② 교복을 입은 학교 학생이 그렇지 않은 학교 학생보다 성적이 높다, ③ 교복을 입고 다니는 학생이 그렇지 않은 학생보다 결석률이 낮다, ④ 교복을 입은 학생들은 학교규칙을 잘 지킨다. 같은 긍정적 사실만을 제시하였을 경우 다음과 같은 부정적 사실 근거에 따라 논박될 수 있다.

> ① 교복을 입는 학교의 학생들은 그렇지 않은 학교 학생들에 비하여 통제된 생활을 한다.
> ② 교복을 입은 학생은 그렇지 않은 학생보다 학교생활에 불만이 많다.
> ③ 교복을 입은 학생은 그렇지 않은 학생에 비하여 사회적인 적응력이 떨어진다.

따라서 긍정적, 부정적, 사실적 근거를 포함한 폭넓은 사실들을 확보하는 것은 정당한 가치판단을 내리게 하는 선결조건이라 할 수 있다.

이렇게 수집된 사실적 근거들은 가치원리의 수용성 검사와 마찬가지로 그 자료들이 믿을 만한 것인지, 그리고 평가대상과 관련이 있는 것인지 검사할 필요가 있다. 사실적 근거로써 제시된 자료들이 거짓이거나 관련성이 없다면 그로부터 내린 가치판단 역시 정당화될 수 없기 때문이다.

1) 사실검사와 관련성 검사

가치판단의 객관적 근거로써 제시되는 사실들에 대해서 그 진, 위를 따져 보는 것은 중요한 일이다. 만약에 사실로써 제시된 자료들이 참이 아니거나 신뢰롭지 못하다면 그로부터 내린 가치판단 역시 오류일 수밖에 없다.

그렇다면 가치판단의 중요한 구성요소인 사실의 종류에는 어떤 것들이 있을까? Metcalf(1971)는 그 종류를 크게 특수한 사실, 일반적 사실, 조건적 사실 등으로 구분하고 그 사실들의 종류에 따라서 적용할 수 있는 검사법을 제시하고 있다.

예컨대 '2002년 한·일 월드컵에서 한국이 4위를 했다'와 같은 특수한 사실은 그 진술 속에 있는 사건이나 상태를 직접 관찰하거나 관련된 문헌을 검토해 봄으로써 그 진, 위를 판단할 수 있다. 그리고 '흡연자는 비흡연자에 비하여 폐암에 걸릴 확률이 높다'와 같은 일반적 사실은 그 속에 포함된 특수한 사실들을 확인해 봄으로써 그 사실 여부를 판단할 수 있다. 왜냐하면 일반적 사실은 특수한 사실들의 일반화된 결과로 보편화된 진술들이라 할 수 있기 때문이다. 이 경우 흡연자와 비흡연자의 개별적인 사례들을 직접 관찰하거나 관련된 문헌을 통해서 또는 전문가가 기술한 내용 및 언어를 이용하여 그 참, 거짓을 가릴 수 있다.

다음으로 '만약에 방학이 없다면 학생들의 학업 성적이 향상될 것이다'와 같은 조건적 사실은 평가대상과 관련된 사실들을 직접적으로 증명하기 어렵기 때문에 관련 문헌이나 전문가의 의견을 바탕으로 검사할 수 있다. 그러나 이와 같은 사실의 종류에 따른 사실검사법은 고정적인 것이 아니며 사실 내용에 따라 유동적이기 때문에 가장 효과적인 방법을 선택하여 사용하면 된다(박석정, 1992).

사실검사와 더불어 중요한 것은 제시된 사실이 논리적으로 연관이 있으며 가치판단의 관점에서 벗어나지 않았는가 하는 관련성 검사이다. 한 예로 어떤 사람이 경제적 관점에서 '이 신발은 좋다'라는 가치판단을 내리면서 그 가치원리로 '오래 사용할 수 있는 모든 물건은 좋다'라는 전제를 내세웠을 때 제시될 수 있는 몇 가지 사실들은 다음과 같다.

① 이 신발은 튼튼해서 오래 신을 수 있다.
② 이 신발은 발목 받침대가 있어서 잘 다치지 않는다.
③ 이 신발은 범선을 닮은 모양이다.
④ 이 신발은 잘 미끄러지지 않는다.

이 가운데 가장 관련성 있는 사실적 근거는 경제적 관점에서 제시된 ①번의 내용일 것이다. 만약 어떤 사람이 기능적 관점에서 제시된 ②와 ④번 내용을 그 근거로 제시했다면 관련성이 없는 것이므로 그로부터 내린 가치판단은 정당화될 수 없다. 이와 같은 원칙은 ③번에도 그대로 적용된다. ③번 내용 역시 경제적 관점과는 무관한 미적 관점과 관련된 사실이기 때문이다.

따라서 논리적으로 형식을 갖추는 것과 함께 일관된 관점을 가지고 가치판단에 임하는 것이 중요하다. 복합적인 관점이 숨어 있는 문제 상황에서는 이러한 오류를 범하기 쉽기 때문에 특별한 주의를 요구한다.

이러한 가치판단의 관점들의 차이는 가치판단자의 견해의 차이로부터 비롯되기 때문에 결국 가치갈등이나 가치논쟁으로 발전할 가능성이 있다. 즉 가치판단의 관점에 따라 서로 다른 사실적 근거를 들면서 가치판단이 내려지게 되면 가치판단자 간에 의견의 차이가 발생하게 마련이다.

다음의 예를 살펴보자.

희수: "세제를 사용하는 것은 좋지 않다고 생각해, 왜냐하면 세제를 많이 사용하게 되면 환경이 오염되니까."

영순: "아니야, 세제를 사용하는 것은 좋아, 만약 세제를 사용하지 않으면 관련된 산업이 타격을 받게 되잖아."

위의 예에서 희수는 생태학적 관점에서 영순이는 경제적인 관점에서 서로 다른 가치판단을 내리고 있음을 알 수 있다. 이때에 과연 누구의 주장이 옳다고 할 수 있는가?

가치의 상대주의적인 입장을 취하고 있는 가치분석이론에서는 이에 대한 대답을 명쾌하게 해주기 어렵다. 다만 양자 간에 가치갈등 현상을 해결하기 위한 가치갈등 해결 전략으로 '의견 차이 줄이기'를 제시하고 있을 뿐이다(김재식, 1997).

말하자면, 문제의 해석 과정에서 또는 사실들의 참과 거짓, 그리고 객관성을 평가할 때 갈등 현상이 나타나면 서로 신중하게 의견 차이를 줄이도록 협의하고, 가치원리의 수용성 검사에서 갈등이 유발될 경우 역시 서로 간에 협의 과정을 통하여 의견 차이를 줄이도록 하는 식이다.

위의 예에서와 같이 가치판단의 관점 차이에서 비롯되는 가치갈등 현상은 가치수용성 검사로 의견 차이를 줄일 수 있을 것이다. 즉 '환경오염을 시키는 행위는 옳지 않다'라는 가치원리를 내면적으로 가지고 있는 희수에게 영순이는 '만약 희수가 세제 생산업자라면 그래도 세제를 사용하는 것은 좋지 않다고 하겠는가?'라고 역할교환검사를 하도록 주문할 수 있다. 이에 대해 '경제 발전에 타격을 주는 행위는 옳지 않다'라는 가치원리를 암암리에 지니고 있는 영순이에게 이번에는 희수가 '환경을 오염시키는 행위는 생명체의 존재를 위협하기 때문에 옳지 않다'라는 보다 큰 일반화된 원리를 내세우는 포섭검사법으로 자신의 주장을 정당화할 수 있다.

이들은 결국 여러 차례의 토의와 대화를 거쳐 '생명체의 존재를 위협하지 않는 범위 내에서 환경오염을 일으킬 수 있는 경제 활동 행위는 나쁘지 않다'라고 수정된 원리를 이끌어 낼 것이다. 이에 따라 그들의 가치판단의 관점 역시 경제적 관점과 생태학점 관점이 혼합된 새로운 형태를 띠게 될 것이다.

가치갈등의 현상은 가치판단의 관점에서 생기는 문제만은 아니다. 앞의 희수와 영순이의 사례에서 영순이가 '세제'라는 '용어를 환경에 유해하지 않은 천연세제나 중성세제'로 정의하고 가치판단을 하였다면 '환경에 유해한 합성세제'로 그 뜻을 받아들이고 있는 희수와 가치갈등이 유발될 수 있다.

따라서 어떤 가치문제를 다룰 때는 그 뜻이 접근하는 관점에 따라 다양하게 해석될 수 있는 불분명한 용어에 대해 명확한 정의를 내릴 필요가 있다. 가치분석이론에서는 문제의 확인 및 명료화 단계에서 그리고 사실검사와 관련성 검사 단계에서 진술되어 있는 용어들에 대해 분명한 정의를 내릴 것을 강조한다. 앞의 사례에서 보는 바와 같이 용어에 대한 불분명한 이해는 가치판단의 방향과 관점에 영향을 줄 수 있으며 그 결과 가치갈등을 유발시키는 단서를 제공할 수 있기 때문이다.

5. 가치판단의 과정

지금까지 서술한 가치분석과 관련된 내용을 과정별로 정리해 보면 다음과 같다.

1) 가치문제의 확인 및 명료화

제시된 가치문제를 확인하고 명료화하기 위해서 먼저 문제 상황 속의 평가대상이 무엇인지 확인하도록 한다. 그리고 문제를 해결하는 데 장애가 되는 용어는 없는지, 문제 상황 속에 잠재되어 있는 가치의 종류에는 어떤 것들이 있는지 파악하도록 한다.

이 단계에서는 제시된 문제의 핵심적인 요소들을 파악하는 단계로서 ① 평가대상의 확인, ② 용어의 정의, ③ 잠재적 가치의 종류 파악이라는 구체화된 항목이 포함되어 있다.

2) 가치판단의 대상에 관한 사실 수집

이 단계에서는 가치판단 대상과 관련된 사실들을 수집하여 긍정적 사실과 부정적 사실로 구분하여 목록을 작성한다. 가치판단 대상과 관련된 사실적 근거는 문제 상황 속에 내재되어 있는 가치를 분명히 하고 그 해결 대안을 구체화하기 위해 제시된다. 즉 문제 상황 속에 혼재되어 있는 가치들과 관련된 대안들은 가치판단 대상과 관련하여 수집된 사실들에 바탕을 두고 구체화될 수 있다.

이러한 사실 수집 단계는 잠정적 가치판단을 내리기 위한 실재적인 선행 작업으로써 매우 유용하다.

3) 잠정적 가치판단

여러 대안으로부터 최우선의 가치를 잠정적으로 선택하고 가치판단의 관점에 따라 가치판단 구성요소들을 구조화한다. 즉 가치원리, 사실, 가치판단에 이르는 평가적 추론 과정을 논리적으로 구성한다.

이 단계의 가치판단은 아직 결정된 가치로 인정될 수 없으며 가치판단 형식검사와 내용검사를 통해서 확증될 수 있는 잠정적인 것이다.

4) 가치판단 구성요소의 형식검사

잠정적으로 결정된 가치판단의 형식적인 오류 여부를 검사하는 단계로 가치판단이 내려지기까지 논리적으로 타당한 형식을 취하고 있는가와 가치판단 구성요소 가운데 소전제에 해당하는 진술 내용이 사실적 판단인가를 검사하게 된다. 그리고 소전제로 진술된 사실이 가치판단 대상이나 가치판단 관점과 관련이 있는지 여부도 검사하도록 한다.

따라서 이 단계에서는 ① 평가적 추론 과정의 형식적 타당성 확인, ② 사실판단 진술과 가치판단 진술의 구별, ③ 사실의 관련성 검사라는 세 가지 항목이 들어 있다.

이와 같은 세 가지 항목에 따른 검사 과정에서 오류가 발생할 경우 다시 가치문제의 확인 및 명료화 단계로 되돌아가는 환류 과정을 밟게 된다.

5) 가치판단 구성요소의 내용검사

잠정적으로 내린 가치판단이 형식적으로 아무런 문제가 없다면 사실 속에 진술된 용어들 가운데 그 뜻이 불분명하여 가치판단에 영향을 주고 있는 것은 없는지 먼저 살펴보아야 한다. 만약 이러한 용어가 있다면 용어에 대한 정의를 먼저 분명히 하도록 한다. 그리고 소전제로써 진술된 사실의 내용이 특수한 사실인지, 일반적 사실인지, 또는 조건적 사실인지 구분하고 직접 확인, 문헌 확인, 전문가 확인방법 가운데 적절한 것을 선정하여 검사를 실시한다. 그러나 이러한 사실검사법은 고정적인 것이 아니며 사실 내용에 따라 유동적으로 사용할 수 있다.

소전제인 사실과 더불어 가치판단의 중요한 구성요소인 가치원리에 대해서도 검사를 실시한다. 즉 가치원리로 진술된 내용에 따라 포섭검사, 새로운 사례검사, 보편적 결과검사, 역할교환검사 가운데 적절한 검사법을 이용하여 그 진, 위 여부를 따져 본다. 만약에 이와 같은 검사를 실시하는 과정에서 오류가 발생했다면 형식검사 때와 마찬가지로 맨 처음 과정으로 돌아가서 단계별 가치판단의 과정을 거쳐 온다.

이 단계에서 다루어야 할 항목들을 정리하면, ① 사실 속의 용어의 정의, ② 사실 진술의 검사(직접 확인, 문헌 확인, 전문가 확인), ③ 가치원리의 수용성 검사(포섭검사, 새로운 사례검사, 보편적 결과검사, 역할교환검사)이다.

6) 최종적 가치판단

잠정적으로 내린 가치판단의 구성요소들이 형식과 내용 면에서 타당하다면 최종적인 가치판단이 내려지고 문제 상황을 해결하는 가치의 종류와 구체적으로 실천이 가능한 대안을 선택할 수 있게 된다. 말하자면 그 전 과정을 거쳐 오는 동안 오류가 충분히 여과된 정당하고 타당한 가치는 최종적으로 선택되어 행동으로 표출될 가능성이 높아지게 된다.

그러나 우리는 일상생활 속에서 이러한 가치분석의 과정을 의식적으로 수행하지는 않는다. 대부분의 사람들은 가치분석의 단계를 구분지어 조목조목 따지기보다는 순간적으로 판단하기를 좋아하기 때문이다. 그렇긴 해도 가치분석의 과정이 전적으로 무시되는 것은 아니며 비록 부분적이기는 하지만 나름대로의 가치분석 과정을 밟고 있는 것이다.

따라서 각자 자신이 취하고 있는 가치분석의 방식을 점검하고 정당하고 타당한 가치분석의 과정을 학습하도록 함으로써 가치판단력을 높일 수 있다. 말하자면 가치분석 과정에 대한 훈련이 충분히 이루어졌을 때 최종적으로 올바른 가치판단이 담보될 수 있을 것이다.

지금까지의 가치분석 과정을 도식화하면 [그림-2]와 같다.

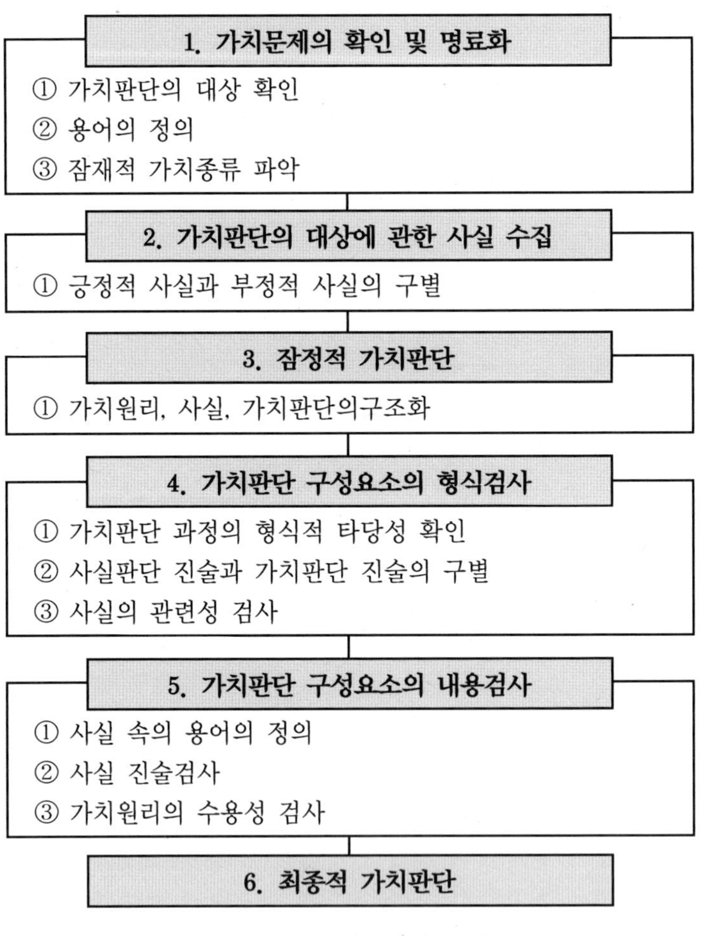

[그림-2] 가치판단의 과정

6. 가치분석 모형

우리가 어떤 행동을 한다는 것은 행동을 유발시키는 가치를 선택한다는 말로 바꾸어 표현할 수 있다고 하였다. 예컨대 친구를 만날 일이 있을 때, 우리는 어디서 만나면 좋을까 고민을 하게 된다. 친구를 만나기로 한 약속 속에 들어 있는 가치(대인관계의 기쁨, 사회생활 만족, 욕구불만의 해소, 여가 시간 속의 행복 등)를 이행하기 위해서 적당한 장소를 물색하게 되고 결국 최종적으로 합당한 장소를 정하기 마련이다. 결국 약속이행에 따르는 가치를 실천하기 위하여 장소 선정이라는 또 다른 가치를 선택하게 된다. 만나는 장소의 선정은 단순히 물리적 공간의 선택을 의미하지 않는다. 양식당으로 할 것인가, 한식당으로 할 것인가, 아니면 분식집으로 할 것인가 그 어느 곳을 선택할지라도 그 집을 선택하는 이유 속에 가치가 들어 있는 것이다.

비록 친구와 만날 장소를 정하는 일이 짧은 시간에 이루어졌다고 할지라도 이것은 여러 가치들 가운데 최종적으로 하나의 가치를 선택하는 가치판단의 과정이란 점을 깨닫게 해준다.

앞에서 살펴본 바와 같이 최종적인 가치판단이 내려지기까지는 모두 여섯 단계를 거치게 되며 이 가운데 가장 중요한 단계는 형식검사와 내용검사가 이루어지는 제4, 5과정이다. 사실과 가치원리는 가치판단 구성요소의 두 가지 중요한 전제가 되기 때문에 이 두 가지 명제들에 대한 검사 과정은 반드시 필요하다. 만약 두 전제들에 대한 논리적인 여과 과정이 없다면 그로부터 내린 가치판단은 객관적으로 정당화되기 어렵다.

이러한 가치판단의 과정에 대한 분석적 접근 방법에 가장 충실한 가치분석이론가는 Hunt와 Metcalf(1968)이다. 이들은 가치판단의 전제가 되는 가치원리와 사실에 대한 논리적 검사가 수반되어야 하며 이 두 가지 전제

들이 모두 타당할 경우에만 정당한 가치판단으로 인정될 수 있다고 보았
다. 이들의 가치분석 모형과 기타 대표적인 모형들을 함께 제시해 보면
〈표-5〉와 같다.

<표-5> 가치분석 모형들

모형 종류	1. 인지	2. 분석	3. 결과 예측	4. 선택	특징
Hunt와 Metcalf 모형 (1968)	① 가치문제의 확인 및 명료화	② 가치판단의 대상에 관한 사실 수집 ③ 사실의 검사와 관련성 검사	④ 잠정적인 가치판단 ⑤ 가치원리의 수용성 검사	⑥ 최종적 가치판단	가치판단 구성요소들에 대한 타당성 검증을 중시
Banks 모형 (1977)	① 가치문제의 정의, 인식	② 가치관련 행동의 기술 ③ 기술한 행동이 예증하는 가치의 명명 ④ 갈등을 일으키는 가치의 분석	⑤ 분석된 가치원천에 대한 가설 수립 ⑥ 대안 가치의 명명 ⑦ 분석된 가치의 결과에 대한 가설 수립	⑧ 가치의 선호를 표명 ⑨ 가치선호의 이유, 원천, 가능한 결과의 진술	가치선호에 따른 의사결정 과정에 주안을 둠
Meux와 Coombs 모형 (1971)	① 가치문제의 규정	② 사실의 수집 ③ 주장하는 사실에 대한 평가	④ 사실의 관련성 명료화	⑤ 가치의 결정 ⑥ 결정한 가치에 대한 검증	가치판단에 있어서 사실적인 근거에 비중을 둠
Oliver와 Shaver (1966)	① 일반적 가치들을 추상화	② 가치들을 입체적으로 구조화하기 ③ 가치들 간에 갈등 인식 ④ 갈등 집단인식 ⑤ 유사한 갈등 상황 만들기	⑥ 적절한 입장으로 작업하기 ⑦ 배후에 있는 사실적 전제들을 검증 ⑧ 진술들의 적합성 검토		가치갈등 상황에 대한 의도적인 환경 조성과 논리적 검증 과정 중시
Massialas 모형 (1966)	① 가치문제의 인식	② 가치판단과 반대되는 가치의 제기 가능성 인식	③ 가치판단의 결과 예측 ④ 가치판단에 의한 행동 결과에 대한 증거 제시 ⑤ 반대되는 가치판단의 결과 예측 ⑥ 반대되는 가치판단의 행동 결과에 대한 증거 제시 ⑦ 제3의 가치 제시 ⑧ 제3의 가치 성취를 위한 도구의 발견	⑨ 어떤 가치를 선택한 합리적 이유의 진술 ⑩ 가정법을 이용한 가치와 반대되는 가치 그리고 제3의 가치 간의 관계 진술	혼돈되어 있는 가치들에 대한 충분한 고려를 바탕으로 하는 합리적인 가치판단 과정을 강조함

Banks(1977)의 모형은 가치의 선호에 따른 가치결정 과정을 9단계로 설정하고 갈등하는 가치에 대한 분석적인 의사결정을 중시한다. 가치판단의 과정이 평가적 의사결정의 과정이라고 본다면 Banks의 모형은 가치의 선택 행위, 즉 가치문제에 잠재되어 있는 가치들의 갈등 양상을 분석한 다음 자신이 선호하는 가치를 선택하도록 하는 가치의 행동화 모형에 많은 시사점을 준다. 사실 일상생활 속에서 겪게 되는 가치와 관련된 문제들은 복선적이며 매우 혼동되어 있는 상태로 우리 앞에 존재하기 때문에 그 가운데 어떤 가치를 선택하고 행동으로 옮긴다는 것이 쉽지 않은 일이다. 결국 자신이 선호하는 가치를 선택할 수밖에 없는데 자신이 선호하는 가치란 가치판단의 관점을 어디에 우선적으로 두고 있는가에 따라 달라질 수 있다. 그런데 개인적으로 우선시하는 가치는 항상 양자택일의 가치를 의미하지는 않는다. 거기에는 Massialas(1966) 모형에서 말하고 있는 제3의 가치도 있을 수 있다. 사실 대부분의 가치갈등 상황은 변증법적으로 논리적인 과정을 거쳐서 타협점이 제3의 가치로 모아지면서 해결의 실마리를 찾게 마련이다. 그리고 이러한 과정은 Massialas 모형에 제시되어 있는 10단계 여러 가치들의 관계를 진술하면서 확실해질 것이다.

결국 가정되어 있는 가치와 반대적인 가치, 그리고 제3의 가치 간의 관계를 진술하는 과정에서 선택될 수 있는 가치가 어떤 것이며 그것의 행동화 가능성을 판단하게 되리라 예측해 볼 수 있다. 이와 같은 복잡한 가치의 선택과 행동화 과정에서 Hunt와 Metcalf(1968) 모형, 그리고 Meux와 Coombs(1971) 모형에서 제시하고 있는 논리적인 검증방법과 타당한 분석방법은 유용하게 적용될 수 있을 것이다. 말하자면 이들 모형들은 가치판단의 논리적 구성요소들에 대한 타당성을 검증함으로써 정당한 가치판단을 이끌어 내도록 하는 전형적인 가치분석방법을 동원하고 있기 때문에 가치갈등 상황에서 나타날 수 있는 복잡한 가치문제를 분명히 하고 해결하는 데 특별한 효과를 발휘할 수 있는 것이다.

이러한 점은 Oliver와 Shaver(1966) 모형에서 잘 나타나 있다. 8단계로 구분된 이들 모형에서 가치갈등 상황은 의도적으로 조작되면서 Banks의 모형에서처럼 가치들의 갈등은 증폭되고 선택을 위한 분석 단계를 거치게 된다. 그러나 이들의 모형에서는 Banks의 모형에서와 같이 가치의 선호를 표명하는 것이 아니라 Hunt와 Metcalf 모형, 그리고 Meux와 Coombs 모형과 같이 사실과 진술들에 대한 객관적이고 타당한 검증을 중시하게 된다. 이렇게 볼 때 Oliver와 Shaver 모형은 종합적인 성격을 지니고 있다고 할 수 있겠다. 결국 이들 가치분석 모형들은 서로 독립적인 관계를 지향하면서도 가치분석이라는 하나의 거대한 틀 속에서 나름대로 의미를 지니고 있음을 알 수 있다. 예컨대 가치판단의 구성요소들의 논리적인 타당성과 신뢰성을 따질 때는 Hunt와 Metcalf 그리고 Meux와 Coombs 모형이, 복잡하게 가치들이 혼재되어 있는 가치갈등이나 가치혼란 상황을 풀어나갈 때는 Banks와 Massialas 모형이, 그리고 종합적인 접근을 시도하고자 할 때는 Oliver와 Shaver 모형이 유용하게 여겨진다.

그러나 이러한 가치분석 모형들은 주로 가치의 인지적 영역들을 다루고 있어서 가치의 정의적, 행동적 영역과 관련해서는 부족한 점이 있다. 앞에서 살펴보았듯이 가치가 일종의 신념체계와 연관된 인지적, 정의적, 행동적인 요소를 모두 포함하고 있다면 당연히 인지, 정의, 행동적 요소들이 동시에 고려되어야 할 것이다.

가치분석 모형의 이러한 제한점은 가치명료화 과정에서 충분히 극복될 수 있을 것으로 보인다. 즉 가치분석에서 다룰 수 없는 정의적, 행동적 영역과 관련하여 가치명료화 이론은 포괄적인 접근을 가능하게 해준다.

욕심의 그늘에 숨다

"어, 이게 뭐지!"

저녁 식사 후 따끈한 꿀 차 한 잔의 여유를 즐겨볼까 하는 생각으로 꿀 병뚜껑을 여는 순간 놀라지 않을 수 없었다. 코끝으로 스며드는 달콤한 향기에 취하기도 전에 투명한 아카시아 꿀의 표면 위에 정체 모를 것들이 떠 있지 않은가!

처음에는 그것들이 검은 깨인 줄 알았다. 깨엿처럼 여기저기 검게 박혀있는 모양세가 영락없다. 그런데 그게 아니다. 자세히 들여다보니 집에 사는 자그마한 개미들이 꿀의 표면뿐만 아니라 병 속 여기저기에 새까맣게 들러붙어 죽어 있다. 아마 뚜껑이 조금 열려 있는 틈을 타서 들어온 모양이다.

어찌하여 꿀 병이 개미무덤이 되고 말았을까! 꿀의 달콤함에 이끌리어 스스로 무덤을 팠으니 그 아니 어리석은가!

나는 꿀을 뜨다말고 개미들을 꿀 병 속에 빠져 죽게 만든 것이 무엇일까 생각해 보았다. 사실 개미들은 꿀 속에 빠져 죽은 게 아니라 욕심 속에 빠져 죽었다는 생각이 든다. 꿀맛의 달콤한 유혹을 피해 갈 만큼 욕심을 억제할 개미는 없으니까. 그러나 그 결과는 불행하게도 죽음이다.

이것은 마치 끈끈이주걱 잎에 갇힌 나비의 신세와 다름없다. 원색의 화려함에 속아 끈끈한 선모에 다리를 붙들리고 만 나비! 꿀을 얻으려는 욕심을 이용하여 생존해 가는 끈끈이주걱의 전략에 얼마나 많은 곤충들이 희생당했을까. 결국 꿀을 따지 못하고 끈끈이주걱 잎에 자신의 무덤을 만들고 마는 곤충들을 연상하면서 욕심의 실체를 깨닫게 된다.

죽음을 동반한 욕심의 실체는 낚시꾼들이 쳐 놓는 통발에서도 목격할 수 있다. 통발 속의 미끼는 당연히 물고기들의 욕심을 한껏 자극할 수 있는 것들이다. 향이 진한 깻묵으로부터 미숫가루 또는 화학 감미료로 버무린 먹이감이 물고기들을 유혹한다. 물고기들의 욕심을 부풀릴 수 있는 미끼를 쓸수록 더 많은 수확을 얻을 수 있다는 사실을 낚시꾼들은 잘 알고 있다. 결국 낚시꾼들의 음모를 알 수 없는 물고기들은 자신의 욕심에 이끌리어 통발 속에 갇히는 신세가 되고 마는 것이다.

자연의 세계에서 벌어지는 욕심의 법칙에 전율하지 않을 수 없다. 그러나 욕심의 법칙이 어디 자연계에만 있으랴, 우리가 사는 세상에도 그 법칙은 어김없이 적용된다.

욕심 때문에 해지기 전까지 자신이 걸어서 돌아올 수 있는 거리를 가늠하지 못하고 죽음을 맞이한 농부에 관한 유명한 얘기를 떠올려 보자. 톨스토이 단편 속에 등장하는 농부의 얘기는 인간사에 작용하는 욕심의 법칙을 극명하게 보여준다. 그는 땅의 소유 경계선을 만들기 위해 땅을 파고 약간의 잔디 포기를 넣어두면서 한낮 동안 정신없이 걷느라고 지쳐 있었지만 걸음을 멈출 수 없었다. 앞에 펼쳐진 기름진 땅은 오히려 그의 걷는 걸음걸이를 달리게 했던 것이다. 그리고 그 속도는 해가 서쪽 하늘에 가까워질수록 빨라질 수밖에 없었다. 엄청난 욕심의 에너지가 그의 육신에 채찍을 가하고 말 달리 듯 뛰게 하였다. 그러나 해가 막 지려는 순간 그의 욕심은 발걸음과 함께 멈췄고 육신은 쓰러졌다. 그리고 땅따먹기 게임의 참가비에 해당하는 1천 루블의

화폐 가치에 비하면 보잘것없는 일곱 자의 땅의 주인이 되고 말았다. 그것도 죽음이라는 값비싼 대가를 지불하고서 말이다. 자신이 지녔던 욕심의 무게에 비하면 정말 형편없는 면적이다.

욕심의 파괴력이 얼마나 대단했으면 이처럼 되고 마는 걸까. 욕심은 자기만족을 방해하는 심술쟁이 노릇을 서슴지 않는다. 해가 떠 있는 동안 자신의 소유권을 주장할 수 있는 네 개의 구덩이를 파고 나서 여유로운 웃음을 흘릴 수 있는 시간을 허락지 않는다. 그리하여 이 이야기의 제목처럼 '사람에게는 땅이 얼마나 필요한가?' 스스로에게 질문할 기회를 주지 않고 무작정 달리게 한다. 언덕을 넘고 들을 건너 계속 달리는 동안 몸은 만신창이가 되어 가건만 브레이크가 파열된 자동차처럼 멈출 수 없다.

사람은 도대체 얼마만큼의 땅과 권력, 돈이 필요하기에 멈출 줄 모르는 것일까.

신문이나 잡지, TV 등에 단골 메뉴로 등장하는 땅 투기 사건, 그리고 각종 비리로 인해 추락하는 정치인의 얘기와 돈 때문에 벌어지는 각종 범죄에 관한 기사 속에서 톨스토이 농부들 같은 사람들을 수도 없이 만나면서 우리는 무슨 생각에 젖는가. 욕심은 눈앞의 달콤한 이익을 좇아 끝없이 팽창하여 이성을 무력화시키고 온몸을 지배해 버린다. 마치 마약 중독과 같이 이성을 마비시키고 자신을 통제할 수 없는 지경에 빠뜨린다. 장마철 홍수가 재방을 넘는 것처럼 욕심은 이성의 통제선을 무너뜨린 다음 꿀 병과 끈끈이주걱, 그리고 통발 속에 뛰어들게 만드는 것이다.

그러므로 욕심에 대한 이성의 통제선을 알고 벗어나지 않도록 주의할 일이다. 욕심의 통제선은 건강한 삶을 지켜주는 최후의 보루이기 때문이다. 톨스토이 농부가 지켜야 하는 욕심의 통제선이 '해지기 전까지 안전하게 돌아올 만큼만 땅을 가지는 것'이었다면 개미들이 넘어서선 안 되는 통제선은 무엇일까?

그것은 아마도 '빠져 죽지 않을 정도로 꿀을 먹는 것'일 게다. 구체적으로 통제선을 그어보면 병뚜껑 근처쯤 되지 않을까 싶다. 그러고 보니 병뚜껑 안쪽에도 개미들이 달라붙어 죽어있다. 병뚜껑 안쪽 표면에 묻어 있는 꿀의 양만으로도 충분히 개미들을 죽음으로 몰고 갈 수 있다는 증거이다. 그래도 이놈들은 병 속 깊은 곳에 자신의 무덤을 팠던 놈들보다 덜 가련해 보인다. 욕심의 통제선 근처에서 죽음을 맞았으니까. 다른 녀석들에 비하여 욕심의 위험성을 조금은 알았으리라.

나비나 물고기는 어떤가. 그들에게도 욕심의 통제선은 분명 있었을 것이다. 진짜 수술처럼 화려하게 보이는 선모와 향내 나는 미끼가 들어 있는 통발의 입구가 삶과 죽음을 가르는 통제선이다. 개미로 치자면 병뚜껑에 해당되는 셈이다.

그렇다면 우리 자신의 통제선은 어떤가. 감당하기 버거운 통제선을 자신도 모르게 설정해 놓고 함부로 넘나들거나 무너뜨리면서 생활하고 있지는 않은가.

"이번에 옷 한 벌만 사려고, 폼 나는 옷 말이야. 내가 거지같다고 비웃는 친구들에게 뭔가 보여주겠어."

"전세에서 사니 주인 눈치 봐야지 맨 날 이사 다녀야지 힘들어 죽겠어, 남들은 고급 주택, 큰 평수 집에 사는데 우리는 왜 이 모양이지."

"우리 아들 때문에 골치 아파, 친구 아들은 맨 날 1등 한다는데 고작 5등이니 이래가지고 어디 좋은 대학 갈 수 있겠어."

이러한 말들로 자신의 일상을 채워가면서 톨스토이 농부를 닮아가고 있지는 않은지 생각해 볼 일이다.

제Ⅲ장

가치명료화

1. 가치명료화의 성격

우리는 가끔 사소한 일상사에서부터 매우 큰 중대사에 이르기까지 선택을 하지 못하고 시간을 끌다가 낭패를 보게 되는 경험을 할 때가 있다. 예컨대 내일 시험을 보아야 하는데 친구들 모임에 참석해야 할 것인지, 또는 어떤 직업을 선택해야 하는데 정작 무슨 직업을 가질 것인지 망설이다가 결정적인 순간을 놓치고 후회를 하게 된 경우가 있을 수 있다. 이러한 일들은 가치의 혼란 상태에서 비롯된 것으로 가치에 대한 분명한 생각이 정립되어 있고 가치체계가 명료하게 확립되어 있다면 극복될 수 있는 문제이다.

그렇다면 가치와 가치체계는 어떠한 과정을 거쳐서 바로 설 수 있는가? '가치의 내면화로 표현되는 가치화 과정은 어떻게 이루어질 수 있을까'로 바꿔 말할 수 있게 되는 이러한 문제에 체계적으로 접근하고자 하는 것이 가치명료화 이론이다.

가치명료화 이론에서는 가치의 형성 결과보다 어떻게 가치가 형성되는

가에 비중을 둔 과정 중심이론이다. 즉 가치 그 자체보다 개인이 어떻게 가치를 해석하고 평가하며 수용해서 행동화할 수 있는가에 관심을 둔다. 가치와 가치체계는 고정되어 있지 않고 유동적이기 때문에 가치의 형성 결과를 중시하기보다는 그 형성 과정을 중요시 여기는 가치명료화 입장이 합당하게 여겨진다. 가치명료화 이론가들(Raths, Harmin, & Simon, 1978; Kirschenbaum, 1973; Howe & Howe, 1975)은 갈수록 개방화되고 다원화되어 가고 있는 사회에서 정지되어 있거나 불변한 것은 아무것도 없으며 가치나 가치체계도 마찬가지라고 말한다. 가치나 가치체계는 개인에게 있어서 일생 동안 변화하고 발전하게 마련이며 가치의 창출 과정은 지극히 개인적일 수밖에 없는 것이다. 그러므로 개인이 주관적으로 가치를 분명히 하는 과정을 통하여 자기 자신뿐만 아니라 주변 사회를 이해할 수 있는 능력을 길러주는 것이 효과적이라 할 수 있는 것이다. 따라서 가치명료화 이론가들의 주된 관심은 '어떤 가치를 형성할 것인가'보다 '어떻게 가치를 분명하게 형성할 수 있을까'에 있다.

가치명료화 이론의 이와 같은 기본적인 입장은 가치화 과정의 목표에서 분명해진다. 가치화 과정은 인간의 가치에 대한 제 문제에 대해 자율적인 해결능력을 존중하고 그러한 능력을 효율적으로 구비할 수 있도록 하는 접근 방식이기 때문에 특정한 가치를 가르치기 위해 필요한 것은 아니다. 그러므로 특정한 가치를 목표로 삼을 필요는 없으며 학생들의 주의를 그들의 생활상의 문제로 집중시키고 문제를 해결하기 위한 선택과 존중하는 방법을 길러주어야 한다. 그리고 자신의 행동을 고려하도록 자극함으로써 분명한 목적을 갖도록 하고 생산성을 높여 주며 비판적으로 사고하는 능력과 책임 있는 인간관계를 형성하게 한다. 이러한 가치명료화의 궁극적인 목적은 일상사에서 발생하는 가치관련 문제들에 슬기롭게 대처할 수 있는 능력을 갖춰서 결국 자아실현을 할 수 있도록 도와주는 것이다.

그렇다면 어떻게 이러한 가치명료화 목표를 구체적으로 달성해 나갈 것인가? 가치명료화 이론에서는 인생의 목적, 욕망, 포부, 관심, 태도, 감정, 신념, 근심걱정, 활동, 확신, 장애물, 문젯거리 등과 같은 가치징표(value indicators)를 어떻게 가치화하여 가치체계 내에 정착시킬 것인가에 관심을 두고 그들의 목표를 구체화시키고자 한다(정형진, 1996). 여기서 가치징표라고 하는 것은 개인의 가치와 가치체계를 이루는 원천, 즉 가치의 잠재적 결정인자들로서 가치수용자인 개인의 주관적이고 자율적인 선택에 따라 가치가 될 수 있는 것들이다. 말하자면 가치징표는 가치화의 대상이라고 할 수 있는 것들로 우리의 생활을 복잡하게 만드는 개인적인 문제라든가 사회적인 문제들과 밀접하게 연관된 생활 측면이다. 그렇기 때문에 가치화의 대상은 사랑, 우정, 성 등과 같은 사적인 문제로부터 가족, 이웃, 학교, 사회나 국가와 관련된 사회적인 문제로까지 광범위하다 할 것이다. 그런데 여기서 주목할 점은 이들 가치징표들이 가지고 있는 공통점이 복잡하게 가치가 얽혀 있는 문젯거리라는 점이다. 가치명료화 과정은 이렇게 문젯거리 속에 들어 있는 가치들을 탐색하여 선택하고 그것을 내면화시키고 행동으로 표현하도록 함으로써 가치징표들을 가치로 전환시키는 것이다.

그렇다면 가치징표들이 가치로 전환되는 과정은 어떻게 이루어지는 것일까? 전술한 바와 같이 가치는 인지적, 정의적, 행동적 특성을 모두 지니고 있기 때문에 어떤 것이 가치로 인정되기 위해서는 이러한 세 가지 요소를 모두 만족해야 할 것이다. 가치명료화 이론에서는 인지적 측면과 관련된 가치화의 과정으로 ① 자유로이 선택하기, ② 여러 대안으로부터 선택하기, ③ 결과를 고려한 후에 선택하기를 들고 있으며, 정의적 측면과 관련된 가치화의 과정으로 ① 존중하고 소중히 여기기, ② 다른 사람에게 공언하기를 들고 있다. 그리고 행동적 측면과 관련된 가치화의 과정으로는 ① 실제 행동으로 실천하기, ② 생활에서 반복하기 등을 제시하고 있다.

이와 같은 일곱 가지 가치화의 과정은 가치명료화 이론의 뼈대를 이루는 내용으로 이를 구체적으로 살펴보는 일은 중요하다.

2. 가치명료화 과정

1) 자유로이 선택하기

가치를 선택해야 하는 상황에서 인간의 자율성은 그대로 인정되어야 한다. 만약 어떤 개인이 가치를 선택하는 과정에서 제3자의 영향을 받아 특정 가치를 선택하도록 압력을 받았다면 그로부터 선택된 가치는 오래 지속될 수 없다. 이것은 강제로 선택된 가치는 개인의 자율적인 의지의 소산이 아니기 때문에 그만큼 가치에 대한 개인의 확신을 보장받기 어렵다는 점을 말하여 준다. 만약 어떤 사람이 가치를 선택하는 과정에서 '~이 원하니까', '~이 시키니까', '어쩔 수 없어서' 등의 표현을 사용했다면 이는 곧 자율성을 상실한 가치선택이 이루어지고 있음을 암시하고 있는 것이다.

여기서 우리는 가치화 과정이 이루어지는 장면에서 가치중립적인 상황이 보장되어야 함을 알게 된다. 즉 가치에 관한 학습 장면에서 교육자나 학습자 모두 상대방의 가치를 인정해 주는 가치중립적인 자세를 견지해야 하는 것이다. 예컨대 교수자는 학습자에게 가치를 주입시키려 하거나 어떠한 영향력을 행사하려 해서는 안 되며 학습자가 스스로 자신의 가치를 선택할 수 있도록 촉진적인 안내자로서 역할을 해야 한다는 것이다. 이와 마찬가지로 학습자 역시 다른 학습자의 가치화 과정에 억압이나 지나친 개입을 해서는 안 되며 상대방의 가치를 그대로 인정해 주어야 하는 것이다. 따라서 가치명료화 학습에서는 자신과 다른 가치화 방법을 선택하고 있는 상대방을 비난하거나 공격해서는 안 되며 어디까지나 가치중립적인 자세로 서로를 격려하고 도와주도록 노력해야 한다.

그렇기 때문에 가치명료화 학습에 임하는 모든 사람은 그 자신이 학습의 객체가 아닌 주체로서 자율성을 보장받아야 하고, 그들의 활동 자세는 가치중립적이어야 하는 것이다. 가치명료화 이론이 이처럼 가치의 기준으로서 자유로운 선택과 가치중립에 대한 신념을 중시하는 근본적인 이유는 무엇인가? 그들의 이러한 믿음은 인간에 대한 긍정적인 시각에서부터 비롯되었다. 말하자면 사람은 본래 선한 존재로 목적적이며 자신을 통제할 줄 알고 스스로 결정할 수 있는 이성적인 능력을 가지고 있다는 인본주의적 인간관을 전제로 하고 있는 것이다.

인간의 이성과 능력에 대한 긍정적인 신뢰감을 바탕으로 하는 이와 같은 인본주의적 인간관은 자연스럽게 가치명료화 과정에서 가치중립적으로 상대방의 가치를 존중해주도록 하는 쌍방 이해의 자유를 중요한 기준으로 제시하게 되었다. 어떠한 외부의 압력을 받지 않고 스스로 판단하고 결정할 수 있도록 하는 자유로운 선택이 보장된다면 개인은 스스로 원하는 가치화의 방향을 정하고 그러한 가치를 선택하며 가치를 행동으로 나타낼 수 있다는 믿음에 따라 자유는 보장받게 되는 것이다.

결국, 개인이 자유로이 가치를 선택했다고 느낄 수 있는 경우에만 그 가치는 최소한 그 개인에게 소중한 의미를 지니며 그 생명력도 오래갈 수 있다고 보아야 한다.

2) 여러 대안으로부터 선택하기

가치문제를 풀어나가는 과정에서 고려될 수 있는 대안은 여러 가지일 수 있다. 만약 여러 가지 대안들이 잠재되어 있음에도 불구하고 하나의 대안에 집착하게 되면 그만큼 합리적인 가치를 이끌어 낼 수 없다. 따라서 다양한 대안들을 충분히 고려하여 선택의 신뢰성을 높일 수 있도록 하여야 한다. 대안들이 다양하게 제시되었을 경우에 그만큼 선택의 폭은 넓어지고 자유로운 선택이 가능한 것이다. 가치문제를 해결하기 위한 다양한 대안의 존재 가능성은 다양성에 대한 자유주의의 신념에서 비롯되었다.

각각의 개체들을 독특한 존재로서 합당하게 인정하는 것은 자유주의의 기본적인 원리라고 할 수 있다.

이것은 이를테면, 다원주의(Pluralism)에 따른 모든 개체의 동등한 자리매김으로 통한다. 말하자면, 가치문제와 관련된 해결 대안들 모두는 심사숙고하여 최종적으로 가치결정자에 의해서 선택되기 이전에는 동일한 중요성과 비중을 가지고 다루어져야 함을 뜻한다. 마치 이 세상에 존재하는 모든 꽃들이 그 나름대로 독특한 의미를 가지고 동등한 자격을 가지고 피어 있는 것과 같은 이치이다. 만약 단 하나의 꽃만이 이 세상에 존재해야 한다고 고집하면 어떻게 될까? 문제해결에 접근하기 위한 대안에 대한 다원주의적 사고를 상실한 인간사는 다양성을 잃어버린 꽃의 세계와도 같을 것이다.

이렇게 보면 선택의 다양성은 자유로운 선택이 가능하게 하는 선결조건이라 할 수 있다. 왜냐하면 하나의 대안 속에서의 선택 그 자체는 아무런 의미가 없기 때문이다.

3) 결과 고려 후에 선택하기

우리가 여러 가지 대안들 중에서 최종적으로 어떤 하나의 대안을 선택하기 위해서는 그 대안의 선택결과가 어떤 영향을 미칠 것인지 미리 생각해 보는 신중한 자세가 요구된다. 각 대안들에 대해 반성적으로 그 결과를 예측해 보는 과정은 선택의 결과에 따른 실패의 위험을 줄이는 효율적인 방법이다. 여기에서 반성적으로 결과를 예측한다는 것은 심사숙고하여 각 대안의 파생결과를 따져 보는 것으로 Dewey의 반성적 사고와 일치한다.

Dewey의 반성적 사고는 문제 상황을 냉정하게 분석하고 조건을 충분히 고려한다. 그리고 어떤 결과를 가져올 것인지 예상하고 그 결과를 비교하고 따져 보는 지적 사고의 작용이다. 이러한 지적 사고의 작용인 지성에 의해서 '심사숙고'나 '대안의 결과를 고려한 후의 선택'이 이루어지는 것이다(정호범, 1997).

만약 어떤 일을 하고 나서 후회를 하였다면 대개는 선택할 대안들에 대해 반성적 사고를 제대로 하지 못한 결과일 가능성이 높다. 결국 부정적 결과를 최소화시키고, 긍정적 결과를 최대화시킬 수 있는 대안은 신중한 인지적 평가를 통하여 선택된 결과이다.

4) 존중하고 소중히 여기기

최적의 대안을 선택했다면 그것을 기꺼이 받아들이고 기쁘게 생각할 수 있어야 하며 그것에 대해 내면적으로 믿음을 가져야 한다. 자유롭게 여러 가지 대안 중에서 충분히 숙고하여 선택한 대안이라면 그것을 소중히 여기고 자랑스럽게 여길 수 있어야 할 것이다. 이것은 일종의 선택에 대한 만족과 관련되어 있다. 개인은 자신이 선택한 대안이 진정 만족스럽게 되었을 때 그것을 존중하고 소중히 여길 수 있게 될 것이기 때문이다.

Dewey가 말하는 인간 활동이 이루어지는 7단계, 즉 ① 욕구의 경험, ② 대상의 지각, ③ 문제의 인지, ④ 사고, ⑤ 선택, ⑥ 선택에 따른 행위, ⑦ 만족의 경험 가운데 마지막 단계인 '만족의 경험'에 해당한다고 할 것이다(정호범, 1997). 예컨대 만족한 경험을 주는 대안일수록 개인에게 존중되고 확신을 줄 수 있는 것이다. 만약 자신이 선택한 것에 대해 긍지를 가질 수 없다면 그것은 불확실한 가치로 가치화 과정이 순조롭게 진행되고 있지 못하다는 뜻이다.

5) 선택에 의해 공언하기

선택한 가치를 개인적으로 존중하고 소중히 여긴다면 당연히 공개적으로 다른 사람에게 자신의 가치를 표현할 수 있어야 한다. 어떤 사람이 자신이 선택한 가치를 다른 사람이 알게 될까봐 두려워하거나 다른 사람이 자신이 선택한 가치에 대해 말하는 것을 부끄러워한다면, 그 사람은 아직도 자신이 선택한 가치에 대해 존중하는 마음이 부족한 상태임을 보여주는 것이다.

따라서 자신이 선택한 가치가 공개되고 모든 사람이 그것을 인식할 수 있도록 용인되었을 때 가치는 점점 내면화되고 명료화되는 것이다.

이와 같은 자신의 선택에 대한 공언은 자신이 결정한 가치가 객관적으로 인정될 수 있는 것인지 검증받는 역할을 해준다. 타인의 인정이나 비난에 대한 의식은 자신의 선택에 대한 정당한 근거를 추구하게 될 것이므로 주관적인 선택의 결과로 발생할 수 있는 오류들을 방지할 수 있는 기능을 해준다. 그렇기 때문에 선택에 대한 공언은 주관적인 판단에 대한 객관화된 반영을 가능하게 해주는 공개적인 장치로 가치화 과정에서 나타날 수 있는 주관적인 편향성을 어느 정도 해소시켜 줄 수 있다.

6) 행동으로 실천하기

자신이 선택한 가치를 모든 사람이 아는 데 주저하지 않을 정도로 자신을 얻었다면 이 가치가 실제 생활에서 행동으로 표출될 수 있어야 한다. 극단적으로 말하면 실제 생활에서 나타나지 않는 가치는 가치가 아니다. 예컨대 우정이라는 가치는 친구의 힘든 일을 도와주는 행동으로 표현될 때 비로소 가치로 인정될 수 있으며, 질서 준수라는 가치 역시 실제로 매표소에서 차례를 기다리는 등의 행동으로 나타나지 않는다면 가치라고 여겨질 수 없는 것이다. 이것은 일종의 언행일치(言行一致)의 과정으로 말이나 글로써 어느 정도 내면화된 가치를 행동으로 옮김으로써 더욱더 분명하게 가치화하는 것이다.

사실 자신이 자랑스럽게 받아들이고 공언하는 가치일지라도 그것이 행동으로 나타나지 않는다면 완전한 가치로 인정될 수 없다. 그렇기 때문에 행동으로 표현되기 쉬운 가치일수록 그 효용성이 높다고 할 수 있다.

7) 일관성 있게 생활에서 반복하기

가치는 지속적인 신념이라고 볼 수 있기 때문에 선택한 가치가 반복적으로 나타나지 않고 일회적인 행동에 그치고 만다면 그것은 완전히 내면화된 가치라고 할 수 없다. 선택한 가치가 완전하게 가치체계로 정착되기 위해서는 동일한 상황에서 동일한 행동으로 그 가치를 실천할 수 있어야 한다. 이것은 가치에 대한 태도의 일관성을 의미하며 일정한 행동 양식과 같은 것이다.

말하자면 가치의 습관화로 표현될 수 있으며 Dewey에 따르면 습관은 그 자체로써 독특한 성격을 지니고 자기 보존적 본성을 가지고 있는 것이다. 그에 의하면 습관은 지적인 요소를 포함한 인간의 본성이며 일단 형성된 습관은 외부의 어떠한 세력에 의해서도 파괴되지 않는 항상성을 지니게 되는 것이다(정호범, 1997, p.131에서 재인용). 이와 같은 습관은 대개 목적을 지닌 반복적인 경험의 축적에 기반을 두어 형성되는 성질을 가지고 있다.

가치가 일정한 행동 양식으로 생활 속에서 일관되게 나타나게 된다는 사실은 바로 Dewey가 말하는 의도된 목적에 의해 행동화된 경험의 축적이라 할 수 있는 습관의 성격을 지니고 있음을 함의한다. 이러한 의식화된 반복적인 행동을 통해서 비로소 가치는 완전해질 수 있는 것이다. 우리가 여기에서 주목할 점은 가치의 반복적인 실천 과정이 목적 없이 무의미하게 이루어져서는 안 되며 의도화된 목적을 동반한다는 사실이다.

결국 가치의 반복과 일관성이라는 기준을 만족시키기 위해서는 목적의식을 가지고 인위적으로 가치를 실천하려는 적극성이 뒷받침되어야 하는 것이다.

지금까지 살펴본 가치화의 과정은 가치의 잠정적인 결정인자라고 할 수 있는 가치징표들이 가치로 정착되기 위한 필수적인 조건들로써 이들 과정을 모두 충족시킬 수 있을 때 진정한 가치로 인정될 수 있다. 만약에 이러한 과정 가운데 한 가지라도 충족될 수 없다면 가치로 여길 수 없기 때문에 가치화 과정에서 세심한 주의가 요구된다.

가치명료화 이론가들 역시 이 점을 직시하고 가치가 성취되어 가는 과정을 어떻게 조직하고 체계화시킬 것인가에 관심을 가지게 되었다. 말하자면, 어떻게 하면 가장 효율적으로 가치를 명쾌히 하고 분명하게 형성할 수 있는가가 이들의 관심사인 것이다.

가치명료화 과정에 대한 이러한 관심사는 결국 그들 나름대로의 다양한 모형의 개발과 가치화 방법들을 낳게 되었다. 가치명료화 과정을 정리하면 [그림-3]과 같다.

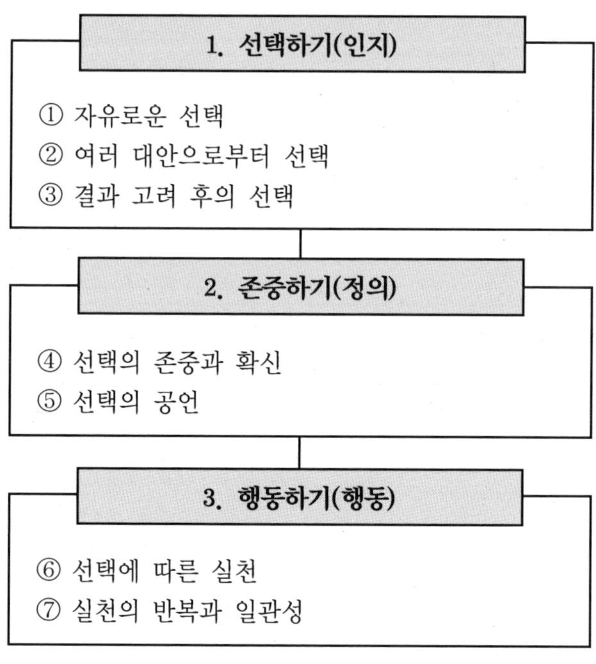

[그림-3] 가치명료화 과정

3. 가치명료화 모형

가치명료화 과정을 정형화시킨 대표적인 선행 연구자는 Raths, Harmin 과 Simon(1978)이며, 이들이 만든 모형과 Kirschenbaum(1973) 모형, Howe와 Howe(1975) 모형들을 함께 제시하면 〈표-6〉과 같다.

〈표-6〉 가치명료화 모형들

모형 종류	1. 선택	2. 존중	3. 행동	4. 반복	특징
Raths, Harmin과 Simon 모형 (1978)	① 자유로운 선택 ② 여러 대안으로부터 선택 ③ 심사숙고한 후의 선택	④ 존중 ⑤ 확언	⑥ 선택 행위에 따르는 실천	⑦ 반복	가치의 일곱 가지 기준에 충실한 가치화 단계 설정
Kirschenbaum 모형 (1973)	① 느낌의 단계(내부 경험의 개방) ② 사고의 단계(비판적, 논리적, 창의적 사고력의 동원과 인지적 기술의 활용) ③ 의사소통의 단계(언어적 비언어적 의사소통) ④ 선택의 단계(대안의 탐색, 결과의 고려, 전략의 선택, 자유로운 선택)		⑤ 행동화의 단계(기술적이며 신중한 행동의 수행, 행동의 유형화 및 지속화)		가치화 과정에서 감정의 역할을 중시하여 느낌과 의사소통의 단계를 설정
Howe와 Howe 모형 (1975)	① 분위기 형성 단계(개방적, 의사소통의 원활, 촉진적 관계 형성) ② 자아 개념의 형성 단계(자아의 인식) ③ 가치관의 인식 단계(소중한 것과 존중하는 것 인식, 공적인 확신 예감) ④ 가치선택의 단계(여러 대안으로부터의 자유로운 선택)		⑤ 가치관의 행동화 단계(개인의 목표 설정, 선택한 가치의 실천)		가치와 자아와의 관계 인식을 바탕으로 공감적인 분위기 형성을 강조

Raths, Harmin과 Simon(1978) 모형은 자율에 따른 숙고의 과정을 거쳐 가치를 행동으로 표현하기까지 모두 7단계 과정을 설정하면서 공개적인 확신의 과정을 중시하였다. 즉 선택한 가치에 대해 공개적으로 존중하고 확언해 보는 중간 단계를 설정함으로써 가치를 신념화하는 데 효율성을 기하도록 하였다. 이러한 Raths, Harmin과 Simon 모형은 선택에서 반복적인 행동에 이르는 인지적, 정의적, 행동적 가치화 기준을 충실히 반영한 것이라고 할 수 있다.

이에 비하여 Kirschenbaum(1973) 모형은 가치의 획득 과정에서 선택의 단계에 비중을 두고 그 과정을 세분화시키고 있다. 이 모형에서는 먼저 수용적인 내부 경험의 개방을 바탕으로 가치선택의 기저가 되는 다양한 사고의 활용과 원활한 의사교류가 이루어져야 함을 강조하고 있다. 특히 이 모형에서는 의사소통의 단계를 설정하여 사고의 단계에서 이루어지는 기억, 전이, 적용, 해석, 분석, 종합, 평가 등을 통해서 드러난 가치와 사실들에 대해 서로 의사소통을 하게 함으로써 가치선택의 신뢰도를 높이고 있다. 말하자면 가치화 과정에서 감정의 역할과 의사소통을 중시하고 있다. Howe와 Howe(1975) 모형 역시 Kirschenbaum 모형에서처럼 개방적이고 촉진적인 분위기를 중시하면서 가치획득 과정에서 자아 개념을 또 다른 요인으로 간주하고 있다는 점이 특이하다. 실재적인 가치화가 이루어지기 위해서는 가치문제와 관련된 인간관계가 원활하게 성숙되어 있어야 하고 이를 받아들이는 자아가 확립되었을 때 비로소 가치의 선택 활동이 순조로울 수 있다는 점을 Howe와 Howe 모형은 보여주고 있다. 즉 대인관계에서의 수용적인 분위기의 형성과 자아 개념의 정립은 가치화 과정에서 무엇보다 우선 되어야 할 조건에 해당하는 것이다.

이들 세 가지 모형들의 이와 같은 개별적인 특징으로부터 알 수 있는 것처럼 가치의 기준에 맞게 가장 적절히 설계된 모형은 Raths, Harmin과 Simon 모형이라 할 수 있다. 앞서 제시한 가치의 기준 일곱 가지는 가치명료화 이론에서 핵심적인 내용으로 이들 일곱 가지 기준을 모두 충족될 수 있을 때 가치로 인정될 수 있다는 사실을 상기해 보자. Raths, Harmin과 Simon 모형은 이러한 일곱 가지 기준을 충족될 수 있도록 ① 선택(인지) ⇒② 존중(정의)⇒③ 실천(행동)에 이르는 가치화의 과정을 가장 효과적으로 반영하고 있다고 평가할 수 있다.

이에 비하여 Kirschenbaum 모형은 존중(정의)의 단계가 설정되어 있지 않는 대신 자신의 내적인 경험을 자각하고 개방하는 느낌의 단계를 설정하고 있다. 이것은 Kirschenbaum 모형이 인지적 사고의 전 단계로 정서적 개방을 중요시하고 있음을 말하여 준다. 이러한 정서적 개방은 명확하게 의사를 전달하고 경청하며 서로 피드백을 주고받는 의사소통의 단계에 이르러 더욱 가속화될 수 있을 것이다. 결국 Kirschenbaum 모형은 가치명료화 과정에서 개인 간의 상호 작용을 중시하고 있음을 보여준다.

그러나 Howe와 Howe 모형은 개방적 분위기에서 자아 개념을 형성하도록 하는 단계를 우선함으로써 가치명료화 과정에서 자아의 인식을 중요하게 여기고 있다. 가치의 선택과 행동은 가치결정자의 자아 개념과 직접적인 관련이 있음을 이 모형은 보여주고 있는 것이다. 그러나 Howe와 Howe 모형 역시 존중(정의)의 단계가 설정되어 있지 않음으로써 가치의 일곱 가지 기준을 모두 충족시키고 있다고 말하기 어렵다.

그렇다면 Kirschenbaum 모형과 Howe와 Howe 모형이 가치명료화 과정에서 존중(정의)의 단계를 설정하지 않은 이유는 무엇인가? 그 이유는 두 가지 모형의 주안점에서 비롯되었다고 말할 수 있을 것이다. 즉 Kirschenbaum 모형은 자신의 내부적인 경험들을 개방하여 친화적인 느낌을 형성하고 개인 간의 상호 작용을 중시하지만, Howe와 Howe 모형은 자아 개념의 형성을 통한 가치화의 과정에 비중을 두고 있는 것이다.

그러므로 가치의 기준에 충실하여 가치를 명료화시키기 위해서는 Raths, Harmin과 Simon 모형이, 개인 간의 의사교류에 주안점을 두고 가치를 명료화하기 위해서는 Kirschenbaum 모형이, 그리고 자아 개념의 형성을 통한 가치명료화를 달성하기 위해서는 Howe와 Howe 모형이 효과적인 것으로 여겨진다.

가치명료화 이론가들은 이와 같이 가치의 명료화라는 그들 나름대로의 목적을 달성하기 위하여 다양한 모형들을 설정하고 명료화 방법들을 동원하고 있다.

4. 가치명료화 방법

가치를 명료화하기 위한 구체적인 방법들은 실질적인 가치화 과정에 도움을 줄 수 있는 중요한 기술에 해당한다. 그러나 가치를 명료화하는 데 도움이 될 수 있는 방법은 제한적일 수 없으며 계속적으로 개발되고 활용되어야 한다. 그만큼 가치명료화 과정은 개방적이며 가치를 명료화하는 데 효과적인 어떠한 방법도 정당성을 인정받을 수 있다는 의미이다.

여기에서는 Raths(1978) 등이 Values and Teaching에서 제안한 가치명료화 방법 가운데 비교적 활용도가 높은 방법들을 먼저 제시한 다음 그 밖의 또 다른 가치화 방법들을 기술해 본다.

1) 명료화 반응

명료화 반응(clarifying response)은 학생들과 비형식적 대화나 토의를 진행하는 동안에 또는 학생들의 가치지에 대한 기록 내용에 대한 평을 할 때 가치에 대한 생각을 더욱 심도 있게 이끌어 내기 위해 주로 사용하는 방법이다.

예컨대 "이것이 네가 존중하는 것이니?", "그것에 대해서 기쁘게 생각하니?", "다른 대안들은 고려해 보았니?", "그것은 네 자신이 선택한 것이니?", "정말로 그것을 할 거니 아니면 말로만 그러는 거니?", "다른 가능성들은 어떤 것들이 있니?", "그렇게 말하는 데는(또는 행동하는 데는) 어떤 이유라도 있니?", "그와 똑같은 것을 계속 반복해서 할 거니?" 등의 질문을 하여 학생들의 생각을 자극하고 분명한 반응을 유도해 낼 수 있다.

이와 같은 명료화 반응을 시도할 때는 가치중립적인 입장과 자유에 대한 신념을 견지해야 한다. 전통적인 방법에 의존하여 교화나 비판, 평가를 시도할 경우 학생들의 자유로운 가치선택에 방해 요인으로 작용할 수 있음을 항상 염두에 두어야 할 것이다. Raths 등은 심지어 학생이 결정하거나 생각하지 않을 권리마저 인정하기를 바란다. 그들은 학생 자신이 가치화 과정의 주체로서 자신의 생각과 결정에 스스로 책임을 지도록 해야 한다고 주장한다. 가치명료화 지도자는 어디까지나 가치중립적이면서 학생들의 가치화 과정을 촉진하고 안내하는 역할로써 만족해야 한다는 것이다.

따라서 명료화 반응을 시도할 때 지도자는 가치중립적인 질문을 던져서 학생들의 자유로운 반응을 유도하는 데 관심을 가져야 한다.

다음은 명료화 반응의 예이다.

학생: 선생님, 저 이번 수련회에 안 갈래요.
교사: 안 간다고. 무슨 일이라도 있니?
학생: 아니요. 그냥요. 그냥 안가고 싶어요.
교사: 그냥이라니, 네가 원해서 안 가는 거니?
학생: 그런 것 같아요.
교사: 네가 원해서 안 간다고. 그렇다면, 안 간다고 생각하니 기쁘니?
학생: 아뇨, 기쁘지는 않지만 안 가는 게 속이 편할 것 같아서요.
교사: 그럼, 네가 진짜로 원해서 안 거는 것이 아니구나.
학생: 저, 사실은 우리 엄마가 가지 말라고 해서요. 그래서 안 가는 거예요.

2) 가치지 작성하기

언어적인 표현이 아닌 쓰기 전략은 사고의 깊이를 더해 줄 수 있고 다수를 상대로 제한된 시간 안에 효과를 얻어낼 수 있다는 점에서 가치명료화 방법으로 많이 사용되고 있다. 가장 일반적인 형태의 가치지(value sheet)는 문제 상황과 같은 자극적인 지문을 제시하고 이에 답하도록 요구하는 질문들이 섞여 있는 것으로 구성될 수 있으나 질문은 언어적으로 제시하고 답만 쓰게 할 수도 있다. 예를 들면, 수업시간에 떠드는 행위와 관련된 사례를 제시하고 그와 관련된 질문에 응답하도록 가치지를 작성하도록 한다든지 사례와 질문은 말로 들려주고 나눠준 가치지에 답만 쓰도록 한다든지 하는 다양한 방법들이 있을 수 있다.

작성된 가치지는 필요에 따라 발표 자료나 토의 자료로 활용될 수 있다. 가치지를 활용한 예는 다음과 같다.

아빠의 딜레마

얼마 전(2003. 10) 뉴스에 희귀병에 걸린 딸(20세)의 인공호흡기를 꺼서 숨지게 한 아버지의 얘기가 보도된 적이 있다.

이 딸은 지병으로 인해서 한 해 천만 원이 넘는 돈을 소모하고 있어서 그동안 약 1억 원 가까운 병원비가 들었단다. 택시기사로 일하고 있는 아버지의 수입만으로 도저히 딸의 병원비를 감당할 수 없어서 빚더미에 앉게 되었다. 이렇게 가족 전체의 생계가 위협받던 상황에서 아버지는 결국 딸의 생명을 끊음으로써 이 문제 상황을 벗어나고자 했던 것이다.

이 사실을 안 엄마의 고발로 이 아버지는 지금 법의 심판을 기다리고 있다.

> ♣ 이 글을 읽고 다음의 문제를 풀어서 함께 토의해 봅시다.
> 1. 여러분 자신이 아버지라면 이 상황에서 어떻게 했겠습니까?
>
> 2. 이 아버지에게 편지글을 써보자.
>
> 3. 여러분 자신이 엄마라면 법정에서 어떤 말을 하겠는가?
>
> 4. 여러분이 판사라면 이 아버지에게 어떠한 판결을 내리겠는가?
>
> 5. 아버지 행위에 대한 엄마의 법정 고발은 정당한가?

3) 가치그림 그리기

가치그림(drawing values) 그리기는 시각적인 효과를 이용하여 가치를 명료화하는 방법이다. 주로 말이나 글로 표현하기 어려운 내용을 그림이나 만화 같은 시각적인 형식으로 표현해 보도록 하는 방법이라 할 수 있다. 자기가 잘하는 것과 못하는 것을 그려보라고 한다든지, 자신은 무엇을 하든지 성공할 것이라고 상상하게 한 다음 연상되는 내용을 그림으로 표현해 보라고 주문할 수 있다. 이와 같은 가치그림 그리기는 주로 공적으로 공언하는 방법으로 고안된 것이지만 말이나 글로 표현된 내용을 그림으로 바꿔서 표현해 보도록 함으로써 가치에 관한 생각을 자극하고 명료화의 깊이를 더할 수 있는 방법으로 사용되기도 한다.

말하자면 표현의 형식을 바꾸어 보는 활동을 통해서 가치를 명료화할 수 있는 것이다.

다음은 가치그림 그리기의 예이다.

4) 열거하기

어떤 문제를 해결하기 위해 대안을 찾아본다든지 정말로 하고 싶은 것을 자유롭게 적어 본다든지 할 때 유효하게 사용될 수 있는 방법이 열거하기(listing)이다. 열거하기는 주어진 주제와 관련된 내용을 생각나는 대로 자유롭게 기록해 보는 것이다. 이것은 일종의 브레인스토밍(brain storming)과도 통한다.

브레인스토밍은 짧은 시간에 주제와 관련하여 집중적으로 생각을 이끌어 낼 수 있으며 두뇌 활동을 적극적으로 활성화시킬 수 있다는 점에서 문제해결 방법으로 많이 사용되고 있다. 이러한 브레인스토밍에 의해서 적극적으로 창출된 생각들은 많으면 많을수록 좋으며 자유분방한 형태로 열거될 것이다. 자유롭게 열거된 생각들은 가치지에 기록되거나 자유로운 형식으로 표현될 수 있다. 여기에서 주의할 점은 열거된 생각들에 대해서 어떠한 비난이나 평가를 해서는 안 되며 비판은 마지막까지 유보되어야 한다는 것이다. 전술한 바와 같이 가치중립적이지 않은 간섭은 결국 가치화를 방해하는 최대의 장애로 작용할 것이기 때문이다.

열거하기의 예를 들어보면 다음과 같다.

♣ 이 지구상에는 아직도 수많은 전쟁으로 인하여 많은 사람들이 고통을 받고 있습니다. 전쟁 없는 평화로운 세상을 사람들은 꿈꾸지만 평화는 쉽게 오지 않는 듯합니다.

전쟁을 없애고 평화로운 세상을 만들기 위해 필요하다고 생각되는 것들이 무엇인지 적어보시오.

1. ____
1. ____
1. ____
1. ____
1. ____

---

5) 미완성 문장 완성하기

미완성 문장(open-ended sentences) 완성하기는 주어와 술어는 제시하고 나머지 공란을 학생들이 기록하도록 하는 명료화·확대 진술 전략이다. 언어적 표현에서 얻을 수 없는 개인의 신념이나 느낌, 감정들을 비교적 손쉽게 알아볼 수 있는 방법이 미완성 문장 완성하기이다. 가치명료화 과정에서 사용될 수 있는 미완성 문장 완성하기의 예는 다음과 같다.

나는 _______________ 한 것을 배웠다.
나는 _______________ 한 것을 보고 놀랐다.
나는 _______________ 한 것에 실망했다.
나는 _______________ 한 것에 기뻤다.

---

6) 결과 고려하기

결과 고려(expand awareness of consequences)하기는 어떠한 선택적 행동을 하기 전에 미리 그 결과를 심사숙고해 보는 결과 인식 확대 전략이다. 결과 고려하기는 미래에 대한 예측능력을 바탕으로 현명한 가치결정과 행동을 가져오도록 하는 방법이라 할 수 있다. 가치결정은 지극히 개인적인 문제이기 때문에 개인적인 성향에 따라 편협하게 설정된 목적을 가지고 가치문제를 결정하기 쉽다. 그렇기 때문에 열거된 대안들의 예상되는 결과를 깊이 있게 따져 보는 일은 중요하다.

결과 고려하기 방법으로는 가능성 있는 결과들의 목록을 작성하게 한다든지, 문제 상황에 대한 대안을 적게 한 다음 각각의 대안들에 대하여 그 결과를 예측하여 기록하게 할 수 있다.

다음은 결과 고려하기의 예이다.

달나라 땅을 판다?

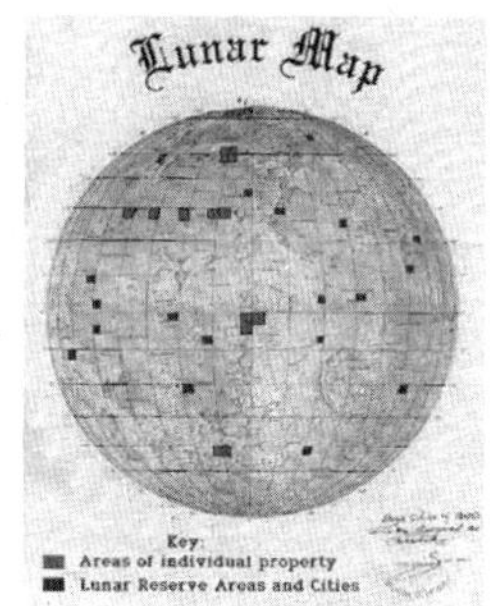

현대판 '봉이 김선달'은 권 모(22. 단국대 1) 씨. 권 씨는 지난 4일부터 달의 토지를 1에이커(1224평)당 3만 원에 팔면서 시민권을 주고 있다. 토지 매입자는 토지의 위치가 표시된 지도와 토지소유 증명서 등도 받는다. 권 씨는 지금까지 지인 등 100여 명에게 토지를 판매했으며 15일 홈페이지를 열어 본격적인 시장공략에 나선다.

달 장사는 23년 전 미국의 데니스 호프란 사람이 시작해 600만 달러(72억 원)가 넘는 수익을 올렸다고 한다. 고객 명단에는 영화배우 톰 크루스 등이 포함됐다. 호프는 유엔협약 등이 우주 공간에 대해 국가의 소유권은 인정하지 않지만 개인 소유를 제한하지 않는 점에 착안, 법원에서 소유권을 인정받았다.

> 권 씨는 "호프에게 한국에서의 독점판매권에 대한 대가를 지불하고 사업을 시작했다"며 "일본, 독일 등에서도 합법적인 사업"이라고 설명했다. 경찰은 일단 달 장사가 사기에 해당될 수 있다고 보지만 처벌 근거를 찾지 못하고 있다.
>
> 천경득 변호사는 "구매자들이 적은 돈으로 꿈과 희망을 갖게 된다면 사법처리가 힘들 것으로 보인다."고 말했다.
>
> 〔중앙일보, 2004. 9. 15〕
>
> ♣ 위의 내용에서 권 씨는 자신의 사업의 결과를 충분히 고려했다고 보는가? 그렇다고 생각한다면 권 씨의 입장에서 고려해 볼 수 있는 사업의 결과는 무엇인지 적어보시오.

7) 순서 정하기

순서 정하기(rank orders)는 가치에 대한 의사결정 방법이라 할 수 있다. 다양하게 열거된 대안이나 무작위로 나열된 가치들에 대해서 그 우선순위를 매겨보는 것이다. 예컨대 자신이 좋아하는 것들과 싫어하는 것들을 열거하게 한 다음 그것들의 순서를 정하여 보게 한다든지 자신에게 소중한 사람과 없어도 살 수 있는 사람을 열거하게 하고 그 우선순위를 매겨보게 할 수 있다.

이러한 순서 정하기를 통해서 가치를 선택할 수 있는 의사결정 능력을 키울 수 있을 것이다.

순서 정하기의 예는 다음과 같다.

♣ 방학을 맞이하여 휴가를 가게 된다면 누구와 함께 가고 싶은가?
가장 가고 싶은 사람의 이름과 그 이유를 순서대로 적어보시오.

순 위	이 름	이 유
1		
2		
3		
4		
5		

---

8) 주간 반응지 작성하기

주간 반응지(weekly reaction sheets) 작성은 일주일 동안 가치화 과정이 어떻게 이루어졌는지 확인하는 데 긴요하게 사용될 수 있다. 이미 계획된 주간 일정을 가지고 실행했다면 그 실행 결과가 어떻게 되었는지 점검하는 데 도움을 얻을 수 있으며, 아무런 계획 없이 일주일을 보냈다면 그 주간의 일을 반성하는 계기를 마련해 줄 것이다. 주간 반응지에 포함될 수 있는 내용은 ① 이번 주에 행동으로 옮긴 가치, ② 계획에 따라 금주에 실천한 일, ③ 이번 주에 결정을 내렸던 일, ④ 금주에 자랑스럽게 여기는 일 등이다.

이와 같은 주간 반응지의 작성을 통한 가치명료화 방법은 먼저 가치의 실천 계획을 세우고 이에 따라 의도적으로 실천한 다음 그 결과를 점검해 보도록 하는 절차가 수반되어야 효과적이라 할 수 있다. 가치의 일곱 가지 기준에서 밝혔듯이 의도화된 목적을 가지고 가치를 행동으로 옮겼을 때 습관으로 정착되기 쉽다는 장점 때문이다.

따라서 의도적인 행동과제를 제시하여 실천에 옮긴 다음 그것을 주간 반응지에 기록하도록 하는 방법을 적용하도록 하는 것이 좋다. 즉 실제로 행동해 보기 위해서 행동과제를 부여하고 이것이 제대로 실천되었는지 점검의 기회로 삼기 위해 주간 반응지를 활용하는 것이다. 이와 같이 행동과제와 주간 반응지 작성이 서로 연계되었을 때 가치명료화 방법으로써 그 효율성을 높일 수 있다.

주간 반응지 작성의 예는 다음과 같다.

금주의 실천 가치	요일별 실천의 정도 (매우 잘 실천: ○, 보통으로 실천: △, 실천 부족: ×)						
	월	화	수	목	금	토	일
반성 및 평가							

9) 공개 인터뷰

공개 인터뷰(public interview)는 자신의 생각이나 경험, 또는 의사결정 내용이나 결정한 가치를 공개적으로 표현하고 확인하는 절차를 갖는 것이다. 지도자 한 명이 특정한 개인에게 가치를 명료화할 수 있는 질문을 공개적으로 던질 수도 있으며 동료 집단의 학생들이 질문을 공개적으로 할 수도 있다.

공개적인 질문에 답하는 과정에서 주관적으로 편협한 가치결정의 가능성을 최소화할 수 있을 뿐만 아니라 다른 사람과 가치를 공유할 수 있다는 신념을 심어줄 수 있다. 공개적인 인터뷰 과정에서 지나친 주관의 함정에 빠져 있는 자신을 발견하게 되거나 다른 사람도 자신과 유사한 가치화 과정을 밟고 있다는 안도감을 얻을 수 있을 것이다. 그리고 공개적인 인터뷰 활동에 참여하는 모든 사람들로부터 자신의 가치결정을 인정받을 수 있다는 자신감의 획득도 또 다른 수확이다.

다음은 공개 인터뷰의 예이다.

> 도영: 병철이는 그 문제를 해결하기 위해서 어떤 가치를 선택했나요?
> 병철: 책임이라는 가치를 선택했어요.
> 혜영: 아무도 보지 않은 상황에서도 깨진 화분을 치우는 일을 계속할 건가요?
> 병철: 예, 아마 계속할 겁니다. 아무도 보지 않는다고 모른 채 도망 가지는 않겠습니다.
> 채수: 학원 차를 놓쳐 그날 공부를 못하게 될 텐데 괜찮나요?
> 병철: 학원 차를 못 타서 공부하는 데 지장을 받겠지만, 그래도 내가 깨트린 화분을 치우는 일은 그 무엇보다 중요하다고 생각해요.

10) 5분 발언대

5분 발언대(five-minute quote without comment)는 특정한 사안이나 주제에 대하여 공개적으로 발언하고 싶을 경우 5분이라는 제한된 시간을 주어 발표하게 하는 방법이다. 누구든지 자유롭게 방해받지 않으면서 제한된 시간 안에 말을 할 수 있는 5분 발언대는 논박이나 비평이 허용되지 않는다. 자신이 가치 있다고 여기는 것을 공개적으로 공언하는 성격을 지니고 있기 때문에 발언된 내용에 대한 가치중립적인 자세와 상호 이해라는 가치명료화 이론의 기본적인 전제는 존중되어야 한다.

발언자는 비록 제한된 시간 내에서 발표를 하게 되지만 자신의 가치에 대해 공언하는 과정에서 더욱 강한 자긍심과 긍정적인 신념을 얻게 될 것이다.

다음은 5분 발언대의 예이다.

아는 사람은 알겠지만 우리 학교는 1학년부터 3학년까지 두발 단속합니다. 학교 측에선 탈선방지, 교칙이라는 등등의 이유를 대며 두발 규제를 합니다.

물론 학교 측이 우려하는 것들이 발생할 수 있는 가능성은 있습니다.

그러나 이러한 학교 측의 엄격한 규제는 학생들의 개성과 인격을 무시한다는 측면에서 더 큰 불만과 문제를 발생시키는 원인이 됨을 선생님들께선 아셔야 합니다.

개인의 인격과 개성을 중시하는 현대 사회에서 일제의 잔재나 마찬가지인 두발 규제에서 아직 우리들은 벗어나지 못하고 있는 것 같습니다.

이러면서 선생님들은 창의력이나 발전성을 요구하시죠. 개인의 개성을 무시하는 상태에서 어떻게 창의적인 생각, 잠재능력이 발휘된다는 말인지 …….

선생님들은 두려울 것입니다.

두발 자유가 되면 아이들의 태도가 180도로 변해 오만 방자해지고 학습능력이 저하되고 기세가 등등해져 선생을 깔볼 것이다. 대략 추측해보면 이러하다. 그러나 이런 생각들은 오히려 아이들에 대한 선생님들 자신의 믿음이 없기 때문이 아닐까요?

'두발 자유화는 성적 부진과 탈선을 부른다.'

이런 허접한 논리가 어떻게 성립하는지 정말 이해할 수 없습니다.

머리 길면 공부 못하고 날라리고, 머리 빡빡 깎으면 공부 잘하고 모범생이 됩니까? 사람은 겉으로 판단하지 말라고 가르친 사람들이 선생님들 아닌가요?

그리고 덧붙여서 학생은 학생다운 용모이어야 한다고 말씀들 하시는데 학생다운 용모가 무엇입니까? 머리 빡빡, 안경잡이가 학생다운가요.

전 도대체 학생답다는 것이 무엇인지 궁금합니다.

교칙을 잘 준수하는 학생, 공부만 하는 학생이 학생다운 겁니까? 정확한 정의도 없이 무턱대고 학생다워야 한다고요?

도대체 학생다운 게 뭔지 좀 가르쳐주십쇼.

11) 가치명료화의 또 다른 방법들

가치명료화 이론에서 제안하고 있는 가치명료화 방법 이외에 가치를 명료화하는 데 도움이 될 수 있는 방법들은 얼마든지 있을 수 있다. Raths 등도 자신들이 제안한 가치화 방법을 상황에 맞게 수정하여 사용하고 보다 더 발전적인 가치명료화 방법들을 창안할 것을 요구한다. 그만큼 가치명료화 과정은 개방적이며 계속적인 명료화 전략과 방법의 창출을 필요로 하고 있는 것이다.

(1) 자기 충족적 예언(self-fulfilling prophecy)

자기 충족적 예언이란 예언이 원인이 되어 실제로 그 예언대로 이루어지거나 혹은 기대가 현실로 실현되는 것이다. 즉 어떤 기대가 실현될 것이라는 믿음을 갖고 이의 실현을 위해 노력함으로써 결국 원래의 기대를 현실로 실현시키는 방법이다(정종진, 2001). 이러한 자기 충족적 예언은 일종의 자기 최면 효과를 통하여 자신이 가지고 있는 태도나 포부 등의 기대를 현실화시키는 방법으로 Rosenthal과 Jacobson(1968)의 연구에 의해서 널리 알려지게 되었다.

미국의 한 초등학교 아동과 교사들을 대상으로 실시된 Rosenthal과 Jacobson의 연구는 아동의 학업성취에 대한 교사의 기대가 교사 자신에게 자기 충족적 예언을 가져왔으며 결과적으로 학업성취에 대한 아동의 태도나 기대를 향상시켰음을 말하여 준다. 그리고 아동의 학업성적 향상이라는 실질적인 성과를 나타냄으로써 자기 충족적 예언의 효과는 입증되었다.

이러한 자기 충족적 예언의 효과가 시사해주는 것은 어떠한 외부적인 상황이나 조건보다 자신이 지니고 있는 기대나 포부 또는 태도 같은 심리적인 요인이 상황을 현실화하고 변화시키는 데 중요한 역할을 한다는 점이다. 가치명료화 이론의 입장에서 보면 이들 기대나 포부, 태도 등은 가치징표로써 가치화의 대상이 되는 것이다. 따라서 자기 충족적 예언이란 가치징표들을 자극하여 실제적인 행동으로 나타내도록 유도하는 자기 긍정의 심리적 작용이라 할 수 있다.

예컨대 가치명료화 이론에서는 '나는 ~을 확신한다', '나는 ~을 믿는다'와 같은 태도 속에 들어 있는 가치징표와 '언젠가 나는 ~을 할 거야', '나는 ~이 될 거야', 같은 포부 속에 들어 있는 가치징표를 명료화 반응을 통하여 가치로 전환시키고 있는데, 이것은 일종의 자기 긍정의 심리적 작용을 응용한 것이다. 이렇게 볼 때 자기 충족적 예언방법은 가치명료화 이론에서 이미 변형적으로 사용되어 왔다고 말할 수 있다.

긍정적인 자기 충족적 예언에 사용될 수 있는 표현으로는 '나는 ~을 자랑스럽게 생각한다', '나는 ~에 만족한다', '나는 ~을 기쁘게 생각한다', '나는 ~을 후회하지 않는다', '나는 ~을 확신한다'와 같은 다양한 표현 형식이 있을 수 있다.

글이나 말로써 자기 충족적 예언을 하는 방법 외에 그림이나 만화 같은 영상을 통하여 자신이 지니고 있는 기대나 포부를 선명하게 부각시킬 수 있다. 자신이 바라는 이미지를 시각적으로 표현하게 되면 마음속에 추상적으로 자리잡고 있던 것들이 구체화되기 쉽기 때문이다.

다음의 예는 자기 충족적 예언의 방법을 나타낸 것이다.

> 나는 비록 가난하지만 내가 좋아하는 책들을 맘껏 읽고 내가 원하는 분야의 공부를 할 수 있어서 기쁘게 생각한다. 나는 나의 길을 후회하지 않으며 공부로써 크게 성공하리라 확신한다.
> 그러므로 나는 지금 책상에 앉아 이렇게 글을 읽고 쓰고 생각하고 있는 현제의 나의 모습에 만족한다.

(2) 1인칭 표현

Gordon(2000)은 2인칭이나 3인칭의 표현을 1인칭으로 전환함으로써 말하는 당사자의 마음을 명료하고 효과적으로 전달할 수 있다고 하였다. 대화자 자신을 1인칭 주어로 표현하여 말하고자 하는 내용에 자신의 생각과 감정을 담아 전달하는 일명 나-전달법(I-message)은 다른 사람이 아닌 바로 자기 자신의 지각된 사고나 느낌에 충실한 것이다. 전달하고자 하는 내용을 나를 주어로 하여 표현하게 되면 자기 자신이 느끼고 지각한 것들을 비교적 솔직하게 전달할 수 있다는 장점이 있다. 이를테면 말하고자 하는 내용에 나-전달법에 의한 1인칭 표현을 함으로써 자신에게 솔직해지고 결과적으로 개인적인 책임감을 강화시킬 수 있는 것이다.

이렇게 1인칭으로 표현을 하게 되면 자신과 직접적인 관련이 없는 듯이 보이던 일일지라도 자신의 일처럼 느껴지고 책임 있는 반응을 하게 된다. 말하자면, 자신을 주어로 하여 1인칭 표현을 하게 되면 나와 관계없는 다른 사람의 문젯거리로 여겨지던 일도 자기 자신의 문젯거리로 인식되는 것이다. 자기 자신이 멀리서 관조적으로 바라보던 제3자의 얘기는 이제 자신과 동떨어진 다른 사람의 얘기가 아닌 자기 자신의 얘기로 변해있게 마련이다. 이것은 곧 제3자의 일로써 대상화되었던 것들이 1인칭 표현을 사용함으로써 자기 자신의 일로 전이되는 효과를 말한다.

가치명료화 이론에서는 명료화 확대 진술방법으로 '나는 내가 ……한 것을 배웠다', '나는 내가 ……한 것을 알게 되었다', '나는 내가 ……한 것을 보고 놀랐다.' 같은 표현을 사용하도록 하였는데 여기서 주안점은 '나는 내가 ……(I~that I~)'라고 할 수 있다. 이렇게 '나는 내가'라는 중첩된 1인칭 표현을 사용함으로써 가치화 과정에서 적극성을 유발할 수 있으며 반응의 강도를 높일 수 있게 된다.

이러한 1인칭 표현방법은 명료화의 주체가 바로 자기 자신임을 분명히 해준다는 점에서 가치결정자의 주체성과 책임감을 배양할 수 있다는 장점이 있다. 이렇게 함으로써 결국 가치문제 속에서 개인적인 의미를 극대화시킬 수 있는 것이다. 예컨대 가치문제의 해결 당사자가 3인칭으로 표현되어 있을 경우, 이것을 모두 1인칭으로 바꿔서 구술하게 함으로써 현실감을 높이는 방법을 사용한다. 개인은 이제 문제 상황 속의 직접적인 주인공이 되어서 가치를 선택하고 존중하며 행동으로 옮기지 않으면 안 된다. 그리고 그 결과는 모두 자기 자신의 책임으로 인식될 것이다.

다음은 1인칭 표현의 예이다.

> 동수는 오늘 기분이 매우 나빴다. 기말고사 성적표를 받아보니 형편없이 낮은 점수다. 엄마에게는 이번 시험에는 중간고사 때보다 더 좋은 성적을 올리겠다고 큰 소리를 쳤는데 정말 걱정이다.
>
> 동수는 오늘 옆에 있는 친구 학범이가 통지표를 아예 엄마에게 보여주지 않을 거라고 말하던 것이 떠올랐다. 학범이는 친구들과 장난치다 찢어져서 버렸다고 거짓말할거란다.
>
> 동수도 그 방법을 써야 할지 망설여진다.

> ♣ 위의 문장의 주인공인 '동수'를 '나'로 바꾸어 표현해 보고 그
> 외의 등장인물은 여러분 자신과 가장 가까운 사람 이름으로 바꿔서
> 다시 적어봅시다.

(3) 경험의 확대

경험의 확대란 가치명료화 과정에서 학생들이 접할 수 있는 상황과 자료를 되도록 많이 그리고 다양하게 제공함으로써 사고의 폭을 넓혀주는 방법이다. 간접적인 경험과 관련된 내용을 제공하거나 직접적인 생의 경험과 관련된 내용을 제공하여 가치문제를 해결하도록 할 수 있다.

Raths(1978) 등은 이를 위해 조작된 사건을 제공하여 실제적인 느낌이나 경험, 또는 지식과 같은 것들을 학생들이 얻을 수 있도록 하여야 하며, 간접적으로뿐만 아니라 직접적으로 경험할 수 있는 것을 조작해 보도록 권하고 있다.

대부분의 학생들은 경험의 폭이 넓지 못하고 제한적이기 때문에 이와 같이 간접적인 경험뿐만 아니라 직접적인 경험과 관련된 내용을 다양하게 제공하여 경험을 확대해주는 것이 가치명료화 과정에 도움이 될 수 있는 것이다. 학생들은 가치문제가 담긴 직, 간접적인 경험을 통하여 자신이 이미 경험한 내용을 재해석하게 되고 삶의 가치와 문제해결의 새로운 의미를 깨닫게 될 것이다. 이것은 말하자면 다양한 경험들에 대한 반성적 사고의 과정에 따른 경험의 가치에 대한 재창출이라 할 수 있다. 예컨대 Dewey(1916)의 경험의 원리에서처럼 경험의 가치는 경험들 간의 관련성과 연속성을 지각하여 재해석한 다음 새롭게 그 의미를 얻어내는 데 있는 것이다. Raths(1978) 등도 경험으로부터 의미를 얻으려고 하거나 의미를

부여하는 해석을 중요한 관점으로 다루면서 이러한 해석 과정에는 가치가 불가피하게 관련되어 있다고 보았다.

그러나 이와 같은 경험에 대한 의미의 증가와 가치 부여는 다양한 경험들이 주어졌을 때 가능하다. 왜냐하면 제한된 경험은 한정된 사고를 동반하고 결국 부분적인 범위에서의 경험의 해석과 의미 부여가 이루어질 것이기 때문이다. 그러나 우리의 삶은 단순하지 않기 때문에 삶의 과정에서 만나는 복잡한 문제들을 해결할 수 있는 능력을 갖추기 위해서는 다양하고 풍부한 경험들을 학생들이 접할 수 있는 기회를 만들어 주어야 할 것이다.

가치명료화 이론에서는 삶 자체에 대한 결과 인식을 확대시키는 방법으로 삶에 관한 이야기를 담은 문학이나 예술 작품을 통하여 학생들의 제한된 경험을 확대시킬 것을 교사들에게 주문하고 있다.

이렇듯 경험의 확대는 학생들이 자신의 가치를 명료화하여 삶의 문제를 해결하는 데 많은 도움을 주게 된다. 학생들의 경험을 확대하는 방법으로는 먼저 직접적인 생의 경험과 관련된 가치를 분명히 해보도록 유도한 다음 경험의 폭을 확대할 수 있도록 간접적인 경험의 내용을 제공할 수 있다. 아니면 반대로 간접적인 경험과 관련된 다양한 가치문제를 제공하여 가치를 명료화하게 한 다음 직접적인 개인의 경험을 찾아보게 하고 가치문제를 해결하도록 요구할 수 있다. 또 다른 방법으로는 간접적인 경험 내용과 직접적인 경험 내용 간의 유사한 점을 연계시켜서 경험을 재해석할 기회를 만들어 줌으로써 가치문제를 좀더 밀도 있게 부각시킬 수 있다. 예컨대 조작된 문제 상황을 제시하여 학생들이 간접적인 경험을 하게 한 다음 그와 유사한 직접적인 경험을 찾아서 평가해보도록 하는 방법이 동원될 수 있다.

경험의 확대 방법의 예는 다음과 같다.

옛날 어느 마을에 욕심 많은 할아버지가 살고 있었습니다. 이 할아버지는 젊은 시절부터 욕심껏 일한 끝에 많은 것을 손에 넣을 수 있었습니다. 기와로 잘 지은 대궐 같은 집, 값비싼 도자기와 금 촛대, 그리고 창고에는 먹을 식량들이 항상 가득하여 부러울 것이 없었습니다.

그러던 어느 날 할아버지는 배불리 저녁을 들고 나서 마당을 내려다보았습니다. 넓은 마당은 대낮처럼 환하여 낮이나 별로 다르지 않았습니다. 그날은 마침 보름달이 뜨는 날이었던 것입니다.

할아버지는 마당을 둘러 친 담장 모서리에 커다랗게 가지를 늘어뜨리고 서 있는 감나무를 바라보았습니다. 그리고 감나무 위에 둥근달이 은빛을 발하며 걸려있는 게 눈에 들어 왔습니다.

할아버지는 생각했습니다. '음, 정말 멋진 물건이군, 저것을 왜 가질 생각을 여태 못했지. 우리 집 창고는 아직 공간이 많이 비었는데.'

할아버지는 자리에서 일어나 감나무 위를 오르기 시작했습니다. 감나무 꼭대기에 다가갈수록 금방이라도 달이 손에 닿을 듯합니다. 가지를 하나하나 오를 때마다 힘이 들었지만 창고 안에 달을 넣어둔다는 생각에 힘든 줄을 모릅니다.

♣ 위의 이야기는 옛날부터 전해오는 동화를 각색한 것입니다. 여러분도 이 이야기의 주인공인 할아버지와 같은 일을 하여 웃음거리가 된 적이 있을 것입니다. 아무리 노력해도 달성될 수 없는 욕심 때문에 힘들었던 경험을 적어보세요.

코끼리와 벼룩으로부터 복종의 덫을 찾다

　재작년 가족들과 함께 놀이공원으로 나들이 간 적이 있었다. 그 놀이공원에서는 마침 코끼리 쇼를 하고 있었다. 물개나 원숭이 같은 작은 동물들이 펼치는 쇼는 간혹 보아왔어도 코끼리처럼 덩치 큰 짐승의 쇼는 처음이어서 잔뜩 기대를 가졌다.

　아니라 다를까. 코끼리는 진행자의 지시에 따라 코로 농구공을 휘감아 농구골대에 던져 넣기도 하고 핸드볼 공을 잡아서 슛을 하기도 하였다. 무척 어려워 보이는 기술을 능숙하게 연출하는 모습을 보고 감탄하지 않을 수 없었다.

　진행자는 코끼리에게 한참 동안 이렇게 미니 스포츠 경기를 시키더니 이번에는 통나무에 올라 서기, 코로 훌라후프 돌리기 등의 갖가지 묘기를 부리게 하였다. 그 큰 덩치가 이리저리 몸을 움직이며 재주를 부리니 웃음이 절로 난다.

　이렇게 얼마 동안이나 코끼리의 재주가 펼쳐졌을까. 이번에는 진행자가 어른 50명을 선착순으로 나오게 하였다. 사람들은 이제 또 무엇을 하려 하나 호기심어린 표정으로 하나, 둘 앞으로 나왔다. 나도 가족들 등살에 떠밀리다시피 하여 나와 있는 사람들 사이에 끼이게 되었다.

진행자는 사람들이 어느 정도 모였다고 싶었을 때 두 줄로 늘어서게 하였다. 그제야 진행자의 의도를 알아차린 구경꾼들이 숨을 죽였다. 다들 인간과 동물 사이에 벌어지는 진기한 장면에 눈을 떼지 못하는 모습이었다.

얼마 후 코끼리와 사람 사이에 커다란 밧줄이 놓이고, 곧이어 호루라기 소리가 울렸다. 이른바 코끼리와 사람 간의 줄다리기 게임이 시작된 것이다.

'지가 아무리 힘이 센들 50명을 당할까.' 아마 그때 나뿐만 아니라 대부분의 사람들이 이런 생각으로 밧줄을 잡아 당겼을 것이다. 그러나 결과는 우리의 생각대로 되지 않았다. 처음에는 팽팽한 듯 보였던 밧줄이 한쪽으로 와르르 쏠려버렸다.

50명의 사람들이 코끼리 한 마리에게 질질 끌려가는 모습을 상상해 보라. 처음 얼마 동안의 버팀이 가능했던 것도 코끼리가 힘을 안줬기 때문이었다. 코끼리 주인인 진행자가 사람들의 흥미를 끌기 위해서 일부러 부린 농간이라고나 할까.

나는 그때 완벽하게 코끼리의 승리로 끝난 줄다리기 게임을 체험하고 나서 의문을 품게 되었다. '사람 50명을 끌고 갈 수 있는 힘을 지닌 코끼리가 어떻게 한 사람의 말을 그렇게 잘 들을 수 있을까? 게다가 코끼리는 소나 말처럼 멍에가 없지 않은가.'

그러나 그 의문은 곧 풀렸다. 주변 사람으로부터 야생동물을 조련사가 길들이는 방법에 관하여 들을 수 있었기 때문이다.

"야생동물을 길들일 때는 말이야, 우선 먼저 힘 빼는 일부터 시작하지. 처음에는 힘 안 들이고 도망갈 수 있는 밧줄로 다리를 묶어서 기둥에 붙들어 매지만 차츰 강력한 밧줄을 사용하여 스스로 도망가는 것을 포기하게 만들거든. 이렇게 힘을 빼놓은 다음 먹이를 줘가면서 조금씩 말을 듣게 한다고.”

야생동물에게 무기력을 학습시키는 사람들의 전략에 감탄할 따름이다. 엄청난 힘을 지닌 코끼리가 애완용 개처럼 고분고분해지는 이유가 여기에 있음을 알게 되었다. 결국, 이렇게 길들여진 코끼리는 자신의 힘을 깨닫지 못하고 사람들이 시키는 대로 재주를 부리면서 순종된 삶을 살아가는 것이다.

나는 코끼리가 무기력해지는 과정을 생각하면서 벼룩을 떠올렸다. 벼룩은 점프력이 대단하기로 유명하다. 자기 몸길이의 백배가 넘는 점프력을 지닌 벼룩! 나는 어릴 적에 벼룩의 타고난 재주를 직접 목격하곤 했었다. 해충에 해당하는 벼룩을 잡기 위해 손을 뻗치면 잽싸게 튕겨 오른다. 그것을 잡는다고 여러 번 같은 행동을 반복해도 좀처럼 성공할 수 없었던 이유는 순전히 녀석의 뜀뛰기 실력에 있었다.

그런 벼룩을 잡아다가 사이다 병에 집어넣고 한동안 내버려 둔 다음 꺼내 놓으면 어찌될까? 이제 이 녀석은 그 병 높이만큼 밖에 뛸 줄을 모른다. 세계 곤충 점프 왕의 자리가 무색해지고 마는 것이다.

코끼리와 벼룩을 통해서 ‘길들여진다는 것’의 무서움을 깨닫게 된다. ‘길들여진다는 것’은 무기력의 학습 과정이며 강요된 순종을 동반한다. 길들여진 것은 노예처럼 그를 길들인 주인을 위해 일을 하지만 그에게 주어지는 대가는 아주 작은 것에 불과하다. 자유를 주인에게 헌납한 대가치고는 보잘것없는 소득인 셈이다.

그런데 길들여지는 대상이 어디 코끼리와 벼룩 같은 동물만 있던가. 우리 인간사에도 ‘길들여짐’으로 복종된 삶을 살아가는 사람들이 얼마나 많은가!

얼마 전 TV에 방영되었던 ‘현대판 노예’ 사건을 떠올려 보자. 무려 50년 동안을 노예처럼 살아온 한 할아버지의 얘기는 ‘길들여짐’의 실체를 잘 보여준다. 밤늦도록 농사일을 하면서도 충분한 음식과 마땅히 쉴 만한 공간조차 제공받지 못하면서도 할아버지는 왜 그곳을 탈출하지 않았을까?

전문가들은 할아버지의 이러한 행동을 두고 심한 학대에 따른 외부세계에 대한 공포의 증대로 표현하였다. 심한 학대를 받다보면 자신이 처한 현재의 환경보다 낯선 외부의 환경이 더 무서운 공포의 대상이 될 수 있다는 지적이었다. 마치 우물 안의 개구리처럼 '그래도 내가 사는 우물 안이 좋지, 바깥세상은 너무 위험해.' 하는 생각에 안주하게 만든 셈이다.

그래서 쓰레기통을 뒤져 남이 먹다버린 음식으로 허기진 배를 채우고 하수구에서 손발을 씻으면서도 온기 하나 없는 초라한 방을 뛰쳐나올 수 없었던 할아버지! 오랫동안 지속된 주인이라는 사람의 핍박과 학대로 할아버지는 코끼리와 벼룩처럼 길들여지고 만 것이다.

몸이 아파도 주인의 발길질이 무서워 어쩔 수 없이 밭에 나가는 할아버지의 모습을 보면서 사람들은 어떤 생각들을 했을까? 주인 얘기만 나오면 자꾸 움츠려드는 할아버지가 바로 자기 자신이란 사실을 깨닫고 놀라지는 않았을까. 어떤 사람은 결코 거부할 수 없는 힘 앞에 복종된 삶을 살아가야 하는 자신이 비참하게 느껴져 눈물을 흘렸을지 모른다. 충격적인 할아버지의 삶의 모습 속에서 자기 자신의 일부를 발견하는 것이다.

생각해 보면 우리는 자기 자신도 모르게 코끼리와 벼룩을 얼마나 닮아가고 있는가. 단지 월급을 타기 위해서 직장에 출근하고 가정의 평화라는 명목으로 어쩔 수 없이 집안일을 거들면서 무기력하게 길들여지고 있지는 않은지 반성해 볼 일이다.

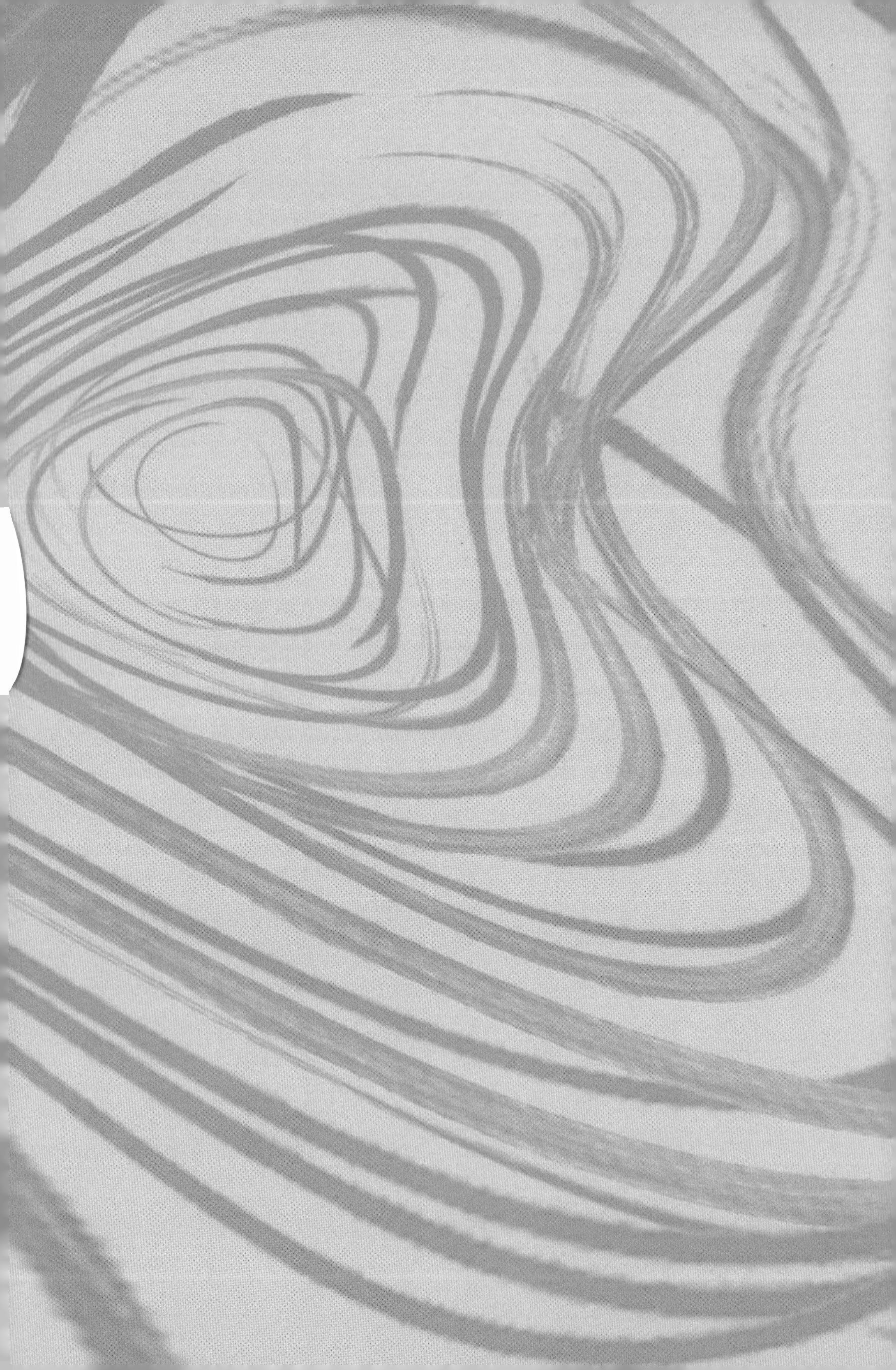

제IV장

가치분석과 명료화의 실제

여러분은 어떤 복잡한 문제를 만나서 고민하고 쉽게 결정을 하지 못해서 시간을 허비한 경험들이 있을 것이다. 그러나 결국 어떠한 결정을 했을 것이며 지금은 그때 그 당시 여러분 자신의 결정에 대하여 만족해하거나 후회하고 있을지도 모른다. 사실 우리는 살아가면서 크고 작은 문제들에 봉착하게 되고 그것들을 해결하며 살아가고 있다. 한 마디로 산다는 것은 끊임없는 문제해결의 과정 외에 다름이 아니다.

일반적으로 문제란 자신이 무엇인가 원하고 있지만 그 원하는 것을 어떻게 얻을 것인가 정확히 모르는 상황이라 할 수 있으며 문제의 해결이란 이러한 문제 상황을 자신이 원하는 목적 상태로 전환시키는 과정이라 할 수 있다(김경희, 1998). 말하자면 하고자 하는 욕구와 행위의 불일치로부터 문제는 발생하며 이러한 불일치감을 해소하여 원하는 목적을 달성하는 과정을 문제해결이라고 할 것이다. 즉 개인이 경험하게 되는 욕구와 행위 간의 장애상태를 문제라고 본다면 문제해결은 이와 같은 장애상태가 극복되는 과정인 것이다.

Wilson(1993)은 개인이 바라는 것과 현재 상황 사이에 놓인 장애를 문제라고 정의하면서 문제해결책을 강조하고 있다. 그에 따르면 문제해결이란 장애를 극복하기 위한 해결책을 찾아내는 과정으로써 욕구의 대상에 대한 현실적인 행위의 실현인 것이다. 그리고 문제해결을 위해 어떤 결정을 내린다는 것은 문제를 일으키는 가치들 가운데 어느 하나를 선택한다는 말과 같다.

그러나 문제 상황 속에서 하나의 가치를 선택하는 일은 그렇게 간단하지만은 않는 법이다. 문제를 복잡하게 만드는 진짜 주인공은 가치들이기 때문이다. 만약 문젯거리 속에 뒤섞여 있는 가치를 확인하고 탐색, 평가해서 조목조목 따져 보게 된다면 실타래가 풀리듯 그 문제는 해결될 수 있을 것이다. 그렇다면 문제 상황 속의 가치를 어떻게 다루어서 문제를 해결할 것인가? 이와 관련하여 지금까지 살펴본 가치분석과 명료화 이론은 그 해답을 찾는 데 매우 유용한 전략과 기술들을 제공해 줄 것이다.

가치분석은 삼단논법에 의한 평가적 추론방법에 의하여 가치원리와 사실을 논리적으로 검증함으로써 개인이 내린 가치판단이 정당한가를 따지게 된다. 말하자면, 어떤 사람이 내린 가치판단이 논리적으로 타당한 형식을 갖추고 있으며 그 내용들이 참된 것인가를 객관적으로 평가해보는 것이다.

Hunt와 Metcalf(1968)는 가치판단의 정당성은 가치판단의 전제가 되는 가치원리와 사실에 대하여 논리적인 검사가 수반되어야 하며 이 두 가지 전제들이 모두 타당할 경우에만 정당한 가치판단으로 인정될 수 있다고 하였다. 그렇기 때문에 가치분석의 과정은 인지적 사고의 작용에 중점을 두고 있다. 이러한 사실은 가치분석방법이 가치의 세 가지 구성요소 가운데 인지적 측면과 관련이 깊지만 정서적, 행동적 측면과는 거리가 있음을 말하여 준다. 그러나 앞에서 거론한 바와 같이 가치는 인지, 정서, 행동적 요소를 모두 포함하고 있기 때문에 어느 한쪽만을 고려한 접근법은 완전하다고 할 수 없다.

가치문제는 인지적 측면에만 국한되어 있지 않기 때문에 가치의 세 가지 요소를 모두 다룰 수 있는 접근법이 필요한 것이다. 이러한 점에서 가치명료화 이론에 의한 가치화 방법은 가치분석방법에 비하여 그 장점을 보장받고 있다고 할 것이다. 예컨대 선택하기(인지)⇒존중하기(정의)⇒행동하기(행동)에 이르는 가치화 과정은 가치의 세 가지 측면을 모두 포함하고 있기 때문에 가치분석방법에 비하여 포괄적인 효과를 기대할 수 있다.

아래의 문제 상황들은 청소년기에 겪을 수 있는 고민거리를 구성해 놓은 것이다. 이제 여러분은 이들 문제 상황들을 실제적으로 해결해 나가는 프로그램을 통하여 이들 두 가지 이론의 차이점을 발견하게 될 것이다.

문제 상황 1

지수는 S 중학교 3학년생이다. 같은 학교에 다니고 있는 지수 동생은 올해 중학교 2학년인데, 어느 날 지수는 자신과 사이가 좋은 같은 학년 동료의 동생이 자신의 동생을 괴롭히고 있다는 사실을 동생 친구로부터 전해 듣게 되었다.
형으로써 동생이 당하고 있는 고통을 모른 체한다는 것은 형제간의 우애에 어긋나는 일이라 생각되지만 친구와의 우정에 금이 가지 않을까 걱정이 들었다. 지금 지수는 어떻게 해야 할지 고민이다.

문제 상황 2

"민영아, 이번 일요일에 도서관 가서 시험 공부하지 않을래?" 하는 철수의 제안에 간다고 대답하고 나서도 민영이는 망설이지 않을 수 없었다. 모레부터 중간고사 시험이 시작되어서 공부에 시간을 많이 들여야 하는데 교회에 가야 하기 때문이다. 철수는 시험 기간이면 일요일에도 도서관에 가서 하루 종일 공부를 해서 그런지 시험 결과를 보면 항상 민영이보다 앞서서 민영이는 불만스러웠다. 사실 민영이는 도서관 대신 교회에서 온종일 생활하다시피 하여 따로 공부할 시간이 없다.
기독교 집안인 민영이네는 일요일이면 온 가족이 오전예배를 드리고 교회 친목 행사에 참여한 다음 저녁예배를 마치고 나서야 집에 돌아오는 일과가 굳어져 있는 상태다. 민영이 아버지는 "일요일은 무슨 일이 있어도 온전히 하나님께 바치도록 하자"라고 하시며 교회일 외에는 아무것도 하지 못하게 하신다. 그런데 어제 토요일 하교 길에서 철수가 던진 말에 자신도 모르게 동의하고 나서 걱정이 이만저만이 아닌 것이다. 민영이도 철수처럼 공부를 잘해서 좋은 고등학교에 입학하고 대학도 진학하여 꼭 성공하고 싶은데 아버지에게는 도서관 간다고 말을 건넬 용기가 나지 않는다.

문제 상황 3

　영희는 지민이가 무척 부럽기만 하다. 지민이는 볼펜, 지우개 같은 학용품을 다 쓰지도 않고 버리고 새것을 구입하여 사용한다. 그것도 상당히 비싼 것들만 사서 쓴다. 그리고 구두, 가방, 액세서리 같은 것도 최신 유행하는 것으로만 구입한다. 지민이는 항상 유행에 뒤떨어지는 값싼 물건만 사서 쓰는 영희를 이렇게 놀리곤 한다.

　"영희야, 애, 학생이 품위가 있어야지, 그렇게 싸구려만 사서 쓰면 촌닭 된다. 우리 엄마는 내가 촌닭 소리 듣는 걸 가장 싫어하셔."

　영희는 지민이가 촌닭이라고 놀릴 때면 무척 화가 나면서도 "돈이 아무리 많아도 더 쓸 수 있는 물건은 쓸 수 있을 때까지 아껴 써야지, 정작 어려울 때 돈을 쓸 수 있는 거란다."라고 말하시는 엄마를 생각하며 마음을 누그러뜨리곤 한다. 그러나 한편으론 늘 새것에 최신유행에 맞는 물건만 사용하는 지민이가 부럽기도 하다.

　그런데 얼마 전에 뜻하지 않게도 10만 원이라는 큰돈이 생겼다. 추석 명절에 할아버지 댁에 갔다가 외국 출장에서 돌아온 삼촌께서 용돈으로 주신 것이다. 영희는 지금 그 돈을 어떻게 사용해야 할지 고민이다.

　4년이나 신고 다니는 운동화, 5년 넘게 쓰고 있는 연필통, 그리고 4년 전 언니가 물려 준 책가방, 10만 원이면 모두 새것으로 바꿀 수 있을 텐데…….

　그러나 엄마의 화난 얼굴이 영희를 망설이게 한다. 삼촌이 자신에게 돈을 준 사실을 엄마가 알게 되면 모처럼 얻게 된 기회를 빼앗길지도 모른다는 위기감마저 든다.

문제 상황 4

　길수는 아침 등굣길에 오른쪽 다리를 심하게 다쳐서 피를 흘리고 있는 강아지를 보고 놀라고 말았다. 지금 당장 응급처치를 하지 않는다면 금방 죽게 될 것처럼 심하게 부상당한 강아지가 길수가 걸어가고 있는 길목 바로 앞에서 고통스럽게 신음하고 있었던 것이다. 아무리 미미한 동물이라도 그 생명은 소중한 것이란 생각이 순간적으로 머리를 스치고 지나간다. 평소에도 동물들을 무척 좋아하는 길수로서는 그 강아지를 그냥 두고 갈 수가 없었다.

　그러나 그 강아지를 돌보느라 시간을 지체하게 되면 등교시간에 늦게 되어 학생부 선생님께 엄한 벌을 받게 될 것이다. 적어도 화장실 청소나 화단 잡초 제거 같은 방과 후 특별봉사를 며칠 해야 한다. 생명이 위태로운 그 강아지가 불쌍해서 도와줘야 한다고 생각을 하면서도 지각을 하여 학교규칙을 위반하는 것은 학생의 도리가 아니라는 또 다른 생각에 어떻게 하여야 할지 망설여진다.

문제 상황 5

　민규는 여름방학을 맞아서 아빠의 가게 일을 돕고 있다. 민규네 집은 마을 슈퍼를 운영하면서 몇 년 전부터는 건강에 좋은 죽염과 구운 소금도 팔고 있다. H 군에 살고 있는 외삼촌이 직접 생산하여 가져오는 죽염과 구운 소금은 인기가 대단해서 잘 팔린다. 그 가격도 천일염보다 무려 10배가 비싸기 때문에 이윤이 많이 남는다고 아버지가 얘기해 주신다.

　그런데 민규는 우연히 한 지방 신문을 읽고 놀라고 말았다. 건강에 좋다는 죽염과 구운 소금에 인체에 해로운 다이옥신이 우려할 만큼 들어 있다는 것이다. 그 신문에 의하면 죽염과 구운 소금 1g당 최고 43.54pg(피크그램. 1pg은 1조 분의 1g)이 들어 있었으며, 지금까지 최고치(2000년)인 갈치에서 나온 2.9pg의 15배에 가까운 수치가 검출되었단다.

　또한 유럽 연합이 정한 어류의 다이옥신 잔류 허용기준인 4pg보다 10배나 높아서 하루 5g만 섭취해도 위험 수준에 도달하게 된다고 한다. 한국인은 하루 소금 평균 섭취량이 15-20g이나 되는 것을 감안하면 민규네 집에서 파는 죽염과 구운 소금은 그것을 사서 먹는 사람의 생명에 치명적일 수 있는 것이다.

　민규는 신문지상에 보도된 이러한 내용을 아버지께 말씀드렸다. 그러나 아버지는 "우리가 파는 소금이 사람들에게 안 좋다니 팔지 말아야겠지만, 너도 알다시피 그걸 팔지 않으면 우리 집도 그렇지만 외삼촌은 또 어떻게 되겠니? 이만큼 많이 남는 장사도 없는데 …… 게다가 우리가 판 소금 먹고 탈났다는 사람 없잖냐." 하시며 대수롭지 않게 받아넘기신다.

　그렇지만 돈을 벌기 위해서 다른 사람의 건강을 해치는 것은 나쁘다는 생각을 떨쳐버릴 수 없다. 아빠는 방학 때면 가게 일을 전적으로 민규에게 맡기고 다른 일을 하시느라 정신이 없으시다. 민규로서는 그 소금들을 계속 팔아야 할지 고민이다.

통계자료: 대한교육신문(2002. 8. 24. p.5)

1. 가치분석 프로그램

가치분석 과정에 따라 제작된 프로그램을 통하여 가치분석을 실시해 보자. 본 프로그램은 중·고등학생 10명 정도의 소그룹을 염두에 두고 편성되었으나 경우에 따라서는 중, 대그룹을 대상으로 사용할 수 있다.

매 회차 프로그램 소요시간은 60-80분 정도이며 학습 집단의 성향에 따라서 증감이 발생할 수 있다.

프로그램은 모두 8회차(3회차를 2차례에 걸쳐 실시할 경우 9회차)로 구성되어 있으며 진행 과정이 자세히 구술되어 있어서 활용하기 용이하다. 가치분석 활동은 논리적인 판단력이 어느 정도 성숙되어 있어야 수월하기 때문에 논리 훈련 과정을 예비 단계로 설정하거나 가치분석 기초학습을 실시하는 것이 바람직하다.

가치분석 기초학습 자료는 [부록]에 수록되어 있다.

회 차	**1**	프로그램 학습 주제	1 단계: 가치문제의 확인 및 명료화
프로그램 학습목표			1. 문제 상황에 들어 있는 가치판단의 대상이 무엇인지 토의하고 가치지에 기록할 수 있다. 2. 정의해야 할 용어와 잠재적 가치의 종류에 대해 토의하고 가치지에 기록할 수 있다.
준비물			가치문제의 확인 및 명료화 가치지 10매

1) 프로그램 학습 들어가기

여러분은 어떤 문제 상황을 만나 어떻게 해야 할지 몰라 당황한 적이 있나요? 그런 경험이 있는 사람 손들어 보세요.(손을 든 학생 가운데 몇 명을 지명하여 그 경험담을 애기해 보게 하고 문제해결의 중요성을 인식시킨다.) 좋아요. 대부분 자신이 만족할 만큼 확실하게 문제해결을 하지 못한 경우가 많았을 겁니다.

이제 여러분과 함께 어떻게 하면 우리 앞에 닥친 문제들을 잘 해결할 수 있을까 학습해 보도록 하겠습니다.

먼저 여러분 앞에 놓인 물품을 확인하세요. 매 시간 학습한 자료를 철할 수 있는 클리어 파일과, 다섯 가지 문제 상황이 적힌 종이, 그리고 필기도구가 있지요.(사전에 필요한 물품을 집단원 자리마다 각각 배부해 놓는다.) 문제 상황은 여러분이 실제로 만날 수 있는 가상적인 얘기들을 꾸며놓은 것입니다. 어때요, 흥미 있지 않나요. ○○이가 문제 상황 1번을 크게 읽어보세요.(나머지 문제 상황의 내용도 돌아가면서 읽도록 하여 집단원들이 그 내용을 숙지할 수 있도록 한다. 여건이 허락된다면 역할극으로 문제 상황을 실감 있게 연출해 보는 것이 좋다.) 자, 모두 다섯 가지 문제 상황의 내용이 어떤 것인지 알게 되었죠. 그럼 이제부터 여러분 자신이 그 문제의 주인공이 되어 문제 상황들을 해결해 나갈 차례입니다.

이번 시간에는 문제 상황을 해결하기 위한 출발점으로 문제 상황 속에 들어 있는 가치문제를 확인하고 명료화하게 됩니다. 이를 위해서 먼저 문제 상황 속의 가치판단의 대상이 무엇인지 확인하도록 합니다. 그리고 문제를 해결하는 데 장애가 되는 용어는 어떤 것이 있으며, 문제 상황 속에 뒤섞여 있는 가치의 종류에는 어떤 것들이 있는지 파악할 수 있어야 합니다.

따라서 이번 시간에는 제시된 문제 상황의 핵심적인 요소들을 파악하는 단계로써 ① 가치판단의 대상 확인, ② 용어의 정의, ③ 잠재적 가치의 종류 파악이라는 구체화된 항목에 따라 학습이 진행됩니다.

> ◎ 진행자는 이번 시간의 학습목표를 제시하고 학습의 필요성을 인식시키도록 한다.

2) 프로그램 학습 전개하기

여러분이 받은 문제 상황 속에는 문제를 해결해야 할 주인공들이 있습니다. 문제 상황 1의 주인공은 누구죠?(특별한 학생을 지목하여 말해보도록 한다.) 그리고 문제 상황 2의 주인공은 또 누구입니까? 이번에는 ○○이 대답해 보세요.(이런 식으로 다섯 가지 문제 상황의 주인공들을 확인시켜 본다.)

그래요. 문제 상황 1의 주인공은 지수입니다. 여기서 지수가 고민하고 있는 일이 무엇인지 알겠어요? 어디 한번 누가 말해볼까요.(순서대로 돌아가면서 말하게 할 수도 있고 개별적으로 답하게 할 수도 있다.)

좋아요. 방금 여러분이 말한 내용이 바로 문제 상황 주인공뿐만 아니라 우리 자신이 가치판단을 내려야 할 대상입니다.

> ◎ 문제 상황 2에서 5까지 이러한 방식으로 학생들에게 질문하고 대답하며 토의하여 가치판단의 대상이 정확히 무엇인지 알 수 있도록 한다.

지금까지 여러분은 문제 상황 속의 주인공들이 무엇 때문에 고민하고 망설이게 되는지 알아보았습니다. 문제 상황 속의 주인공들이 고민하고 망설이게 되는 대상을 우리는 가치판단의 대상이라고 부릅니다.

자, 그렇다면 지금까지 우리가 말하고 토의한 문제 상황별 가치판단의 대상을 가치지에 기록해 볼까요. 여러분의 이해를 돕기 위해 문제 상황 1에 관한 내용은 앞으로 계속 사전에 제시하여 주도록 하겠습니다. 생각보다 가치를 분석하고 판단하는 일이 쉽지 않기 때문입니다.(가치문제의 확인 및 명료화 가치지를 집단원들에게 나누어 주고 가치판단 대상을 적어보도록 한다.)

다음은 우리가 문제 상황들을 풀어 가는 데 있어서 방해가 되는 말들이 있는지 찾아보도록 합시다. 이미 여러분은 수차례 문제 상황들을 읽어보았지요. 읽는 동안 특별히 이해가 가지 않거나 그 뜻이 여러 가지로 해석될 수 있는 용어는 없던가요?(특별히 정의해야 할 용어가 있는지 집단원들이 말할 수 있는 시간적 여유를 준다.) 내가 보기에는 문제 상황 3번의 품위와 5번의 다이옥신이라는 용어에 대해 확실하게 정의해야 할 필요가 있을 것 같은데요. 여러분 생각은 어떻습니까? 누가 품위와 다이옥신에 대해서 명확하게 그 뜻을 말해줄 수 없나요?(자발적으로 두 가지 용어에 대해 정의를 내려보게 하고 서로 논의해 보게 한다.)

좋습니다. 충분히 얘기가 된 것 같군요. 이제 정리를 해보도록 할까요. 여러분에게 나누어 준 가치지 속의 정의해야 할 용어 란에 기록해 보세요.(집단원들이 가치지를 기록하도록 시간적 여유를 준다.)

자, 이번에는 우리가 다루고 있는 문제 상황 속에 들어 있는 잠재적 가치의 종류에 대해서 알아볼 차례입니다. 우리가 어떤 문제 상황을 만났을 때 쉽게 그 문제를 해결하지 못하고 고민하는 진짜 이유는 그 속에 여러 가지 가치들이 섞여 있어서 쉽게 판단이 서지 않기 때문입니다. 그렇기 때문에 문제 상황 속에 들어 있는 가치의 종류를 파악하는 일은 아주 중요합니다.

문제 상황 1에서 우리의 주인공 지수는 어떠한 가치 사이에서 고민하고 있나요? 가치지에 이미 나와 있는 것처럼 지수는 우애와 우정이라는 가치 사이에서 갈등을 겪고 있는 것입니다.

자, 그럼 나머지 문제 상황 속의 주인공인 민영이와 영희, 길수, 민규는 어떠한 가치들 사이에서 고민하고 있을까요? 먼저 민영이에 대해서 얘기해 볼래요.(문제 상황별로 특별한 학생을 지목하거나 자발적으로 말해 보게 한다. 상반된 가치를 제시하는 학생들 간의 토론을 해보게 하고 그 결과를 가치지의 잠재적 가치의 종류 란에 적어보도록 한다.)

3) 프로그램 학습 마무리하기

어떻습니까? 다섯 가지 문제 상황에 대한 가치문제의 확인 및 명료화 학습을 해보니 처음에 어렵게 느껴지던 문제 상황의 내용이 분명해지지요? ○○이는 어떻게 생각해요?(특정한 학생 몇 명을 지목하여 소감을 들어보고 학습 효과를 점검한다.)

◎ 진행자는 오늘의 학습목표에 대한 달성도를 확인하고 전체적인 학습 내용을 정리해 준다. 그리고 다음 시간에 학습할 내용을 간단히 소개하고 마친다.

4) 학습에 사용된 자료

가치문제의 확인 및 명료화

문제 상황 번호	가치판단의 대상	정의해야 할 용어	잠재적 가치의 종류
1	동생이 친구 동생으로부터 괴롭힘을 당하고 있는 일	없 음	우애/우정
2			
3		품 위:	
4			
5		다이옥신:	

회 차	**2**	**프로그램 학습 주제**	2 단계: 가치판단 대상관련 사실의 수집
프로그램 학습목표			가치판단의 대상과 관련된 사실들을 수집하여 토의하고 그 내용을 가치지에 기록할 수 있다.
준비물			가치판단 대상관련 사실 수집 가치지 10매

1) 프로그램 학습 들어가기

전 시간에는 가치문제의 확인 및 명료화 학습을 해보았습니다. 이번 시간은 가치판단 대상과 관련된 사실들을 수집하여 긍정적 사실과 부정적 사실로 구분해 보는 활동을 해보겠습니다.

가치문제 속에서 우리가 판단해야 할 대상과 관련된 사실을 수집하는 것은 정당한 가치판단을 내리는 선결조건이라 할 수 있습니다. 가치판단 대상과 관련된 사실적 근거를 찾아보면서 문제 상황 속에 내재되어 있는 가치를 분명히 하고 잠정적인 가치판단을 내리게 됩니다.

사실을 수집할 때는 긍정적 사실과 부정적 사실 모두를 폭넓게 찾아보아야 합니다. 그렇게 했을 때 우리가 선택하게 될 가치에 대한 믿음성이 커질 수 있기 때문입니다. 자, 그럼 가치판단의 대상과 관련된 사실을 수집해 보는 학습을 시작해 볼까요.

◎ 진행자는 이번 시간의 학습목표를 제시하고 학습의 필요성을 인식시키도록 한다.

2) 프로그램 학습 전개하기

(학생들에게 가치판단 대상관련 사실 수집 가치지를 나누어 준다.)
여러분에게 배부된 가치지를 보세요. 전번 시간에도 말했지만 여러분의 이해를 돕기 위해서 문제 상황 1에 대한 사실 수집 내용을 미리 제시해 놓았습니다. 그러나 나머지 문제 상황들에 대해서는 긍정과 부정적 사실 1개씩만 가치지에 기록되어 있지요. 자, 이제 여러분이 무엇을 해야 할지 알겠지요. 우선 먼저 문제 상황 1에 대한 사실들을 살펴보세요. 어떻습니까? 가치지에 적혀 있는 사실 말고 또 다른 사실이 있으면 말해보세요. (학생들에게 생각할 시간을 주고 자유롭게 자신의 생각을 말할 기회를 준다. 만약 사실에 대한 새로운 의견이 나오면 토의 과정을 거치고 최종적으로 생각을 정리해서 가치지의 내용을 수정하거나 추가하도록 한다.)

좋습니다. 더 이상 얘기가 없군요. 그렇다면 이번에는 나머지 문제 상황에 대한 사실들을 수집해 볼까요. 문제 상황 2에 들어 있는 부정적, 긍정적 사실에는 어떠한 것이 있을까요? 누가 얘기해 볼래요.(자유롭게 학생들이 사실을 수집할 수 있도록 분위기를 조성한다.)

◎ 이와 같은 방식으로 문제 상황별 사실을 수집하고 논의한 다음 가치지에 기록하도록 한다.

3) 프로그램 학습 마무리하기

오늘은 문제 상황에 대한 긍정적, 부정적 사실을 수집해 보는 학습을 실시해 보았어요. 오늘 학습한 내용에 대해서 질문 있으면 말해보세요.(학생의 반응에 따라 보충학습이나 종합적인 정리를 해준다.)

◎ 진행자는 학생들의 학습 활동에 대해 종합적인 정리를 해주고 나서 다음 시간에 학습할 내용을 간단히 소개하고 학습 활동을 마친다.

4) 학습에 사용된 자료

가치판단 대상관련 사실 수집

문제 상황 번호	가치판단의 대상	긍정적 사실	부정적 사실
1	동생이 친구 동생으로부터 괴롭힘을 당하고 있는 일	· 괴롭힘은 일종의 고난으로 정신적으로 강인해지는 계기가 된다. · 서로 불편했던 관계도 더욱 친근한 관계로 발전할 가능성이 있다. · 괴롭힘을 당하는 동생의 문제를 해결하는 과정에서 우애가 돈독해 진다.	· 동생이 정신적으로 불안한 삶을 살게 된다. · 동생의 고통을 모른 채하면 형제간의 우애에 금이 가게 된다. · 괴롭힘을 당하는 동생의 문제를 해결하는 과정에서 친구와의 우정을 해치게 된다.
2		· 일요일에도 도서관에 가게 되면 시험 공부하는 시간을 많이 확보하여 성적 향상을 가져오게 된다. ·	· 일요일에 교회에 가지 않는 것은 신앙적으로 죄의식을 느끼게 되어 시험공부를 하는 데 역효과를 가져올 수 있다. ·
3		· 유행하는 값비싼 학용품과 물품을 사용하면 다른 사람의 관심을 끌 수 있다. ·	· 학생이 사치스럽고 유행하는 학용품과 물품을 사용하는 것은 낭비 생활이다. ·
4		· 응급처치로 부상당한 강아지의 생명을 건질 수 있다. ·	· 등교시간에 늦는 것은 교칙을 어기는 것이다. ·
5		· 죽염과 구운 소금은 천일염보다 10배나 이윤이 많다. ·	· 죽염과 구운 소금에 다이옥신이 허용기준의 10배나 들어 있다. ·

회차	**3**	프로그램 학습 주제	3 단계: 잠정적 가치판단
프로그램 학습목표			1. 가치판단의 논리적 구조를 알고 적용할 수 있다. 2. 잠정적 가치판단의 논리적 구성을 가치지에 표기할 수 있다.
준비물			가치판단의 논리적 구조 인쇄물 10매, 문제 상황 1에 대한 갑돌이와 을순이의 잠정적 논리적 구성 가치지 각각 10매, 잠정적 가치판단의 논리적 구성 가치지 40매, 문제 상황 번호 12장이 들어 있는 상자.

1) 프로그램 학습 들어가기

전 시간에는 가치판단 대상에 대한 긍정적 사실과 부정적 사실을 수집해보았습니다. 오늘 이 시간에는 수집한 사실을 바탕으로 잠정적인 가치판단을 내려보겠습니다.

여러분은 전 시간에 학습한 내용을 상기해야 합니다. 가치판단 대상에 대하여 사실을 수집하는 동안 여러분은 이미 어느 정도 가치판단을 내렸을 것입니다. 이번 시간에는 이러한 잠정적 가치판단을 구체화해 보도록 하겠습니다.

◎ 진행자는 집단원의 학습능력에 따라 3회차의 학습 내용을 2회로 나누어 진행할 수 있으며 이럴 경우 학습목표를 조정하여 제시한다.

2) 프로그램 학습 전개하기

이번 시간에는 가치판단을 어떻게 논리적으로 구조화할 수 있는지 학습해 보겠습니다. 그리고 여러분의 이해를 돕기 위해서 갑돌과 을순이라는 가상의 친구를 등장시켜 보겠습니다.(가치판단의 논리적 구조와 문제 상황 1에 대한 갑돌이의 잠정적 가치판단 논리적 구성이 인쇄된 학습 자료를 학생들에게 배부한다.) 우선 먼저 가치판단의 논리적 구조를 살펴볼까요. 여러분에게 나누어 준 자료를 자세히 보세요.

이 자료를 통하여 가치판단의 논리적 구조가 어떻게 이루어져 있는지 잘 이해하도록 해야 하겠습니다. 여기에서 가치원리는 모든 사람이 "아 그래 당연한 말이야" 하고 인정하는 보편타당한 규칙이나 규범 같은 것입니다. 한 사람도 반대하지 하고 모든 사람이 다 찬성할 수 있는 일반적인 가치라고 할 수 있지요. 누가 한번 예를 들어볼까요?(학생들이 자발적으로 말할 수 있도록 한다. 말하는 내용이 가치원리에 해당되는지 서로 토의한다.)

좋아요. 조금 어려워하는 것 같군요. 다음의 예는 어떨까요. 갑돌이가 문제 상황 1을 해결하기 위해 '형제간에 우애를 지키는 일은 옳다'라는 가치원리를 제시했는데 누군가 "그렇지 않아 그건 틀린 말이야"라고 말하며 전혀 다른 가치원리를 들고 나왔다면 어떻게 되겠습니까? 당연히 갑돌이가 제시했던 가치원리는 보편성을 띠지 못하게 됨으로 가치원리로 인정될 수 없겠지요.

이젠 가치원리라는 것이 무엇인지 알 것 같지요. 가치원리는 자신의 행위를 정당화시키기 위해서 모든 사람들이 '아 그래, 맞는 말이야'라고 동의할 만한 일반적인 규칙이나 규범과 같은 것이라 할까요. 그렇기 때문에 가치원리가 되기 위해서는 모든 사람들이 동의할 수 있는 일반적인 말로 표현되어 있어야 하며 그 가치가 모든 사람에게 똑같이 적용될 수 있도록 분명하게 진술되어야 합니다.

그렇다면 가치원리는 어떻게 진술될 수 있을까요? 가치원리는 여러분이 보고 있는 가치판단의 논리적 구조에서 알 수 있는 것처럼 평가대상의 특성, 평가대상을 포함하는 더 넓은 범위와 의미를 가지고 있는 평가대상이 속한 부류, 그리고 '좋다', '나쁘다', '옳다', '옳지 않다' 같은 평가용어로 구성되어 있습니다. 평가대상과 평가대상이 속한 부류가 무엇인지 모르겠다고요. 그렇다면 이 두 가지 용어가 무엇을 말하는지 알아볼까요.

여러분 가운데 혹시 학교 화장실 벽이나 책걸상 등의 기물에 한 번쯤 낙서를 해본 적이 있는 사람은 손을 들어보세요.(학생들의 반응을 살펴본 다음 손을 든 학생에게 질문한다.)

○○이는 '공공시설물을 훼손하는 일은 옳지 않다'는 것을 이미 알고 있지 않았나요?(학생의 답변 내용에 대해 비판하는 것은 자제하고 용어의 개념적 정의에 학습의 방향을 잡는다.) 좋아요. 공공시설물을 망가뜨리는 행위에는 어떤 것들이 더 있을 수 있지요?(학생들이 자유롭게 얘기해 볼 수 있도록 기회를 제공한다.) 그래요. 공공시설물을 훼손하는 일에는 이 밖에도 공원에 있는 놀이기구를 부순다든지, 버스 정류장 간판의 글씨를 못 알아 볼 정도로 흠집을 내놓는다든지 하는 구체적인 행동이 더 있을 수 있습니다. 이처럼 공공시설물을 훼손하는 구체적인 행위들을 우리는 평가대상이라고 부릅니다. 그리고 이것들을 모두 포함할 수 있는 더 넓은 범위를 지닌 '공공시설물을 훼손하는 일'을 평가대상이 속한 부류라고 정의하고 있습니다.

이젠 두 가지 개념을 확실히 구분할 수 있겠지요. 예컨대 평가대상은 구체적인 행동이나 대안, 그리고 사물을 말하는 반면 평가대상이 속한 부류는 보편적이고 일반화된 넓은 개념이라 할 수 있습니다.

아직도 두 가지 개념에 대해서 이해가 안가는 사람이 있으면 손을 들어보세요.(손든 학생이 있으면 다시 한번 설명을 해줘서 이해를 돕는다.)

좋습니다. 그럼 이번에는 평가대상이 들어 있는 사실에 대해서 알아볼까요. 사실은 문제 상황 속에 들어 있는 구체적인 평가대상과 그 특성이 반영되어 있는 실제적인 진술입니다. 이를테면 여러분이 문제 상황을 해결하기 위해서 선택하게 되는 평가대상이 가지고 있는 구체적인 특성에 대해 진술하는 것입니다. 여러분에게 나누어 준 문제 상황 1에 대한 갑돌이의 잠정적 가치판단 논리적 구성을 보세요. 갑돌이가 제시한 사실은 무엇이죠? 누가 얘기해 볼까요?(학생들이 사실의 의미를 이해할 수 있도록 시간을 준다.)

그렇습니다. 갑돌이는 '동생을 괴롭히는 친구 동생을 직접 불러다가 혼내주는 것은 형제간의 우애를 지키는 일이다'라는 구체적인 사실을 제시하고 있습니다. 이렇게 볼 때 사실 속에는 평가해야 할 구체적인 대상이 들어 있다는 점에서 가치원리와는 다릅니다. 다시 한번 가치판단의 논리적 구조를 살펴보세요. 사실 속에는 평가해야 할 대상과 그 특성 및 평가 대상의 부류가 진술되어 있지요.

이와 같은 가치원리와 사실에 따라서 가치판단이 내려지게 되며 가치판단은 평가대상과 평가용어로 진술됩니다. 하나의 가치판단이 내려지는 과정은 대단히 논리적이며 그 형태는 삼단논법의 형태를 취하고 있다는 점을 알 수 있을 것입니다. 조금 어렵지요. 여기까지 이해가지 않은 학생은 손을 들어보세요.(손을 든 학생이 있으면 다시 한번 설명해 준다.)

자, 그럼 문제 상황 1에 대해서 내린 잠정적 가치판단이 어떻게 논리적으로 구조화되는지 학습해볼까요.

우리의 친구 갑돌이가 문제 상황 1에 대해서 내린 잠정적 가치판단을 예로 들어 살펴봅시다. 만약에 갑돌이가 문제 상황 1을 해결하기 위해서 동생을 괴롭히는 친구 동생을 직접 불러다가 혼내주기로 결정했다면 갑돌이는 문제 상황 1을 해결하기 위해서 마음속으로 어떤 가치판단을 내렸다고 할 수 있습니다.

과연 갑돌이는 어떻게 가치판단을 했을까요. 그것을 알 수 있는 방법은 무엇일까요? 누가 얘기해 볼래요.(학생들이 자유롭게 얘기하면서 논리적인 구성의 필요성을 느끼게 한다.) 그래요, 가치판단에 대한 논리적인 구조를 만들어 보면 쉽게 알 수가 있겠죠.

그럼, 먼저 갑돌이가 가치판단을 내리면서 전제로 삼은 가치원리를 찾아볼까요. 누가 한번 갑돌이가 문제 상황 1에 대해 잠정적으로 내린 가치판단의 전제 조건에 해당하는 가치원리가 무엇인지 말해 보겠어요?(학생들이 살펴보고 얘기할 시간적 여유를 준다.)

이제 가치원리가 어떻게 찾아지는지 알 수 있겠지요. 이해가 안가는 사람은 손을 들어보세요.(손을 든 사람이 있으면 갑돌이의 가치원리에 대해 설명해 준다.)

이번에는 사실과 가치판단을 자세히 살펴보세요. 우리가 직접 검증하고자 하는 구체적인 가치가 들어 있으니까요. 갑돌이가 선택하기로 한 가치는 무엇일까요? ○○이 말해보겠어요?(특정한 학생을 지목하여 말해보게 한다.)

그래요. 도덕적 가치 우애이지요.

그런데 문장으로 진술된 잠정적인 가치판단의 내용을 기호로 표기하면 어떨까요. 가치판단의 과정 속에 들어 있는 말들을 논리적인 기호로 바꾸어 놓게 되면 보다 더 쉽고 단순하게 여러분이 내린 가치판단의 구조를 확인할 수 있다는 장점을 발견할 수 있습니다. 그리고 문제 상황 1에 대한 갑돌이의 잠정적 가치판단의 논리적 구성 가치지와 같이 가치판단의 과정을 기호로 형식화해 놓으면 다음 단계에 있을 가치판단의 형식검사에도 많은 도움이 됩니다. 여기에서 A에 해당하는 진술 내용은 무엇이지요? 누가 얘기해 볼래요?(자발적으로 손을 든 학생이 말하도록 기회를 준다.)

예, 좋습니다. 잘 말해주었어요. '형제간의 우애를 지키는 일'이지요. 말하자면 특성과 평가대상 부류가 포함된 내용입니다. 그렇다면 B에 해당하는 진술 내용은 또 무엇이지요? ○○이 말해볼까.(특정한 학생을 지목하여 시킨다.) 그렇습니다. '좋다'라는 평가용어이지요.

이번에는 C에 해당하는 진술 내용을 ○○이가 말해 볼까요?(지목받은 학생의 답변 내용을 기다린다.) 좋아요. 평가대상입니다. 아주 잘 들 이해하고 있군요.

잠정적 가치판단의 논리적 구성에 대해서 또 다른 예를 들어서 학습해 볼까요. 그만큼 이 부분의 학습 내용이 중요하기 때문입니다. 우리의 친구 갑돌이 말고 또 다른 친구 을순이가 문제 상황 1을 해결하기 위해 '동생이 스스로 알아서 해결하도록 내버려두자'라고 마음속으로 결정했다고 가정해 봅시다. 이때에 을순이는 어떠한 가치판단을 한 것일까요?(잠정적 가치판단의 논리적 구성 가치지를 4장씩 나누어 준다.)

지금 나누어 준 가치지 1장에 을순이의 가치판단 과정을 적어보세요. (학생들이 가치지에 기록할 시간을 충분히 준다.)

◎ 가치지 적성이 끝나면 진행자는 몇몇 학생에게 을순이가 내린 가치판단의 원리와 사실, 가치판단에 대해 물어보고 토의하는 시간을 갖는다.

어때요. 조금 어렵지만 이젠 할 수 있지요. 이제 여러분이 작성한 을순이에 대한 가치판단의 논리적 구성을 확인해 볼 차례입니다.(문제 상황 1에 대한 을순이의 잠정적 가치판단의 논리적 구성 가치지를 배부한다.) 방금 나누어 준 문제 상황 1에 대한 을순이의 잠정적 가치판단의 논리적 구성 가치지에 적혀 있는 내용과 자신이 작성한 내용을 비교해 보세요. 여러분이 각자 작성한 내용과 크게 차이가 나는 사람은 손들어 보세요. (손을 든 학생에게 다가가서 그 학생이 작성한 가치지 내용을 점검해 주고 왜 다른지 그 원인을 스스로 찾아보도록 한다.)

다른 사람은 다들 잘 하는 것 같군요. 그럼, 이제 나머지 문제 상황에 대해서 가치판단의 논리적 구성을 해볼 차례입니다. 아직 남아 있는 잠정적 가치판단의 논리적 구성 가치지 3장에 문제 상황별로 작성해 보세요. 문제 상황 1을 제외한 나머지 문제 상황 네 가지 중에서 세 가지를 선택하여 하도록 하세요. 네 가지를 다 했으면 좋겠지만 모두를 다한다는 것은 정말 힘든 일이니까요. 시간도 충분치 않고 말입니다. 하다가 잘 모르겠으면 손을 들어 질문하세요.(시간 안에 학생들이 다하지 못할 경우 과제물로 제시할 수 있다.)

◎ 문제 상황 번호 2에서 5까지 적힌 각각의 쪽지 12장(3×4)을 상자 속에 집어 놓고 제비뽑기를 해서 개인별로 학습하지 않아도 될 문제 상황을 선택하게 한다. 문제 상황별 잠정적 가치판단의 논리적 구성 가치지가 다 작성되면 집단원끼리 서로 바꿔서 확인해 주고 최종적으로 진행자가 점검한다.

3) 프로그램 학습 마무리하기

오늘은 문제 상황들에 대해서 여러분이 내린 잠정적 가치판단의 논리적 구성을 해보았습니다. 문제 상황에 대한 잠정적 가치판단의 논리적 구성을 하기 위해서 먼저 가치판단의 논리적 구조에 대해 알아보았는데 어때요. 이해가 가나요? ○○이는 어땠어요? 어렵지 않았나요?(학생들의 반응을 통하여 학습의 효과를 점검한다.)

◎ 진행자는 오늘의 학습 활동에 대해 정리를 해 주고 나서 다음 시간에 학습할 내용을 간단히 소개하고 모든 학습 활동을 마친다.

4) 학습에 사용된 자료

가치판단의 논리적 구조

가치판단의 논리적 구성요소	진술 형태		
가치원리	특성	평가대상이 속하는 부류	평가용어
사 실	평가대상	특성(평가대상이 속하는 부류)	
가치판단	평가대상	평가용어	

문제 상황 1에 대한 갑돌이의 잠정적 가치판단 논리적 구성

문제 상황 번호	가치판단 구성요소	문장으로 진술된 가치판단	진술을 기호로 형식화한 가치판단
1	가치원리	형제간에 우애를 지키는(특성) 일은(평가대상 부류) 옳다.(평가용어)	모든 A는 B이다.
	사 실	동생을 괴롭히는 친구 동생을 직접 불러다가 혼내주는 것은(평가대상) 형제간의 우애를 지키는(특성) 일이다.(평가대상 부류)	어떤 C는 A이다.
	가치판단	그러므로 동생을 괴롭히는 친구 동생을 직접 불러다가 혼내주는 것은(평가대상) 옳다.(평가용어)	∴어떤 C는 B이다.
가치판단의 관점 (가치의 종류)		도덕적 관점 (우애)	

문제 상황 1에 대한 을순이의 잠정적 가치판단의 논리적 구성

문제 상황 번호	가치판단 구성요소	문장으로 진술된 가치판단	진술을 기호로 형식화한 가치판단
1	가치원리	친구 간의 우정을 유지하는(특성) 일은 (평가대상 부류) 좋다.(평가용어)	모든 A는 B이다.
	사 실	동생이 스스로 알아서 해결하도록 내버려두는 것은(평가대상) 친구 간의 우정을 유지하는(특성) 일이다.(평가대상 부류)	어떤 C는 A이다.
	가치판단	그러므로 동생이 스스로 알아서 해결하도록 내버려두는 것이(평가대상) 좋다. (평가용어)	∴어떤 C는 B이다.
가치판단의 관점 (가치의 종류)		도덕적 관점 (우정)	

잠정적 가치판단의 논리적 구성(문제 상황 번호:)

문제 상황 번호	가치판단 구성요소	문장으로 진술된 가치판단	진술을 기호로 형식화한 가치판단
	가치원리		
	사　　실		
	가치판단		
가치판단의 관점 (가치의 종류)			

회 차	**4**	프로그램 학습 주제	4 단계: 가치판단 구성요소의 형식검사 　1) 가치판단 과정의 형식적 타당성 확인
프로그램 학습목표			1. 가치판단의 타당한 논리 형식을 알고 적용할 　수 있다. 2. 가치판단 구성의 형식적 타당성을 이해하고 가 　치지에 표기할 수 있다.
준비물			논리적으로 타당한 형식의 종류 학습지 10매, 문제 상황 1에 대한 가치판단 구성요소의 형식검사 10매, 가치판단 구성요소의 형식검사 가치지 10매

1) 프로그램 학습 들어가기

전 시간에는 문제 상황을 해결하기 위해 잠정적인 가치판단을 하고 논리적인 구성을 해 보았습니다. 이번 시간부터 학습하게 될 단계는 잠정적으로 결정한 가치판단의 형식적인 잘못 여부를 검사하게 됩니다. 잠정적 가치판단의 논리적 구성이 올바른 형식을 취하고 있는가와 가치판단 구성요소 가운데 소전제 사실에 해당하는 진술 내용이 사실적 판단인가를 검사하는 것이죠. 그리고 소전제로 진술된 사실이 가치판단 대상이나 가치판단 관점과 관련이 있는지 여부도 함께 검사합니다.

만약 이러한 검사 과정에서 잘못이 드러날 경우 다시 첫 단계 가치문제의 확인 및 명료화로 되돌아가는 환류(feed back) 과정을 밟아야 합니다. 마치 영화 속에 나오는 타임머신을 타고 과거로 돌아가는 격이라 할까요. 검사 과정에서 삼단논법의 논리적 형식에 맞지 않다거나 사실 속에 가치판단 진술이 들어 있고 그 사실이 가치판단 대상과 관련이 없는 것으로 나타났다면 여러분은 타임머신을 타고 다시 맨 처음의 단계로 돌아가야 할 것입니다.

◎ 진행자는 이번 시간의 학습목표를 제시하고 학습의 필요성을 인식시키도록 한다.

2) 프로그램 학습 전개하기

이번 시간에는 가치판단 구성요소의 형식검사 가운데 ① 가치판단 과정의 형식적 타당성 확인에 대해서 학습해 보겠습니다. 가치판단 과정의 형식적 타당성을 확인하기 위해서는 먼저 그 기준이 되는 가치판단의 형식적 타당성의 종류에 대해서 알고 있어야 합니다.

만약 여러분 자신이 주장하고 있는 내용이 논리적으로 옳지 못한 형식을 취하고 있다면 어떻게 될까요? 당연히 여러분의 주장은 다른 사람으로부터 인정받을 수 없을 것입니다. 그렇기 때문에 자신이 주장하는 내용이 논리적으로 얼마나 올바른 형식을 갖추고 있는가 하는 문제는 중요한 일입니다. 여러분 가운데 논리적으로 잘못된 얘기를 하다가 혼이 난적은 없나요? 누가 한번 얘기해 보세요.(학생들이 자발적으로 하는 얘기를 듣고 난 다음 그 원인을 찾아보게 한다.)

좋아요. 지금 여러분이 하는 얘기 가운데 논리적인 형식과 관련된 것이 있군요.(학생들에게 논리적으로 타당한 형식 네 가지 종류가 인쇄된 자료를 나누어 준다.) 여러분에게 배부된 자료를 보세요. 논리적으로 타당한 형식은 몇 가지나 있나요? 모두 네 가지가 있지요. 이들 네 가지 형식 이외에도 무수히 많은 타당한 형식들이 있을 수 있습니다. 그러나 이들 네 가지 형식은 가치판단 대상에 대한 논리적인 판단을 하는 데 있어서 비교적 단순하면서도 분명하게 정리할 수 있게 해준다는 장점 때문에 그 대표성을 인정받고 있습니다. 구조화된 개념인 A, B, C에 해당하는 내용을 적어보면서 타당한 형식의 종류를 익혀보세요.(학생들이 타당한 형식을 익힐 수 있도록 시간적 여유를 준다.)

좋아요. 다들 했나요?

> ◎ 진행자는 학생들이 기록한 내용에 대해 개별적으로 물어볼 수도 있고 기록한 가치지를 서로 교환하여 동료 평가를 하게 할 수도 있다. 아니면 진행자의 주도하에 전체적으로 학생들과 함께 풀어 볼 수도 있다. 어떤 식으로든지 학생들이 기록한 구조화된 개념들이 올바른 것인가 평가를 해주어야 한다.

가치판단은 이와 같은 삼단논법의 타당한 형식을 빌어서 내려지게 됩니다. 단지 삼단논법의 구성요소인 대전제가 가치원리로, 소전제가 사실로, 그리고 결론 부분이 가치판단으로 용어상의 변화를 가져왔을 뿐입니다. 어때요. 가치판단의 타당한 형식에 관하여 이해가 가지요. 잘 모르겠다는 사람은 손을 들어보세요.(손을 든 사람이 있으면 다시 이해가 가도록 설명해 주고 문제 상황 1에 대한 가치판단 구성요소의 형식검사 가치지를 나누어 준다.)

자, 그럼 이제부터 우리의 친구 갑돌이와 을순이가 문제 상황 1에 대해서 내린 가치판단의 형식적 타당성을 실제로 검사해 볼까요. 먼저 문제 상황 1에 대한 갑돌이의 가치판단을 기호로 형식화한 구조를 보세요. 바르게 되어 있나요? 전 시간에 학습한 내용을 꺼내서 확인해 봅시다. 그것을 보고 올바르지 않다고 생각하는 사람은 손을 들어보세요.(손을 든 사람이 있으면 왜 그런지 서로 토의하여 확인하는 과정을 거친다.)

좋습니다. 그러면 갑돌이가 내린 가치판단은 과연 형식적으로 올바른 것인가요? 타당한 형식에 해당되나요? 그렇습니다. 형식 2의 구조로 타당하지요. 그렇기 때문에 갑돌이가 문제 상황 1에 대해서 내린 가치판단은 형식적으로 문제가 없다고 할 수 있을 것입니다.

> ◎ 동생이 스스로 해결하도록 내버려두는 가치를 선택하고 가치판단을 내린 을순이의 경우도 이와 같은 방식으로 그 형식적 타당성을 따져 보도록 한다.

어떻습니까? 을순이의 경우도 형식 2의 구조로 타당하지요. 갑돌이와 을순이의 가치판단 구성요소의 형식검사 가치지를 다시 한번 살펴보고 형식적 타당성 검사방법을 익히세요. 여기까지 잘 모르는 부분이 있으면 질문하기 바랍니다.

음, 좋아요. 이번에는 여러분이 제비뽑기로 뽑은 문제 상황 세 가지에 대해서 여러분 자신이 내린 가치판단의 형식적 타당성 여부를 따져 볼 차례입니다. 이제 충분히 요령을 익혔기 때문에 어렵지 않지요.(가치판단 구성요소의 형식검사 가치지를 나누어 준다.) 문제 상황별로 한 가지씩 차례차례 해나갑시다. 그리고 가치지를 기록하다가 잘 모르겠으면 손을 들어 질문하세요.(학생들이 생각하고 기록할 시간을 충분히 준다.)

> ◎ 가치지의 해당란에 기록이 다되었으면 집단원끼리 서로 바꾸어 바르게 적었는지 점검해보고 자신의 생각과 다르면 서로 의견을 교환하여 가치지의 내용을 수정하도록 한다. 만약에 형식적 타당성에 해당되지 않은 가치판단을 내린 학생의 경우 별도로 과제를 주어 첫 단계부터 다시 가치분석의 과정을 거쳐 오도록 피이드백 시킨다.

3) 프로그램 학습 마무리하기

오늘은 가치판단에 자주 사용되는 타당한 형식의 종류를 알아보았으며 그에 따른 문제 상황별 가치판단의 형식적 타당성 여부를 학습해 보았습니다. 자신이 내린 가치판단이 논리적으로 타당한가 그렇지 않은가를 따져 봄으로써 자신의 가치판단에 대해 확신을 가질 수 있게 되었습니다. 다음 시간에는 이번 시간에 이어서 소전제 사실의 사실판단 여부와 관련성에 대해서 학습해 보겠습니다.

> ◎ 진행자는 오늘의 학습 활동에 대해 정리를 해 주고 나서 다음 시간에 학습할 내용을 간단히 소개하고 프로그램 학습을 마친다. 그리고 지금까지 학습한 결과물을 클리어 파일에 철했는지 확인하고 반드시 매 시간마다 가지고 와서 프로그램 학습에 임하도록 지도한다.

4) 학습에 사용된 자료

<u>논리적으로 타당한 형식의 종류</u>

〈형식 1의 구조〉

삼단논법 구성요소	문장으로 진술된 삼단논법	진술을 기호로 형식화한 삼단논법
대전제 소전제 결 론	모든 식물은 광합성을 한다. 모든 콩은 식물이다. 그러므로 모든 콩은 광합성을 한다.	모든 A는 B이다. 모든 C는 A이다. ∴모든 C는 B이다.
구조화된 개념	A: ( ), B: ( ), C: ( )	

〈형식 2의 구조〉

삼단논법 구성요소	문장으로 진술된 삼단논법	진술을 기호로 형식화한 삼단논법
대전제 소전제 결 론	사람은 죽는다. 공자는 사람이다. 그러므로 공자는 죽는다.	모든 A는 B이다. 어떤 C는 A이다. ∴어떤 C는 B이다.
구조화된 개념	A: (　　　　), B: (　　　　), C: (　　　　)	

〈형식 3의 구조〉

삼단논법 구성요소	문장으로 진술된 삼단논법	진술을 기호로 형식화한 삼단논법
대전제 소전제 결 론	모든 식물은 동물이 아니다. 모든 산호초는 식물이다. 그러므로 모든 산호초는 동물이 아니다.	모든 A는 B가 아니다. 모든 C는 A이다. ∴모든 C는 B가 아니다.
구조화된 개념	A: (　　　　), B: (　　　　), C: (　　　　)	

〈형식 4의 구조〉

삼단논법 구성요소	문장으로 진술된 삼단논법	진술을 기호로 형식화한 삼단논법
대전제 소전제 결 론	모든 동물은 식물이 아니다. 사자는 동물이다. 그러므로 사자는 식물이 아니다.	모든 A는 B가 아니다. 어떤 C는 A이다. ∴어떤 C는 B가 아니다.
구조화된 개념	A: (　　　　), B: (　　　　), C: (　　　　)	

문제 상황 1에 대한 가치판단 구성요소의 형식검사

문제 상황 번호	진술을 기호로 형식화한 가치판단	형식적 타당성 여부	소전제 사실의 내용	사실판단 진술 여부	사실의 관련성 여부
1 (갑돌)	모든 A는 B이다. 어떤 C는 A이다. ∴어떤 C는 B이다.	형식 2의 구조로 타당함	동생을 괴롭히는 친구 동생을 직접 불러다가 혼내주는 것은 형제간의 우애를 지키는 일이다.	사실 판단	도덕적 관점(우애)과 관련 있음
1 (을순)	모든 A는 B이다. 어떤 C는 A이다. ∴어떤 C는 B이다.	형식 2의 구조로 타당함	동생이 스스로 알아서 해결하도록 내버려두는 것은 친구 간의 우정을 유지하는 일이다.	사실 판단	도덕적 관점(우정)과 관련 있음

가치판단 구성요소의 형식검사

문제 상황 번호	진술을 기호로 형식화한 가치판단	형식적 타당성 여부	소전제 사실의 내용	사실판단 진술 여부	사실의 관련성 여부

회차	5	프로그램 학습 주제	4 단계: 가치판단 구성요소의 형식검사 　2) 사실판단 진술과 가치판단 진술의 구별 　3) 사실의 관련성 검사
프로그램 학습목표			1. 소전제로 진술된 사실의 사실판단 여부를 검사하고 가치지에 기록할 수 있다. 2. 진술된 사실이 가치판단 관점(가치의 종류)과 관련성이 있는가 검사하고 가치지에 기록할 수 있다.
준비물			4회차 때 사용한 자료들

1) 프로그램 학습 들어가기

전 시간에는 가치판단의 타당한 형식과 가치판단 과정의 형식적 타당성 검사를 해보았습니다. 이번 시간에는 전 시간에 이어서 ② 사실판단 진술과 가치판단 진술의 구별, ③ 사실의 관련성 검사를 학습하게 됩니다. 가치판단 과정의 형식적 타당성을 확인했으면 이번에는 사실로 제시된 근거 속에 가치판단이 이미 내려져 있는 말들이 들어 있는지 검사해야 합니다. 그리고 소전제로 진술된 사실이 가치판단의 관점(가치의 종류)과 관련이 있는가 검사해 보아야 합니다.

◎ 진행자는 이번 시간의 학습목표를 다시 한번 제시하고 학습의 필요성을 강조한다.

2) 프로그램 학습 전개하기

여러분은 가치판단이 무엇인지 알고 있지요? 누가 얘기해 볼래요?(학생들이 자연스럽게 대답해 보도록 한다.) 맞아요. 가치판단은 '좋다', '나쁘다', '옳다', '옳지 않다', '~을 해야 한다', '~을 하지 말아야 한다', '효과적이다', '아름답다' 등 어떤 것을 평가하는 용어를 사용한 진술들이 포함되어 있는 논리적인 사고입니다. 만약 이미 가치판단이 내려진 진술을 사실적 근거로 제시하면 어떻게 될까요. 그렇게 되면 이것은 사실이 아닌 결론 부분에 해당하는 가치판단 진술이 되므로 결과적으로 아무런 사실적 근거도 없이 가치판단을 내리는 잘못을 저지르게 되는 함정에 빠지게 됩니다.

결국 정당한 가치판단이 내려지기 위해서는 두 가지 전제 조건이 있어야 한다는 점을 알고 있지요? 그 두 가지는 무엇인가요? ○○이 말해 볼까요?(특정한 학생에게 질문해서 말해보도록 하여 가치판단의 구성요소를 다시 한번 확인해 준다.) 그렇습니다. 가치원리와 사실이 존재해야 하는 것이죠. 이 점을 잊지 말아야 되겠습니다.

그러면 소전제 사실이 사실판단이 아닌 가치판단이라는 점을 어떻게 알 수 있을까요? 누가 말해 보겠어요?(학생들이 자연스럽게 말해 보도록 유도한다.) 간단하지요. 사실 내용에 평가적 용어가 들어 있는지 살펴보면 금방 알아낼 수 있답니다.(전 시간에 배부한 문제 상황 1에 대한 가치판단 구성요소의 형식검사 가치지를 꺼내 놓고 사실판단 여부를 어떻게 기록할 수 있는지 학생들이 확인하도록 한다.)

갑돌이와 을순이는 모두 사실판단을 하고 있지요. 어떻게 알 수가 있었나요? 그렇습니다. 평가용어가 들어 있지 않는 사실 내용이기 때문입니다.

> ◎ 평가용어를 사용하지 않았지만 진술 내용의 문맥상 이미 평가를 내린 경우도 있음을 주지시킨다.

자, 그럼 가치판단의 사실들에 평가적 용어를 담은 가치판단 내용이 들어 있는지 검사하였다면 이번에는 무엇을 확인해야 할까요? 맞아요. 그 사실이 가치판단의 대상이나 관점과 관련되어 있는지 확인해 보도록 해야 합니다. 사실로 제시된 내용이 가치판단 대상이나 관점과 아무런 연관이 없다면 어떻게 되겠습니까? 예를 든다면, 병규라는 사람이 '담배를 많이 피우면 판매량이 증가하여 경제가 발전할 것이다'라는 사실을 바탕으로 '담배를 많이 피우는 일을 정당화'한다면 여러분은 이 사람에게 동의하겠습니까? 여러분 가운데 동규라는 사람에게 동의하는 사람은 손들어 보세요.

○○이는 왜 동의하지 않지요?(특정한 학생에게 질문하여 사실의 관련성을 찾아내는 방법을 알 수 있도록 한다.) 좋아요. 당연히 경제적 관점인 경제적 발전이나 경제적 풍요와 담배 피우는 것은 전혀 관련이 없겠죠. 담배를 피우는 것은 물질적－육체적 관점인 건강과 관련되어 있으니까요.

이제, 사실의 관련성에 대해서 충분히 이해가 되었지요. 그러면 문제 상황 1에 대한 갑돌이와 을순이의 사실의 관련성 여부를 기록한 가치지를 살펴보세요. 그리고 그 내용이 아직도 이해되지 않는 사람은 질문하세요. (학생들이 충분히 살펴볼 시간적 여유를 준다.)

자, 그럼 여러분이 선택한 세 가지 문제 상황에 대해서 사실판단 진술 여부와 사실의 관련성 여부 검사를 실시해 보세요.

> ◎ 학생들이 가치지의 해당란에 기록할 사항을 다 적는 대로 서로 교환하여 확인할 수 있도록 하고 이상이 있다면 토의하여 수정하도록 한다.

3) 프로그램 학습 마무리하기

오늘은 소전제 사실의 객관적인 사실판단 여부와 평가대상 또는 가치판단 관점과의 관련성 검사를 실시해 보았습니다. 오늘 학습한 내용에 대해 모두들 잘해 주었는데 ○○이는 오늘 학습 활동에 대해서 어떤 점을 느꼈나요?(특정한 학생의 소감을 들어봄으로써 학습의 효과를 점검해 본다.)

> ◎ 진행자는 오늘의 학습 활동에 대해 정리를 해 주고 나서 다음 시간에 학습할 내용을 간단히 소개하고 프로그램 학습을 마친다.

4) 학습에 사용된 자료

4회차 학습 때 사용한 것과 동일한 자료들

회 차	**6**	프로그램 학습 주제	5 단계: 가치판단 구성요소의 내용검사 　1)사실 속의 용어의 정의 　2)사실 진술의 검사
프로그램 학습목표			1. 소전제 사실 내용에 대해서 용어를 정의하고 검사방법에 따라 검사를 실시한 다음 그 결과를 가치지에 기록할 수 있다. 2. 진술된 사실 내용의 진, 위 여부를 가치지에 기록할 수 있다.
준비물			사실검사 가치지 20매

1) 프로그램 학습 들어가기

전 시간에는 가치판단 구성요소의 형식검사를 실시해 보았습니다. 자신이 내린 가치판단이 형식적으로 아무런 문제가 없다면 이번에는 무엇을 해야 될까요?(집단원 전체의 반응을 점검해 본다.) 가치판단 한 내용이 정말 옳은 것인지 그 내용에 대해서 검사를 해보아야 하겠죠. 이번 시간에는 가치판단 구성요소인 사실과 가치원리에 대해 내용검사를 실시하게 됩니다. 내용검사는 먼저 사실 속에 진술된 용어들 가운데 그 뜻이 불분명하여 가치판단에 영향을 주고 있는 것은 없는지 살펴보는 일부터 시작됩니다. 만약 이러한 용어가 있다면 용어에 대한 정의를 먼저 분명히 하도록 해야 합니다. 그리고 소전제로써 진술된 사실 내용의 옳고 그름을 따져 보기 위해서 직접 확인, 문헌 확인, 전문가 확인방법 가운데 적절한 것을 선정하여 검사를 실시합니다.

소전제인 사실과 더불어 가치판단의 중요한 구성요소인 가치원리에 대해서도 검사를 실시합니다. 즉 가치원리로 진술된 내용에 따라 포섭검사, 새로운 사례검사, 보편화 결과검사, 역할교환검사 가운데 적절한 검사법을 이용하여 그 수용성 여부를 따져 보아야 하는 것입니다. 만약에 이와 같은 검사를 실시하는 과정에서 내용상의 잘못이 발견되었다면 잘못된 형식이 발견된 때와 마찬가지로 여러분은 다시 한번 타임머신을 타고 첫 단계로 돌아가야 할 것입니다.

이번 시간에는 먼저, 사실의 내용에 대한 검사를 실시해 보겠습니다. 어떻게 검사를 하느냐고요. 모두 세 가지 방법이 있습니다. ① 평가자인 여러분이 직접 관찰하고 경험하여 검증하는 방법, ② 책이나 잡지 같은 공신력 있는 문헌을 통해서 검증하는 방법, ③ 진술 내용과 관련된 권위 있는 전문가에 의해 기술된 자료나 언어를 인용하여 검증하는 방법이 그것입니다. 사실로써 진술된 내용에 따라 가장 적절한 한 가지 방법을 골라서 검사를 실시하면 됩니다.

> ◎ 진행자는 이번 시간의 학습목표를 제시하고 학생들이 학습의 필요성을 인식하도록 한다.

2) 프로그램 학습 전개하기

사실검사를 실시하기에 앞서 먼저 살펴보아야 할 것이 무엇이라고 했지요? ○○이 말해 볼래요?(특정한 학생을 지목하여 질문하고 학생은 답변한다.) 그렇습니다. 혼돈되는 용어를 분명하게 정의해 보는 것이었지요. 문제 상황 1을 해결하기 위해서 갑돌이가 소전제로 삼고 있는 내용 가운데 특별히 정의해야 할 단어는 없나요?(학생들이 문제로 삼고 있는 용어가 있으면 분명히 그 정의를 내리고 학습을 진행한다.)

> ◎ 을순이의 경우에도 갑돌이의 경우처럼 정의해야 할 용어는 없는지 학생들에게 질문하고 토의하여 용어에 대한 검사결과를 정리해 준다.

좋습니다. 이번에 우리가 해야 할 일은 무엇이지요? ○○이 말해 보세요?(특정한 학생에게 말해 보도록 질문한다.) 그렇습니다. 사실검사방법을 이용하여 직접 사실검사를 실시해야 하겠지요. 소전제 사실검사법은 크게 세 가지였습니다. 무엇 무엇이었지요? 누가 얘기해 보세요.(자연스럽게 학생들이 말할 기회를 준다.)

좋아요. 직접 확인법, 문헌 확인법, 전문가 확인법, 모두 세 가지였지요. 그렇다면 문제 상황 1에 대한 갑돌이의 소전제 사실 내용을 검사하는 방법으로는 어떤 것이 좋을까요? ○○이는 어떤 방법을 쓸 건가요?(여러 사람에게 질문을 하여 가장 적당한 검사방법이 무엇인지 스스로 알아낼 수 있도록 유도한다.)

> ◎ 학생들이 각자 말하는 검사방법을 사용했을 경우 소전제 사실 내용의 진, 위 여부를 정확히 검사할 수 있는지 질문하고 토의해 보도록 분위기를 형성한다. 문제 상황 1을 해결하기 위한 을순이의 소전제 사실에 대해서도 이와 같은 방식으로 검사를 실시해 본 다음 문제 상황 1에 대한 사실검사 가치지를 나누어 주고 자신들의 생각과 비교해 보도록 한다. 자신이 생각한 것과 내용 면에서 차이가 많이 나는 사람이 있는지 확인해 보고 그 원인을 함께 토의해 본다.

좋아요. 지금까지 문제 상황 1을 해결하기 위해 우리의 친구 갑돌이와 을순이가 내린 가치판단의 사실 내용에 대해 검사를 실시해 본 결과 이 두 사람은 정당한 사실을 전제로 삼아서 가치판단을 했다고 말할 수 있겠습니다.

자, 그럼 이번에는 여러분이 선택한 세 가지 문제 상황을 해결하기 위해서 여러분 자신이 내린 가치판단의 소전제 사실에 관해서 검사를 실시해 볼까요.(학생들에게 사실검사 가치지를 배부하고 작성해 보도록 한다. 작성 도중에 의문사항이 있으면 질문하도록 요구한다. 그리고 가치지를 작성하는 데 어려움을 느끼는 사람이 있으면 작성에 관한 사항을 개별적으로 설명해 준다.)

> ◎ 작성이 완료되었으면 집단원끼리 서로 교환하여 작성의 정확성 여부를 점검하고 만약에 사실 내용이 거짓으로 판명되었을 경우 그 학생은 첫 단계로 다시 돌아가서 가치판단의 과정을 밟도록 하는 개별적인 과제를 부과한다.

3) 프로그램 학습 마무리하기

오늘은 소전제 사실 내용에 대해서 참, 거짓 여부를 가려보는 학습을 해보았습니다. 학습 활동을 하면서 특별히 느낀 점이 있으면 말해 보겠어요. ○○이가 먼저 말해 보세요.(특정한 학생 몇 명이 말하는 소감을 통하여 학습의 효과를 점검해 본다.)

◎ 진행자는 오늘 학습한 전체적인 내용을 정리해 준 다음 차시 예고를 하고 학습 활동을 마친다.

4) 학습에 사용된 자료

문제 상황 1에 대한 사실검사

문제 상황 번호	소전제 사실의 내용	정의해야 할 용어	검사 방법	내용의 진, 위 여부
1 (갑돌)	동생을 괴롭히는 친구 동생을 직접 불러다가 혼내주는 것은 형제간의 우애를 지키는 일이다.	없 음	직접 확인	나중에 동생문제가 악화되어 여러 가지 부정적인 결과를 가져올 수 있으나 동생에게 혈육의 정을 확인시켜 주게 되므로 참
1 (을순)	동생이 스스로 알아서 해결하도록 내버려두는 것은 친구 간의 우정을 유지하는 일이다.	없 음	직접 확인	동생문제를 친구가 모르게 되어 우정에는 부정적 영향을 주지 않게 되므로 참

사실검사

문제 상황 번호	소전제 사실의 내용	정의해야 할 용어	검사 방법	내용의 진, 위 여부

회 차 **7** 프로그램 학습 주제	5 단계: 가치판단 구성요소의 내용검사 3) 가치원리의 수용성 검사
프로그램 학습목표	1. 가치원리의 수용성 검사방법을 알고 적용할 수 있다. 2. 가치원리에 대해 수용성을 검사하고 그 결과를 가치지에 기록할 수 있다.
준비물	가치원리 내용의 수용성 검사(문제 상황 1의 경우) 가치지 10매, 가치원리 내용의 수용성 검사 가치지 10매

1) 프로그램 학습 들어가기

전 시간에는 사실 내용에 대해 검사를 실시해 보았는데 사실검사를 모두 잘 해주었습니다. 이번 시간에는 가치원리에 대해 검사를 실시해 보겠습니다. 사실의 내용이 참이더라도 가치원리 내용이 거짓이라면 그로부터 내린 가치판단 역시 거짓이라는 점 아시죠?

그렇기 때문에 가치원리의 내용이 다른 사람에게 얼마나 일반적으로 받아들여질 수 있는가 하는 점이 중요하다 하겠습니다. 가치원리의 수용성 검사방법으로는 ① 논리적으로 관련이 있는 다른 유사한 사실들에 그 가치원리를 적용해 보는 새로운 사례검사법, ② 동일한 상황에 가장 영향을 받는 사람의 입장에 자신을 대치시켜 보는 역할교환검사법, ③ 가치원리에 포함된 개념이나 원리보다 더 범위가 넓은 상위의 개념이나 원리를 끌어들이는 포섭검사법, ④ 같은 상황에서 똑같은 행동을 했을 때 발생할 수 있는 결과를 미리 생각해 보는 보편화 결과검사법이 있습니다.

> ◎ 진행자는 이번 시간의 학습목표를 제시하고 학생들이 학습의 필요성을 인식하도록 한다.

2) 프로그램 학습 전개하기

가치원리의 보편적 타당성을 따져 보는 수용성 검사방법으로는 몇 가지가 있다고 했지요? 누가 말해 볼까요? ○○이 말해 볼까요.(특정한 학생을 지목하여 답변하게 해서 주의를 환기시킨다.) 그래요. 새로운 사례검사법, 역할교환검사법, 포섭검사법, 그리고 보편화 결과검사법이 있지요. 여러분의 이해를 돕기 위해서 구체적인 사례를 들어볼까요.

갑돌이가 '어려운 처지에 있는 사람을 잘 도와주는 사람은 좋은 사람이다'라는 가치원리를 제시했을 때 을순이가 '국회의원 선거에 출마해서 당선되려고, 또는 가게에 손님을 많이 끌기 위해서 선심을 쓴다면 어떻게 되지?'라고 했다면 갑돌이가 말한 가치원리는 어떻게 될까요? 가치원리로 인정될 수 있나요? ○○ 말해 보세요.(학생의 답변 내용에 따라서 두 번째 질문의 성격을 결정한다.) 왜 안 된다고 생각하지요?(학생이 자신의 생각을 분명하게 말할 수 있을 때까지 기다려 준다.) 그렇습니다. 당연히 가치원리의 보편성에 문제가 생겨서 이 원리는 여러분에게 수용될 수 없을 것입니다. 을순이가 새로운 사례를 제시하였기 때문이지요. 이와 같은 경우가 새로운 사례검사법입니다.

이번에는 을순이가 '이윤이 많이 남는 모든 사업은 좋다'라는 가치원리를 가지고서 비위생적인 식품을 판매하고 있는데 갑돌이가 을순이에게 "당신이 소비자라면 당신이 만든 그 비위생적인 식품을 먹을 수 있는가?"라고 물어왔을 때 여러분이 을순이라면 어떤 대답을 하겠어요? 아마 입이 열 개라도 말을 못 할 것입니다. 그렇기 때문에 을순이의 가치원리는 수용될 수 없는 것입니다. 이와 같은 경우는 어떤 검사방법에 해당하나요? 누가 말해 볼까요.(학생의 답변 내용에 따라 보충적인 설명을 더해 준다.) 그래요. 역할교환검사법입니다.

또 다른 예를 들어볼까요. '수질을 오염시키는 행위는 옳지 않다'라는 가치원리를 가진 병규에게 "왜 수질 오염을 시키는 행위가 옳지 않은가?"라고 갑돌이가 병규에게 물었을 때 여러분이 병규라면 어떤 대답을 하겠습니까?

여러분이 병규라면 '인간의 건강에 위협을 주는 행위는 옳지 않다'라는 보다 일반화된 가치원리를 제시해서 자신이 처음 제시한 가치원리를 정당화하고자 했을 것입니다. 이 경우는 포섭검사에 해당된다 하겠습니다.

그리고 '돈을 많이 벌 수 있는 사업으로 재산을 증식하는 것은 효과적이다'라는 가치원리를 가지고 부동산 투기를 하는 병규에게 '만약 모든 사람이 일은 하지 않고 부동산 투기에만 몰린다면 어떻게 될까?'라고 을순이가 질문하였다면 이것은 가치원리 검사방법 중 어떤 것을 사용한 것일까요? 누가 말해 볼까요.(자유롭게 대답할 수 있는 기회를 준다.) 그래요. 을순이는 병규로 하여금 부동산 투기로 인해서 나타날 부정적인 현상들을 미리 예측해 보게 하여 그가 지닌 원리를 수정하게 만드는 보편화 결과검사방법을 사용하였다고 말할 수 있습니다.

자 이제 가치원리에 대한 수용성 검사방법에 대해서 충분히 이해가 되었나요? 아직 이해가 가지 않는 사람은 손을 들어보세요.

> ◎ 손을 드는 학생이 있으면 다시 한번 보충 설명을 해주어서 완전히 이해를 하고 다음 학습에 임하도록 한다.

좋아요. 이제 실제로 가치원리에 대한 수용성 검사를 실시해 볼 차례군요. 갑돌이의 경우를 먼저 살펴볼까요. 갑돌이가 문제 상황 1을 해결하기 위해 끌어들인 가치원리는 무엇이었나요? 누가 말해 보세요.(학생들이 자연스럽게 말하도록 분위기를 조성한다.) 그래요. '형제간의 우애를 지키는 것은 옳다'라는 가치원리를 들어서 가치판단을 내리고 있지요. 그렇다면 갑돌이가 전제로 하고 있는 가치원리가 과연 모든 사람들이 다 받아들일 수 있는 가치인지 어떻게 검사할 수 있을까요? ○○은 가장 적당하다고 생각하는 가치수용성 검사법이 무엇이라고 생각하나요?(집단원 전체 학생이 돌아가면서 차례대로 자신이 생각하는 검사법을 이유를 들어서 말해보게 하고 서로 간에 토의를 해보도록 시간적인 여유를 준다.)

> ◎ 을순이에 대해서도 동일한 방식으로 가치원리의 내용에 대한 수용성 검사를 실시해 보고 문제 상황 1에 대한 가치원리 내용의 수용성 검사 가치지를 나눠주고 지금까지 토의한 내용과 비교하여 보게 한다. 그리고 배부된 가치지 내용에 대해서 이견이 있으면 말해보도록 한다. 학생들이 자유롭게 자신의 생각을 드러낼 수 있도록 분위기를 조성한다.

어떻습니까? 두 가지 경우를 학습하게 되니까 많은 도움이 되지요. 충분한 사례 연습은 여러분의 가치분석 능력을 높여 주는 데 도움이 될 것입니다. 자, 이제 여러분이 선택한 세 가지 문제 상황에 대한 가치원리 내용을 검사할 차례입니다.(가치원리 내용의 수용성 검사 가치지를 학생들에게 배부하고 작성해 보도록 한다.)

> ◎ 가치원리 내용의 수용성 검사 가치지를 작성하는 과정에서 어려움이 있는 사람은 손을 들어서 도움을 요청하도록 하고 도움을 요청하는 학생의 원인을 진행자는 파악하여 그 원인에 따라 적절한 도움을 준다.

다들 작성되었나요? 그렇다면 서로 마주 보는 사람끼리 가치지를 바꿔서 확인해 보세요. 잘 기록되었는지, 빠진 부분은 없는지, 그리고 검사결과 가치원리가 거짓으로 판명된 사람은 없나요? 있으면 손을 들어보세요. (손을 든 사람이 있으면 문제되는 내용을 중심으로 서로 토의하고 토의 결과에 따라 가치원리를 수정하도록 하거나 가치원리에 대해 다시 학습하도록 피이드백시켜 준다.)

3) 프로그램 학습 마무리하기

오늘은 가치원리 내용에 대한 수용성 검사방법을 학습해 보았어요. 네 가지 수용성 검사방법이 조금 어려웠을 텐데 그래도 다들 잘 해 주었습니다. ○○이는 어떤 문제 상황에 대한 가치원리 수용성 검사를 할 때가 가장 힘들었나요?(학생들이 특별히 어려워했던 문제 상황에 대해 물어보고 그 난이도를 점검해 본다.)

◎ 진행자는 오늘의 학습목표에 대한 달성도를 확인하고 다음 시간에 학습할 내용을 간단히 소개하고 마친다.

4) 학습에 사용된 자료

가치원리 내용의 수용성 검사(문제 상황 1의 경우)

문제 상황 번호	대전제 가치원리의 내용	수용성 검사 방법	내용의 진, 위 여부
1 (갑돌)	형제간에 우애를 지키는 일은 옳다.	역할교환 검사	자신이 동생처럼 어려움을 당하고 있을 때 동생이 도와주지 않는다면 우애로 보기 어렵기 때문에 참
1 (을순)	친구 간의 우정을 유지하는 일은 좋다.	보편화 결과검사	친구 간에 우호적인 관계를 형성하는 사람들이 그렇지 않은 사람들보다 일반적으로 인간관계에서 만족을 느끼는 경우가 많음으로 참

가치원리 내용의 수용성 검사

문제 상황 번호	대전제 가치원리의 내용	수용성 검사 방법	내용의 진, 위 여부

회 차	**8**	프로그램 학습 주제	6 단계: 최종적 가치판단
프로그램 학습목표			최종적인 가치판단을 내리고 가치지에 기록할 수 있다.
준비물			최종적인 가치판단 가치지 20매(갑돌이의 경우 포함)

1) 프로그램 학습 들어가기

지금까지 여러분은 문제 상황 속에 들어 있는 가치를 탐색하고 사실을 수집해 보았으며 그것들을 해결하기 위해서 잠정적으로 가치판단을 내리고 그 정당성을 검증하여 보았습니다. 이러한 과정을 거치면서 비로소 여러분은 최종적으로 선택할 가치를 찾게 되었으며 마음속에 잠정적인 상태로 숨어 있던 가치들이 현실적으로 선택될 조건을 완전히 갖추게 되었습니다.

이번 단계는 가치분석 프로그램의 마지막 순서로 문제 상황을 해결하기 위한 최종적인 가치를 선택하여 가치지에 기록해 보도록 하겠습니다. 자, 그럼 최종적 가치판단 학습을 시작해 볼까요.

> ◎ 진행자는 이번 시간의 학습목표를 제시하고 학생들이 학습의 필요성을 인식
> 하도록 한다.

2) 프로그램 학습 전개하기

여러분은 전 시간에 가치판단 검증 과정 학습을 통하여 문제 상황에 대해 내린 잠정적인 가치판단 속에 들어 있는 오류들을 충분히 여과할 수 있었습니다. 그리고 이제 여러분 마음속에는 최종적으로 확실한 가치판단을 내릴 준비가 되었을 것입니다. 이번 시간에는 여러분이 논리적으로 검증한 가치를 최종적으로 선택해 보도록 하겠습니다.

먼저, 우리의 친구 갑돌이가 문제 상황 1을 해결하기 위해 내린 가치판단은 형식 면에서나 내용 면에서 아무런 문제점이 없었는지 다시 한번 확인해 보아야겠군요. 정말 아무런 문제점이 발견되지 않았나요?(집단원 전체의 반응을 주목한다.) 좋습니다. 전번 시간에 학습해 보았던 것처럼 가치판단 검증 과정에서 별다른 문제점이 발견되지 않았던 것 같군요.

결국, 갑돌이의 잠정적인 가치판단은 정당하다고 검증이 되었기 때문에 최종적인 가치판단으로 선택하여도 아무런 문제가 없겠네요? 여기에 대해서 다른 의견이 있는 사람은 말해보세요.(학생들이 스스로 생각하여 말할 수 있도록 시간적 여유를 준 다음 별다른 이견이 없으면 (   )의 최종적인 가치판단 가치지를 배부한다.) 자, 방금 나누어 준 가치지를 보세요. 여러 칸이 있지요. 그중에서 맨 위 칸을 보세요. 문제 상황 1에 대한 갑돌이의 최종적인 가치판단과 가치의 종류, 그리고 실천방안을 적어 넣을 수 있게 되어 있지요. 그곳에 갑돌이가 문제 상황 1을 해결하기 위해 최종적으로 선택한 것들을 적어보세요.(학생들이 갑돌이의 최종적인 가치판단 가치지를 완성하는 데로 (갑돌이)의 최종적인 가치판단 가치지를 나누어 준다.)

◎ 배부된 (갑돌이)의 최종적인 가치판단 가치지에 기록된 내용과 자신이 쓴 내용을 비교해 보고 내용상의 차이가 많이 나는 사람은 손을 들어 보게 한다. 진행자는 차이가 많이 나는 이유를 그 학생과 찾아보고, 특히 실천방안이 다양하게 나올 수 있음을 인식시킨다.

대부분 학생이 잘 하고 있군요. 이제 최종적으로 가치판단 한 것을 어떻게 기록하는지 알겠지요? 아직도 그 방법을 모르겠다는 사람은 손을 들어보세요.(손을 든 사람이 있으면 그 학생이 이해할 때까지 설명을 해 준다.) 그럼, 이제 여러분이 개인별로 선택한 세 가지 문제 상황에 대해서 최종적으로 내린 가치판단 내용을 갑돌이에 대해서 적은 곳 아래부터 써넣어 보세요.

(   )에는 가치판단과 선택의 주체자인 여러분 자신의 실제 이름을 적어 넣습니다. 여러분 자신이 문제 상황 속의 실제 주인공이라고 생각하면서 최종적으로 내린 가치판단의 내용을 기록해봅시다.

3) 프로그램 학습 마무리하기

이번 마지막 시간에는 최종적인 가치판단을 내리고 이에 따른 실천방안을 분명히 해보았습니다. 지금까지 잠정적으로 여러분 마음속에 있던 가치들이 구체적으로 결정되는 시간이 되었을 것입니다. 그리고 문제 상황을 해결하기 위하여 가치를 분석하고 논리적으로 판단하는 일이 얼마나 중요한 것인가를 깨달았으리라 생각합니다.

앞으로 여러분들이 생활하면서 실제로 많은 문제 상황을 만나게 될 것이며 그럴 때마다 지금까지 학습한 내용들을 되새겨서 도움을 받을 수 있었으면 좋겠습니다.

◎ 진행자는 지금까지 이루어졌던 프로그램 학습 활동에 대해 종합적인 정리를 해주고 활동 소감을 나눈 다음 모든 활동을 마친다.

4) 학습에 사용된 자료

<u>(갑돌이)</u>의 최종적인 가치판단

문제 상항 번호	최종적인 가치판단	선택한 가치의 종류	실천방안
1	형제간에 우애를 지키는 일은 옳다. 동생을 괴롭히는 친구 동생을 직접 불러다가 혼내주는 것은 형제간의 우애를 지키는 일이다. 그러므로 동생을 괴롭히는 친구 동생을 직접 불러다가 혼내주는 일은 옳다.	도덕적 가치인 우애	동생을 괴롭히는 친구 동생을 직접 불러다가 혼내준다.

<u>(　　　)</u>의 최종적인 가치판단

문제 상항 번호	최종적인 가치판단	선택한 가치의 종류	실천방안
1 (갑돌)			

2. 가치명료화 프로그램

일상적인 삶 속에서 만날 수 있는 문제 상황을 해결하고 가치를 내면화시킬 수 있는 방법으로 가치명료화 방법을 생각해 볼 수 있다. 가치명료화 방법은 인지적 분석력에 의존하는 가치분석방법에 비하여 인지적, 정의적, 행동적 요소를 모두 포함할 수 있다는 점에서 유용하다는 평가를 받고 있다.

여기에서는 앞에 제시된 다섯 가지 문제 상황을 명료화하는 프로그램을 통하여 그 실제에 접근하고자 한다.

본 프로그램은 모두 10회차에 걸쳐 진행되도록 개발되었으며 매 회차마다 50-60분 정도 소요된다. 주로 중·고등학생을 대상으로 실시해 볼 수 있으나 가치분석 프로그램에 비하여 수월성이 우수하기 때문에 초등학교 고학년 학생을 상대로 활용될 수 있을 것이다. 소집단을 대상으로 제작한 것이지만 필요에 따라서 중, 대집단용으로도 사용할 수 있다는 장점이 있다.

회 차 **1** 프로그램 학습 주제	A 과정. 선택하기 1 단계: 자유롭게 선택하기
학습 프로그램 목표	1. 문제 상황 다섯 가지의 내용을 시각적으로 자유롭게 표현할 수 있다. 2. 문제 상황을 자유롭게 선택할 수 있다.
준비물	다섯 가지 문제 상황이 적힌 학습 자료 50매가 들어 있는 상자. 문제 상황 내용의 시각적 표현 양식 30매

1) 학습 프로그램 들어가기

여러분은 어떤 복잡한 문제를 만나서 고민하고 쉽게 결정을 하지 못해서 시간을 허비한 경험들이 있을 것입니다. 그러나 결국 여러분은 어떠한 결정을 했을 것이며 지금은 그때 그 당시 여러분 자신의 결정에 대하여 만족해하거나 후회하고 있을지도 모릅니다. 사실 우리는 자신도 모르게 삶 속에서 만나는 크고 작은 일들에 대해 어떤 결정을 내리고 행동하며 살아가고 있습니다. 우리가 어떤 결정을 내린다는 것은 가치를 선택한다는 말과 같다고 할 수 있습니다.

그러나 문제 상황 속에서 하나의 가치를 선택하는 일은 그렇게 간단하지만은 않습니다. 문제를 복잡하게 만드는 진짜 주인공은 가치들이기 때문입니다. 만약 문제 속에 들어 있는 가치를 확인하고 그 해결 대안을 나열해 본 다음 그 대안의 결과를 충분히 고려하여 조목조목 따져 보게 된다면 실타래가 풀리듯 그 문제는 해결될 수 있을 것입니다. 따라서 선택하기 과정은 가치문제를 해결하는 첫 관문에 해당된다 하겠습니다. 이번 과정에서는 우리가 살아가면서 만날 수 있는 가상적인 문제 상황에 담겨 있는 가치들을 자유롭게 탐색하고 그 해결 대안을 찾아보도록 하겠습니다. 다음에 제시되어 있는 문제 상황 속의 주인공이 여러분 자신이라고 생각하고 학습해 보도록 합시다.(클리어 파일과 필기도구 등을 나누어 주고 사용방법을 설명해 준다.)

2) 학습 프로그램 전개하기

여러분들이 앉아 있는 자리의 중앙에는 상자 하나가 놓여 있습니다. 그 상자 속이 궁금하다고요. 과연 무엇이 들어 있을까요.(집단원 수만큼 묶음 되어 있는 문제 상황 사례가 들어 있는 상자를 미리 준비하여 갖다 놓는다.)

이 상자 속에는 앞으로 여러분이 학습하게 될 문제 상황 다섯 가지가 묶음으로 들어 있습니다. 누가 먼저 꺼내서 읽어볼까요.(먼저 의사를 표시한 사람부터 상자 속에서 문제 상황을 꺼내서 읽어보도록 한다. 그리고 문제 상황의 내용을 다 읽었으면 묶음을 풀어서 집단원에게 1장씩 나누어 주도록 한다.)

모두 다 잘 해주었어요. 여러분이 받은 문제 상황 다섯 가지는 실제 생활에서 일어날 수 있는 상황을 꾸며 놓은 것입니다. 제시되어 있는 문제 상황의 내용을 잘 읽고 충분히 이해를 하고 있어야 다음 단계 학습을 해나갈 수 있습니다. 여러분의 문제 상황에 대한 이해를 높이기 위해서 다섯 가지 문제 상황의 내용을 그림이나 만화로 간단하게 표현해 보도록 하겠습니다.(문제 상황의 내용에 대한 시각적 표현 양식을 3장씩 나누어 준다.)

방금 나누어 준 시각적 표현 양식에 여러분이 이해한 문제 상황에 대한 내용을 간단하게 그림이나 만화로 나타내 보세요. 문제 상황에 대한 그림이나 만화 그리기는 여러분의 흥미와 이해를 높이기 위한 것이니 최대한 간단히 표현하도록 합니다.(학생들이 그림이나 만화를 그릴 수 있는 시간을 충분히 주도록 한다.)

다들 제대로 문제 상황의 내용을 이해하고 있는 것 같군요. ○○이는 어떤 문제 상황이 가장 해결하기 어려운 것 같아요?(특정 학생 몇 명에게 질문을 하여 학생들의 문제 상황에 대한 인식의 정도를 점검해 본다.) 가장 흥미 있는 문제 상황은 무엇인가요? 누가 말해 보겠어요?(자연스럽게 문제 상황에 대한 집단원들의 흥미 정도를 파악해 본다.)

좋습니다. 자, 그럼 본격적으로 가치명료화 학습에 들어가 볼까요. 여러분에게 제시된 문제 상황 다섯 가지 가운데 문제 상황 1을 제외한 나머지 문제 상황 네 가지 중에서 세 가지를 자유롭게 선택하도록 하세요. 네 가지를 다 했으면 좋겠지만 모두를 다한다는 것은 정말 힘든 일이니까요. 시간도 충분치 않고 말입니다. 문제 상황 1은 학습 프로그램을 진행하는 동안 여러분의 이해를 돕기 위해 하나의 보기로 제시될 것입니다. 지금까지 이해가 안가는 부분이 있으면 손을 들어 질문하세요.

좋아요. 여러분은 각자 마음에 드는 세 가지 문제 상황을 골랐을 것입니다. ○○이는 어떠한 문제 상황을 골랐는지 말해줄 수 있나요?(문제 상황에 대한 특정 학생의 선택상황을 확인해 본 다음 선택한 이유에 대해서 물어본다.)

◎ 집단원들이 지급된 클리어 파일에 문제 상황이 인쇄된 자료와 문제 상황의 내용에 대한 시각적 표현 양식을 반드시 철해 놓도록 진행자는 신경을 쓴다.

3) 학습 프로그램 마무리하기

오늘은 앞으로 여러분이 해결해야 할 문제 상황 다섯 가지에 대해 알아보고 그 가운데 여러분이 각자 학습해 나갈 세 가지 문제 상황을 자유롭게 선택해 보았습니다. 여러분이 선택한 문제 상황들은 지금은 어려워 보이지만 단계별로 차근차근 학습을 해나간다면 모든 문제가 풀릴 것입니다. 다음 시간에는 문제 상황을 해결할 수 있는 대안과 그 속에 들어 있는 가치들이 어떠한 것들이 있는지 학습해 보겠습니다.

4) 학습에 사용된 자료

문제 상황 내용의 시각적 표현

〈문제 상황 번호: 〉

회 차 **2** 프로그램 학습 주제	A 과정. 선택하기 2 단계: 여러 가지 대안으로부터 선택하기
학습 프로그램 목표	1. 가치의 분류체계를 이해하고 표현할 수 있다. 2. 대안을 나열하고 가치의 종류와 가치판단의 관점 을 가치지에 기록할 수 있다.
준비물	가치분류표 10매, 대안의 나열과 분류 가치지 40매 (문제 상황 1에 대한 10매 포함)

1) 학습 프로그램 들어가기

우리는 전 시간에 문제 상황 다섯 가지의 내용과 그 내용을 익히기 위해서 그림이나 만화로 시각적인 표현을 해보고, 여러분 자신이 본격적으로 탐구해 나갈 세 가지 문제 상황을 자유롭게 선택해 보았습니다.

이번 시간에는 문제 상황을 해결할 수 있는 직접적인 대안들을 찾아서 나열하고 그 속에 들어 있는 가치들을 분류한 다음 해당하는 관점을 분명히 해보겠습니다. 이러한 학습을 통하여 문제 상황을 해결하고 여러분의 가치를 분명히 할 수 있을 것입니다. 먼저 여러분이 전 시간에 선택했던 문제 상황 세 가지를 다시 한번 점검해 봅시다. ○○이가 선택한 문제 상황들은 어떠한 것들이었지요? 한번 말해보세요.(특정한 학생 몇 명을 지목하여 자신이 선택한 문제 상황이 무엇인지 재확인시켜 본다.)

좋아요. 자신이 학습해야 할 문제 상황을 다들 잘 알고 있는 것 같군요.

2) 학습 프로그램 전개하기

(가치 분류표와 문제 상황 1 그리고 나머지 문제 상황에 대한 대안들의 나열과 분류 가치지를 학생들에게 나누어 준다.)

먼저 가치 분류표를 볼까요. 어떻습니까. 기차가 가치를 가득 실고 힘차게 달리고 있는 모습이, 가치 분류표 속의 내용에 대해 모르는 부분이 있나요? 있으면 질문하세요.

> ◎ 학생들의 질문 내용에 따라서 다르겠지만 가치의 분류는 오른쪽 가치의 종류를 분야별로 구분해 놓은 것이며 가치판단의 관점은 문제 상황 속에 들어 있는 가치를 어떤 시각에서 보는가를 뜻한다고 설명해 준다.

자, 그럼 가치분류표의 내용이 충분히 이해되었죠. 그렇다면 이제 문제 상황을 직접 해결할 수 있는 조건이 갖추어진 셈입니다. 여러분에게 나누어 준 문제 상황 1에 관한 가치지를 보세요. 문제 상황 1에서 나올 수 있는 대안들의 나열과 분류, 그리고 가치판단의 관점들을 예시하여 놓은 것입니다. 여기에 예시되어 있는 대안은 문제 상황 1을 해결하기 위해서 생각할 수 있는 대표적인 사례들로 이외에도 다양한 대안들이 있을 수 있습니다. 어떠한 대안이 더 있을 수 있을까요. 누가 얘기해 보겠어요.(발언되는 대안이 있으면 서로 토의한 다음 가치지의 해당란의 빈칸에 적도록 한다.)

좋아요. 아주 잘하는군요. 이번에는 나머지 문제 상황에 대한 대안을 찾아서 나열해 보도록 할까요. 문제 상황 2를 해결하기 위해서 우리가 생각할 수 있는 대안에는 어떠한 것들이 있을까요? 여러분 머릿속에 떠오르는 대로 한번 얘기해 볼래요.(학생들이 문제 상황을 해결하기 위해 머릿속에 떠오르는 대안을 자유롭게 얘기하는 브레인스토밍 방식을 적용한 다음 그 내용을 가치지에 기록할 수 있도록 한다.)

> ◎ 이와 같은 방식으로 나머지 문제 상황들에 대해서 대안을 찾아보게 하고 가치지에 기록하도록 한다.

어떻습니까? 대안을 찾아서 나열해 보는 일이 쉽지만은 않지요. 이번에는 각각의 대안들이 과연 어떤 종류의 가치에 해당되며 가치의 관점은 또 무엇인지 학습해 보도록 하겠습니다. 다시 문제 상황 1에 관한 가치지를 살펴볼까요. 자세히 살펴보면 대안별로 가치의 종류와 가치판단의 관점이 기록되어 있음을 알 수가 있습니다.

자, 이제 나머지 문제 상황에 대해서 어떻게 가치의 종류와 가치판단의 관점을 찾아서 적을 수 있는지 알겠어요?(학생들 스스로 가치지의 해당 항목의 빈칸을 채울 수 있도록 시간을 주고 기록하는 과정에서 의문 사항이 있으면 질문하도록 한다.)

> ◎ 이와 같이 프로그램을 진행하는 과정에서 "○○이가 문제 상황 ○를 해결하기 위해서 가치지에 적어 놓은 대안에는 어떤 것들이 있지?"라고 다시 한번 대안들에 대해서 확인할 수 있어야 한다. 그리고 "음, 그래 그 대안 속에는 어떤 가치가 들어 있을까?" 또는 "그 가치를 바라보는 관점은 무엇이지?" 등의 질문을 통해서 이번 학습의 목표를 달성할 수 있다.

3) 학습 프로그램 마무리하기

오늘은 문제 상황을 해결하기 위한 대안을 나열하고 그것들을 가치에 따라 분류하고 그와 관련된 가치판단의 관점을 익혀 보았습니다. 하나의 문제 상황을 해결하기 위해서는 이처럼 수많은 해결책들이 있을 수 있으며 그것들 속에는 각각의 가치들이 들어 있다는 점을 깨닫게 되었을 것입니다. ○○는 이번 시간에 학습한 대안 탐색 활동에 대해 어떻게 생각하나요?(특정한 학생 몇 명을 지목하여 대답을 듣는 과정을 통하여 학습의 효과를 점검해 본다.)

> ◎ 진행자는 오늘의 학습 활동에 대해 정리를 해 주고 다음 시간에 학습할 내용을 간단히 소개하고 학습 프로그램을 마친다.

4) 학습에 사용된 자료

가치의 분류

가치의 분류	가치의 종류	가치판단 관점
물질적－육체적 (material-physical)가치	건강, 안전, 생리적 만족 등	물질적－ 육체적 관점
경제적(economic) 가치	경제적 안정, 풍요 등	경제적 관점
도덕적(moral) 가치	정직, 공정, 책임감, 포용, 선 등	도덕적 관점
사회적(social) 가치	관습, 자비로움, 사회적 인정 등	사회적 관점
정치적(political) 가치	자유, 정의, 평등 등	정치적 관점
심미적(aesthetic) 가치	미, 조화, 아름다움 등	심미적 관점
종교적(religious) 가치	경건. 유일성 등	종교적 관점
지 적(intellectual) 가치	총명, 진, 지능 등	지 적 관점
직업적(professional) 가치	성공, 성취감, 등	직업적 관점
정서적(sentimental) 가치	사랑, 수용, 등	정서적 관점

대안들의 나열과 분류(문제 상황 1)

대안의 나열(예시)	가치 종류	가치판단의 관점
·동생을 괴롭히는 친구 동생을 직접 불러다가 혼내준다.	우 애	도덕적 관점
·동생 친구들을 불러서 친구 동생을 혼내주도록 주문한다.	우 애	도덕적 관점
·동생을 괴롭히지 못하도록 선생님께 말씀드린다.	우 애	도덕적 관점
·부모님께 말씀드려 친구 동생을 혼내주도록 한다.	우 애	도덕적 관점
·동생이 스스로 알아서 해결하도록 내버려둔다.	우 정	도덕적 관점
·이 사실을 친구에게 얘기하고 친구가 하자는 대로한다.	우 정	도덕적 관점
·친구 부모님으로 하여금 친구 동생을 야단치도록 말씀드린다.	우애＋ 우정	도덕적 관점
·친구에게 얘기해서 친구 동생을 혼내주도록 부탁을 한다.	우애＋ 우정	도덕적 관점

<u>대안들의 나열과 분류(문제 상황 번호:)</u>

대안의 나열	가치종류	가치판단의 관점

회 차	**3**	**프로그램 학습 주제**	A 과정. 선택하기 3 단계: 결과 고려 후의 선택하기
학습 프로그램 목표			1. 대안의 결과를 예측하고 가치지에 기록할 수 있다. 2. 대안의 우선순위를 정하여 가치지에 표기할 수 있다.
준비물			대안의 결과 예측과 우선순위 정하기 가치지 40매(문제 상황 1에 대한 10매 포함)

1) 학습 프로그램 들어가기

전 시간에는 문제 상황을 해결하기 위한 대안을 나열하여 보고 그와 관련된 가치들과 가치판단 관점을 분명히 해 보았습니다. 어떻습니까? 점점 문제 상황에 관한 해결책이 보이는 것 같지 않나요?(학생들의 반응을 통하여 전 시간 학습의 결과를 확인해 본다.)

좋아요. 대체적으로 문제 상황을 해결하는 방향을 잘 잡고 있는 것 같군요. 이번 시간에는 전 시간에 여러분이 나열해 놓았던 대안들이 가져올 긍정적, 부정적 결과를 예측해 보고 그 속에 들어 있는 가치들과 가치판단 관점들의 우선순위를 결정해 보도록 하겠습니다. 말하자면 어떤 대안을 선택했을 때 나올 수 있는 결과를 미리 평가해 보고 그에 따라 문제 상황 속에 들어 있는 가치들에 대해서 순서를 정하는 것입니다.

이를 요약하면, ① 대안 가치의 긍정적, 부정적 결과 예측, ② 가치판단 관점의 우선순위 결정(대안의 서열화)으로 표현할 수 있습니다.

> ◎ 진행자는 이번 시간의 학습목표를 제시하고 학습의 필요성을 인식시키도록 한다.

2) 학습 프로그램 전개하기

문제 상황을 해결하기 위한 대안의 순위를 정하기 위해서 먼저 전 시간에 학습했던 내용을 상기해 볼까요. 전 시간에는 대안을 찾아서 나열하고 그와 관련된 가치의 종류와 가치판단의 관점을 학습해 보았습니다. 자, 전 시간에 학습했던 문제 상황별 대안을 다시 한번 살펴보세요.(학생들이 전 시간에 학습한 가치지를 꺼내놓고 대안을 다시 확인하는 동안 문제 상황 1에 관한 대안의 결과 예측과 우선순위 정하기 가치지를 배부한다.)

여러분이 방금 받은 가치지는 문제 상황 1에 관해서 갑돌이라고 하는 가상적인 친구가 대안의 긍정적, 부정적 결과 예측과 우선순위 정하기를 해놓은 것입니다. 여기에서 예측항목 속에 있는 ○는 아주 긍정적인 결과가 예상되는 경우를 나타내는 것이며, △는 예상되는 결과가 보통인 경우를, 그리고 ×는 부정적인 결과가 예상되는 경우를 나타내는 표기입니다. 이렇게 대안의 결과를 미리 예측해봄으로써 대안의 우선순위를 정하는 데 도움을 받을 수 있습니다.

이제 어떻게 가치의 우선순위를 정할 수 있는지 알 수 있겠지요. 아직도 어떻게 해야 할지 모르는 사람은 질문하세요.(질문이 있으면 답해 주고 없을 경우 나머지 가치지를 3장씩 나누어 준다.)

좋아요. 문제 상황 2를 선택한 사람은 누구였지요?

손들어 보세요. 음 ○○이가(문제 상황 2를 선택한 학생 가운데 특정한 사람을 지목하여) 만약에 문제 상황 속의 주인공 민영이라면 이 문제를 해결하기 위한 대안들의 순서를 어떻게 정하겠습니까?(이런 식으로 문제 상황별로 우선순위를 정하는 방법을 확실하게 알 수 있도록 한다. 학생들의 반응 정도에 따라 적절한 결과 인식 확대 전략을 사용할 수 있다.)

자, 그럼 여러분에게 배부한 가치지에 해당하는 내용을 적어 넣어 보세요.(학생들이 충분히 대안의 결과를 생각해 본 다음 가치의 우선순위를 정할 수 있도록 결과 인식 확대 전략을 구사한다. 대안의 우선순위를 정할 때 그 순위가 대등하여 쉽게 서열화하기 어려울 경우 가치판단의 관점에 따라 세분화하여 우선순위를 매길 수 있음을 설명해 준다.)

> ◎ 학생들이 가치의 우선순위를 정하여 가치지에 기록했으면 특정한 학생 몇 명을 지목하여 가장 1순위로 정한 대안이 무엇인지 질문해 봄으로써 학습상태를 점검해 본다.

3) 학습 프로그램 마무리하기

이번 시간에는 대안을 선택했을 때 일어날 수 있는 부정적, 긍정적 결과를 예측해봄으로써 가치의 우선순위를 정해 보았습니다. 그리고 자신이 정말 원하는 가치를 선택한다는 것이 얼마나 어려운 일인지 깨달았을 것입니다.

○○이는 이번 시간 학습이 어땠어요?(특정한 학생 몇 명에게 이번 시간 학습 활동에 대한 소감을 들어보고 학습의 결과를 평가해 본다.)

> ◎ 진행자는 오늘의 학습 활동에 대해 종합적인 정리를 해 주고 다음 시간에 학습할 내용을 간단히 소개하고 학습 프로그램을 마친다.

4) 학습에 사용된 자료

대안의 결과 예측과 우선순위 정하기(문제 상황 1)

대안의 나열(예시)	결과 예측항목		순위	가치판단의 관점(가치종류)
	동생과의 우애 면에서	친구와의 우정 면에서		
·동생을 괴롭히는 친구 동생을 직접 불러다가 혼내준다.	○	△	1	도덕적 관점(우애)
·동생 친구들을 불러서 친구 동생을 혼내주도록 주문한다.	△	×	4	도덕적 관점(우애)
·동생을 괴롭히지 못하도록 선생님께 말씀드린다.	△	△	2	도덕적 관점(우애)
·부모님께 말씀드려 친구동생을 혼내주도록 한다.	○	×	3	도덕적 관점(우애)
·동생이 스스로 알아서 해결하도록 내버려둔다.	×	○	3	도덕적 관점(우정)
·이 사실을 친구에게 얘기하고 친구가 하자는 대로한다.	×	○	3	도덕적 관점(우정)
·친구 부모님으로 하여금 친구 동생을 야단치도록 말씀드린다.	△	△	2	도덕적 관점 (우애+우정)
·친구에게 얘기해서 친구 동생을 혼내주도록 부탁을 한다.	△	△	2	도덕적 관점 (우애+우정)

대안의 결과 예측과 우선순위 정하기(문제 상황 번호:)

대안의 나열	결과 예측항목		순위	가치판단의 관점(가치종류)

회 차	**4**	프로그램 학습 주제	B 과정. 존중하기 1 단계: 선택의 존중 및 확신하기 1) 주인공 1인칭화
학습 프로그램 목표			주인공 1인칭화 과정을 이해하고 가치지를 작성할 수 있다.
준비물			문제 상황에 대한 주인공 1인칭화 가치지 40매(문제 상황 1에 대한 10매 포함)

1) 학습 프로그램 들어가기

여러분은 지금까지 문제 상황 속에 들어 있는 대안을 선택하는 과정에서 대안의 선택이 곧 가치의 선택이라는 사실을 알게 되었을 것입니다. 여러분은 자유롭게 문제 상황을 해결하기 위한 대안을 되도록 많이 찾아보았으며 그 대안들의 결과를 따져 본 다음 최종적으로 선택할 수 있는 대안들의 우선순위를 정하여 보았습니다. 이러한 과정을 거치면서 비로소 여러분은 최종적으로 선택할 가치를 찾게 되었으며 아마 여러분의 마음속에는 1순위로 정해 놓은 대안과 가치를 염두에 두고 있을 것입니다.

이번 과정은 가치명료화 학습 프로그램의 두 번째 순서로 문제 상황을 해결하기 위한 최종적인 대안을 선택하여 그 가치를 존중하고 공개적으로 공언하는 내용으로 구성되어 있습니다.

만약에 우리의 친구 갑돌이가 문제 상황 1을 해결하기 위한 가치로 우애를 선택하고 그 대안으로 '동생을 괴롭히는 친구 동생을 직접 불러다가 혼내준다'를 선택하고 나서 그 선택을 부끄러워하거나 후회하게 된다면 어떻게 될까요? 여러분 가운데 만약 갑돌이와 같은 사람이 있다면 그 사람이 최종적으로 선택한 가치는 그에게 존중되지 못하고 기쁘게 받아들이지 못하고 있다는 증거입니다. 따라서 이것이 '내가 존중하는 진정한 가치인가? 나는 나의 선택에 대해 만족하며 기쁘게 생각하는가?'와 같은 스스로의 물음에 긍정적인 답을 가져오도록 하는 단계가 필요합니다.

이번 시간부터는 여러분 자신이 선택한 가치를 존중하고 다른 사람에게 떳떳하게 말할 수 있도록 하는 가치존중 학습을 하게 될 것입니다. 그 구체적인 항목은 ① 선택한 가치에 대한 존중과 확신, ② 선택한 가치에 대한 공언이라는 두 가지입니다.

첫 번째, 선택한 가치에 대한 존중과 확신을 위해서 〈주인공 1인칭화〉와 〈자기 충족 예언법〉이 사용되며, 두 번째, 선택한 가치에 대한 공언을 위한 방법으로는 〈가치선언문 작성 발표하기〉와 〈집단 인터뷰〉가 실시될 것입니다.

오늘은 이 가운데 주인공 1인칭화 학습을 시작해 보겠습니다.

> ◎ 진행자는 이번 시간의 학습목표를 제시하고 학생들이 학습의 주안점을 알 수 있도록 한다.

2) 학습 프로그램 전개하기

전 시간까지 단계별 학습 과정을 통하여 여러분은 문제 상황을 해결하기 위한 다양한 대안들을 찾아보았으며 대안들의 결과를 충분히 고려한 다음 우선순위를 정하여 보았습니다. 어때요. 여러분 자신이 순위 매김 한 대안과 가치들에 대해 만족하나요? 혹시 후회하는 마음이 일지는 않나요? ○○이 말해 보세요.(특정 학생 몇 명을 지목하여 대안의 순위 매김에 대한 확신의 정도를 파악해 본다. 그리고 1순위로 선택한 대안과 가치가 무엇인지 질문하여 확인해 본다.)

좋아요. 여러분 자신이 1순위로 꼽은 대안과 가치들에 대해 혹시 후회하는 마음이 든다면 지금이라도 다시 대안들을 점검해 보고 그 순위를 정한 다음 최선의 대안과 가치를 선택하도록 해야 하겠습니다.

그래요. 아무리 신중하게 대안들을 선택하였더라도 자신이 선택한 대안과 가치에 대한 믿음을 확실하게 가지기는 정말 어려운 일입니다. 그래서 오늘은 주인공 1인칭화 학습을 통하여 여러분이 선택한 가치를 좀더 분명히 해보고 확신을 갖도록 해보겠습니다.

주인공 1인칭화는 문제 상황 속의 주인공을 여러분 자신으로 대체시켜서 가치를 존중하도록 해보는 것입니다. 여러분도 알다시피 모든 문제 상황 속에는 3인칭으로 표기된 주인공이 등장하고 있습니다. 이 주인공이 여러분 자신이라고 생각해 보십시오. 그리고 가치선택의 주체가 여러분 자신이라고 생각하고 제시된 문제 상황 또한 실제로 일어난 일이라고 굳은 믿음을 가지십시오. 그런 다음 여러분이 최종적으로 선택한 가치와 대안에 대해 1인칭화해서 표현하면 됩니다.

> ◎ 문제 상황 1에 대한 갑돌이의 주인공 1인칭화(예시) 가치지를 학생들에게 나누어 주고 주인공 1인칭화 학습방법을 설명해 준다.

방금 여러분에게 나누어 준 가치지 내용을 살펴볼까요. 괄호 속에 있는 사람 이름은 실제 갑돌이와 관련이 있는 사람 이름입니다. 여러분의 경우 형제자매가 없는 사람은 절친한 친척 동생이나 사촌 이름을 사용할 수 있겠지요. 이렇게 모든 문제 상황을 자신의 것으로 바꾸어 놓는 것입니다. 아직 어떻게 해야 할지 모르는 사람은 손을 들어 보세요.(손을 든 사람이 있으면 다시 한번 학습방법을 설명해 준 다음 문제 상황 (   )에 대한 (   )의 주인공 1인칭화 가치지를 나누어 준다.)

좋아요. 그럼 이제 여러분이 선택한 문제 상황 세 가지에 대해서 주인공 1인칭화 학습을 실시할 차례군요. 방금 나누어 준 문제 상황에 대해 여러분 자신을 주인공으로 삼아 1인칭화하여 가치지를 작성해 보세요. 빈칸에 문제 상황 번호와 여러분 자신의 이름을 꼭 적어 넣으세요.(학생들이 작성할 시간을 충분히 준다.)

3) 학습 프로그램 마무리하기

어때요. 오늘은 주인공 1인칭화 학습을 해보았는데 여러분 자신이 진짜 문제 상황의 주인공으로 문제를 해결하고 있다는 실감이 듭니까? ○○이 말해 보세요, 오늘 학습 활동에 대한 소감을.(특정한 학생 몇 명을 지목하여 자신의 학습 활동 소감을 말하게 하여 학습 활동의 결과를 점검해 본다.)

◎ 진행자는 오늘의 학습 활동에 대해 정리를 해 주고 다음 시간에 학습할 내용
  을 간단히 소개하고 활동을 마친다.

4) 학습에 사용된 자료

문제 상황 1에 대한 갑돌이의 주인공 1인칭화(예시)

나(갑돌이)는 중학교 3학년생으로서 내 동생(갑진)이가 내 친구(민수) 동생으로부터 괴롭힘을 당하고 있는 일을 해결하기 위해서 도덕적 가치우애를 선택하고 다음과 같은 대안을 선택하였습니다.

나(갑돌이)는 형제간에 우애를 지키는 일은 옳다고 생각합니다. 그리고 내 동생(갑진이)를 괴롭히는 친구(민수) 동생을 직접 불러다가 혼내주는 것은 형제간의 우애를 지키는 일이라고 믿습니다.

그러므로 동생을 괴롭히는 친구(민수) 동생을 직접 불러다가 혼내줌으로써 이 문제를 해결하고자 합니다.

문제 상황 (　　)에 대한 (　　)의 주인공 1인칭화

문제 상황 (　　)에 대한 (　　)의 주인공 1인칭화

회 차	5	프로그램 학습 주제	B 과정. 존중하기 1 단계: 선택의 존중 및 확신하기 　2) 자기 충족 예언
학습 프로그램 목표			1. 자기 충족 예언방법을 알고 가치지를 작성할 　수 있다. 2. 자기 충족 예언 그림을 그릴 수 있다.
준비물			자기 충족 예언 가치지 40매 　(문제 상황 1에 대한 10매 포함) 자기 충족 예언 그림 가치지 40매 　(문제 상황 1에 대한 10매 포함)

1) 학습 프로그램 들어가기

　지난 시간에는 여러분이 문제 상황 속의 실질적인 주인공이 되어서 자신이 선택한 가치를 1인칭으로 표현해 보았는데 실감나지요? ○○이는 어땠어요.(특정한 학생의 반응을 통하여 학습의 효과를 점검해 본다.)

　좋습니다. 이번 시간에는 자기 충족 예언이라는 것을 해보겠습니다.

　우리는 우리 자신 스스로가 '나는 좋은 사람이야', '나는 할 수 있어'와 같은 긍정적인 기대치를 가지면 우리들 자신은 정말 그런 가능성이 있는 사람으로 느껴지고 그것이 현실로 나타나는 경우가 많습니다. 일종의 자기 최면을 거는 것이라 할까요. 자기 자신에 대해 긍정적인 최면을 자주 거는 사람은 긍정적인 신념과 태도를 가지게 되는 경우가 많고 반대로 부정적인 최면을 거는 사람은 부정적인 신념과 태도를 가질 가능성이 많게 됩니다.

　우리는 이것을 자기 충족 예언 또는 피그말리온 효과라고 합니다. 피그말리온 효과란 그리스 신화에 등장하는 피크로스 섬의 피그말리온 왕과 관련된 신화에서 유래했습니다. 이 왕이 상아로 만든 여인 조각상에 반하여 이

여인과 결혼하게 해달라고 미와 사랑의 여신인 아프로디테에게 기도를 했더니 정말 그 꿈이 현실로 이루어졌다는 줄거리입니다.

이처럼 자신이 선택한 것을 열렬히 원하게 되면 그것이 꿈이 아닌 현실로 나타날 수 있는 것입니다. 여러분은 다음에 나오는 자기 충족 예언 법에 따라 자연스럽게 여러분이 문제 상황 속에서 선택한 가치들에 대해 분명한 신념을 가질 수 있게 될 것입니다.

> ◎ 이번 시간의 학습목표를 제시하고 학습의 필요성을 인식하도록 한다.

2) 학습 프로그램 전개하기

(문제 상황 1에 대한 갑돌이의 자기 충족 예언 가치지를 학생들에게 나누어 준다.) 이번 시간에는 자기 충족 예언을 학습하게 될 텐데 지금 나누어 준 문제 상황 1에 대한 갑돌이의 자기 충족 예언 법을 한번 보세요. 자세히 살펴보면 자기 충족 예언 법이 어떻게 이루어지는지 알 수 있을 것입니다.

갑돌이는 자신이 선택한 가치에 대해 긍정적이고 확신에 찬 말로써 스스로 자기 최면을 걸고 있지요. 이렇게 자신이 선택한 가치에 대해 직접 글을 쓰고 말로 되새기면서 가치에 대한 신념을 키울 수가 있습니다. 그리고 자신이 선택한 가치에 대한 불안감이나 부정적인 생각들이 사라지고 긍정적인 장면들이 떠오를 때까지 반복하여 글로 쓰거나 되새겨 보도록 합니다.

갑돌이의 경우 동생 갑진이와의 화목하고 행복한 장면이 연상될 때까지 계속 자기 충족 예언을 하고 최종적으로 만족스러운 장면이 떠올랐을 때 자기최면을 멈추게 됩니다. 그리고 그때에 연상되었던 내용이 사라지기 전에 간단하게 그림으로 표현해 봅니다.

어떻게 그리는 것인지 궁금하다구요.(문제 상황 1에 대한 갑돌이의 자기 충족 예언 그림(예시) 가치지를 나누어 준다.) 지금 갑돌이는 최종적으로 연상된 동생과의 화목한 장면을 그림으로 표현해 봄으로써 자기 충족 예언의 효과를 극대화하고 있는 것입니다.

자, 그럼 이제 충분히 이해가 되었지요. 자기 충족 예언을 어떻게 하는지, 아직 잘 모르겠다는 사람은 손을 들어봐요.(손을 든 학생이 있으면 다시 한 번 설명해 주어 완전히 이해하도록 한다.) 갑돌이처럼 여러분도 여러분 자신이 선택한 가치에 대해서 자기 충족 예언을 해보고 마지막에 연상되는 장면을 간단하게 그림으로 나타내 보세요.(문제 상황 (   )에 대한 (   )의 자기 충족 예언 가치지와 문제 상황 (   )에 대한 (   )의 자기 충족 예언 그림 가치지를 학생들에게 각각 나누어 준다.)

◎ 자기 충족 예언을 하는 동안 어려움이 있으면 언제든지 질문하도록 하고 진행자는 학생들의 학습상황을 수시로 점검해 준다.

좋아요. 다들 잘 하는 군요. 자신이 작성한 자기 충족 예언 그림 가치지들을 한번 들어서 다른 사람에게 보여줄래요.(학생 자신이 그린 자기 충족 예언 그림을 공개하여 서로 비교해 볼 수 있는 기회를 마련해 준다.)

3) 학습 프로그램 마무리하기

오늘은 자신이 선택한 가치에 대해서 그림을 그려보니까, 더욱 재미있었던 것 같은데 한 사람씩 돌아가면서 소감을 말해볼까요.(학생들이 순서대로 돌아가면서 말할 수 있도록 자연스럽게 분위기를 형성한다.)

◎ 진행자는 오늘의 학습 활동에 대해 전체적으로 정리를 해 주면서 학습 활동 목표 달성도를 확인한 후 다음 시간에 학습할 내용에 대해 간단히 소개하고 오늘의 활동을 마친다.

4) 학습에 사용된 자료

문제 상황 1에 대한 갑돌이의 자기 충족 예언(예시)

하나. 나 갑돌이는 내 동생 갑진이가 내 친구(민수) 동생으로부터 괴롭힘을 당하고 있는 일을 해결하기 위해서 도덕적 가치우애를 선택하였으며 내 동생을 괴롭히는 친구(민수) 동생을 직접 불러다가 혼내주기로 결정한 것을 **자랑스럽게 생각합니다.**

둘. 나 갑돌이는 내 동생 갑진이가 내 친구(민수) 동생으로부터 괴롭힘을 당하고 있는 일을 해결하기 위해서 도덕적 가치우애를 선택하였으며 내 동생을 괴롭히는 친구(민수) 동생을 직접 불러다가 혼내주기로 결정한 것에 **만족합니다.**

셋. 나 갑돌이는 내 동생 갑진이가 내 친구(민수) 동생으로부터 괴롭힘을 당하고 있는 일을 해결하기 위해서 도덕적 가치우애를 선택하였으며 내 동생을 괴롭히는 친구(민수) 동생을 직접 불러다가 혼내주기로 결정한 것을 **진정 기쁘게 생각합니다.**

넷. 나 갑돌이는 내 동생 갑진이가 내 친구(민수) 동생으로부터 괴롭힘을 당하고 있는 일을 해결하기 위해서 도덕적 가치우애를 선택하였으며 내 동생을 괴롭히는 친구(민수) 동생을 직접 불러다가 혼내주기로 결정한 것을 **후회하지 않습니다.**

문제 상황 1에 대한 갑돌이의 자기 충족 예언 그림(예시)

<u>문제 상황 (   )에 대한 (   )의 자기 충족 예언</u>

문제 상황 (   )에 대한 (   )의 자기 충족 예언

<u>**문제 상황 (   )에 대한 (   )의 자기 충족 예언 그림**</u>

회 차	**6**	프로그램 학습 주제	B 과정. 존중하기 2 단계: 선택에 대해 공언하기 3) 가치선언문 작성 발표하기 4) 집단 인터뷰
학습 프로그램 목표			1. 가치선언문을 작성하고 발표할 수 있다. 2. 가치인터뷰 수첩을 작성하고 집단 인터뷰를 실시할 수 있다.
준비물			가치선언문 가치지 40매(문제 상황 1에 대한 10매 포함), 집단 인터뷰(예시) 10매, 가치인터뷰 수첩 10매, 모형마이크, 학생 이름이 적힌 쪽지가 들어 있는 상자.

1) 학습 프로그램 들어가기

지난 시간에는 가치에 대한 자기 충족 예언 학습을 해 보았는데 자신의 가치에 대한 믿음이 조금 커졌나요? ○○이는 어때요. 그림을 그려보니까 더욱 자신이 선택한 가치에 대해 확신이 들지 않았나요?(특정한 학생의 발언 내용을 통하여 학생들의 가치명료화 정도를 파악한다.)

좋아요. 점점 자신이 선택한 가치가 얼마나 소중한 것인지 느끼고 받아들이는 것 같군요. 이제 점점 더 신념화되기 시작한 여러분의 가치를 여러 사람 앞에 공개적으로 드러낸다면 어떻게 될까요? 남들이 나의 가치를 알게 한다는 것은 곧 자신감의 표현입니다. 그렇게 함으로써 자신이 선택한 가치에 대해 굳은 신념을 가질 수 있는 것입니다.

가치선언문 작성 발표를 통해서 자신이 소중하게 선택한 가치들을 공개적으로 표현함으로써 가치를 보다 명료하게 할 수 있다는 얘기입니다. 그리고 가치선언문을 작성하고 공개적으로 발표를 한 다음에는 집단원끼리 돌아가면서 발표한 사람에게 차례대로 집단 인터뷰를 실시합니다. 발표한 1명을 제외한 나머지 9명이 기자가 되어 질문을 하고 발표자는 그 질문에 답변을 하면 됩니다. 이 집단 인터뷰는 자신이 공개적으로 발표한 가치를 재확인시켜 주며 발표한 사람이 그 가치에 대해서 확실한 신념을 가질 수 있도록 도와주는 기능을 합니다. 이번 시간에는 이렇게 가치선언문을 작성 발표하고 집단 인터뷰를 실시하는 학습을 해 보겠습니다.

◎ 이번 시간의 학습목표를 제시하고 학생들이 학습 주안점을 파악할 수 있도록 한다.

2) 학습 프로그램 전개하기

(문제 상황 1에 대한 갑돌이의 가치선언문(예시)과 문제 상황 (   )에 대한 (   )의 가치선언문, 문제 상황 1의 가치선택에 대한 갑돌이의 집단 인터뷰(예시), 가치인터뷰 수첩을 학생들에게 나누어 준다.)

자, 그럼 가치선언문을 작성 발표하고 인터뷰를 실시하는 학습을 시작해 볼까요. 먼저 여러분에게 나누어 준 문제 상황 1에 대한 갑돌이의 가치선언문(예시)을 보세요. 어떻게 자신이 선택한 가치를 다른 사람에게 공개할 수 있는지 잘 보여주고 있지요. 갑돌이처럼 가치선언문을 작성한 다음 여기에 모인 집단원들에게 자신이 작성한 가치선언문 내용을 발표하면 됩니다.

자, 그럼 여러분도 갑돌이처럼 자신이 선택한 가치에 대해 가치선언문을 작성하고 발표해 보도록 하겠습니다. 어떻게 해야 할지 모르는 학생은 손을 들어보세요.(손을 든 학생이 있으면 다시 한번 설명해 주고 가치선언문을 작성하도록 시간을 준다.)

> ◎ 가치선언문 작성이 완료되면 학생들의 이름이 적힌 쪽지를 상자 속에 집어넣
> 고 맨 처음 발표할 사람은 진행자가 제비뽑기를 하여 정하여 주고 다음부터
> 는 공개선언 발표를 하고 난 사람이 제비뽑기를 하여 다음 공개선언을 할 발
> 표자를 정해주는 방식으로 학습을 진행한다. 발표에 들어가기 전에 나중에
> 집단 인터뷰가 실시됨을 사전에 알리고 배부된 가치인터뷰 수첩에 발표하는
> 사람에게 질문하고 싶은 내용을 메모할 수 있도록 사전 안내를 한다.
> 　그리고 집단원 전체의 가치선언문 발표가 끝나는 대로 집단 인터뷰를 실시
> 한다. 미리 준비한 모형마이크를 사용하여 실감 있는 학습이 되도록 사전 준
> 비를 한다.

이 모형마이크 어때요. 진짜 같지 않나요. 진짜보다 성능이 더 좋아 보
이지 않나요. 여러분에게 나눠준 모형마이크를 사용하여 발표한 순서대로
1명은 인터뷰를 받고 나머지 9명은 돌아가면서 기자처럼 멋지게 인터뷰를
실시해 보세요.

어떻게 인터뷰를 해야 할지 모르겠다고요?

그렇다면 문제 상황 1의 가치선택에 대한 갑돌이의 집단 인터뷰(예시)
를 볼까요. 여기서는 기자가 5명밖에 등장하지 않았지만 가치선언을 한 1
명을 제외한 나머지 9명이 기자가 되니까 더 많은 인터뷰 내용이 있을 수
있겠죠. 문제 상황 1의 가치선택에 대한 갑돌이의 집단 인터뷰(예시)에서
처럼 주로 가치를 선언한 사람의 가치에 대한 신념이나 확신을 묻는 내용
이면 되겠습니다. 문제 상황 세 가지 모두에 대해서 궁금한 점이 있으면
기자로써 과감하게 질문하세요. 물론 인터뷰를 받는 사람은 성실하게 답
변해야 하겠죠.

자, 그럼 집단 인터뷰를 시작해 보세요. 맨 먼저 가치선언을 한 ○○부
터 먼저 인터뷰를 받으면 되겠군요.(발표한 순서에 따라서 인터뷰를 받고
질문하는 학생은 모형 마이크를 이용하도록 한다.)

3) 학습 프로그램 마무리하기

어때요, 모두가 기자가 되어 본 기분이, 오늘 학습 활동에 대해서 ○○이는 어떤 생각이 드나요?(특정한 학생 몇 명을 지목해서 소감을 말해 보도록 하여 학습의 효과를 점검해 본다.)

◎ 진행자는 전체적인 학습상황을 종합해 주고 다음 시간에 학습할 내용을 간단히 소개하고 마친다.

4) 학습에 사용된 자료

문제 상황 1에 대한 갑돌이의 가치선언문(예시)

나 갑돌이는 문제 상황 1을 해결하기 위해 도덕적 가치인 우애를 선택하였으며 내 동생 갑진이를 괴롭히는 친구(민수) 동생을 직접 불러다가 혼내주는 대안을 선택한 것에 대해 기쁘게 생각하고 있음을 동료들 앞에서 분명하게 선언합니다.

문제 상황 (　)에 대한 (　　　)의 가치선언문

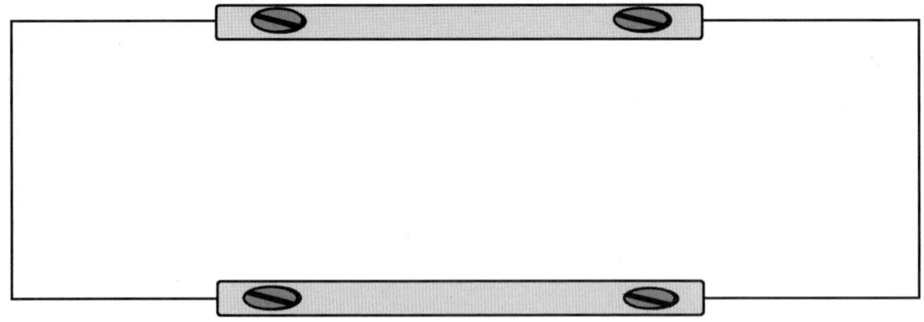

문제 상황 1의 가치선택에 대한 갑돌이의 집단 인터뷰(예시)

기자 1: 갑돌이는 문제 상황 1을 해결하기 위해 도덕적 가치 우애를 선택하고 그 대안으로 자기 동생을 괴롭히는 친구 동생을 직접 불러다가 혼내 주는 대안을 선택하였는데 무슨 특별한 이유라도 있습니까?

갑돌: 특별한 이유는 없습니다. 다만 이런 일은 여러 사람에게 알려서 일을 크게 확대하느니 직접 친구 동생을 만나서 해결하는 것이 났다는 생각입니다.

기자 2: 갑돌이는 자신이 선택한 대안이 문제 상황을 해결하는 최선책이라고 확신하나요?

갑돌: 그렇습니다. 갑진이는 내 하나뿐인 동생이니까요.

기자 3: 갑돌이는 자신이 선택한 가치에 대해 우리들 앞에 공개적으로 선언했는데 지금 심정은 어떻습니까? 혹시 후회를 하고 있지는 않나요?

갑돌: 아니요, 절대 후회하지 않습니다. 기쁘게 생각합니다.

기자 4: 갑돌이는 문제 상황 1을 해결하기 위해 도덕적 가치우애를 선택했는데 그 선택에 대해 정말로 만족하나요?

갑돌: 예.

기자 5: 갑돌이는 자신이 선택한 대안인 자기 동생을 괴롭히는 친구 동생을 직접 불러다가 혼내주는 장면을 생각하면 기분이 어떻습니까?

갑돌: 친구가 조금 마음에 걸리지만 동생을 위한 일이니 기쁩니다.

기자 (   )의 가치인터뷰 수첩

기자 (   )의 가치인터뷰 수첩

회 차	**7**	**프로그램 학습 주제**	C 과정. 행동하기 1 단계: 선택에 따라 실천하기 1) 유사경험에 대한 발표와 평가하기
학습 프로그램 목표			1. 문제 상황과 관련된 유사 경험을 적고 발표할 수 있다. 2. 유사경험에 대한 평가를 내리고 가치지를 작성할 수 있다.
준비물			유사경험 적고 발표하기 가치지 10매, 유사경험 평가 가치지 10매 가치의 실천 계획 세우기 10매

1) 학습 프로그램 들어가기

여러분은 전 단계에서 자신이 선택한 가치에 대해 확신을 가지고 다른 사람들에게 공개적으로 발표를 해보았습니다. 다른 사람 앞에 자신이 선택한 가치를 발표하고 인터뷰를 받고 하는 과정에서 여러분은 더욱더 자신이 선택한 가치에 대해 만족스러운 마음이 들었을 것입니다. 그러나 아무리 마음속으로 자신이 선택한 가치를 자랑스럽게 여기고 말로 표현했을지라도 그것이 행동으로 나타나지 않는다면 어떻게 될까요?

행동으로 실천되지 않는 가치는 죽어있는 가치나 마찬가지입니다. 모든 가치는 행동으로 표현될 수 있을 때 비로소 완전한 가치라고 할 수 있을 것입니다. 따라서 여러분이 선택한 가치가 완전히 여러분 마음속에 둥지를 틀 때까지 확신을 가지고 꾸준히 행동으로 표현될 수 있도록 해야 하겠습니다. 이번 과정은 여러분이 마음속에 지니고 있는 가치들을 행동화하고 계속적으로 일관된 행위로 나타나도록 하는 내용으로 구성되어 있습니다.

여러분이 자랑스럽게 여기는 가치를 실천하고 반복하기 위해서 ① 유사 경험 적고 발표하기, ② 가치실천 계획서 만들기, ③ 가치실천 기록장 쓰기, ④ 가치실천 점검표 작성하기 등을 하게 될 것입니다. 이러한 구체적인 학습 프로그램을 하는 동안 여러분은 자연스럽게 여러분이 선택한 가치들을 내면화하게 될 것입니다.

자, 그럼 먼저 유사경험 적고 발표하기 학습을 시작해 볼까요.

> ◎ 이번 시간의 학습목표를 제시하고 학생들이 학습의 필요성을 인식하도록 한다.

2) 학습 프로그램 전개하기

지금 우리가 다루고 있는 문제 상황들은 시간의 차이는 있겠지만 여러분이 생활하면서 실제로 만날 수 있는 내용들입니다. 사람은 누구나 크고 작은 문제 상황을 만나고 해결하면서 살아가게 마련인 것이죠.

여러분도 지금까지 살아오면서 이 프로그램 속의 문제 상황과 유사한 문제 상황을 만난 적이 있을 것입니다. 여러분이 실제로 경험했던 유사한 문제 상황에는 어떠한 것들이 있습니까? ○○이가 경험한 유사한 문제 상황은 어떤 것들이 있었는지 말해 볼래요.(특정한 학생을 지목하여 자신이 경험한 유사 경험을 말해보도록 한다.) 그리고 그때에 선택했던 가치는 무엇이었습니까?

> ◎ 학생이 경험했던 유사 문제 상황의 종류를 파악하고 그때에 선택했던 가치는 무엇이었는지 토의하고 정리해 본다. 유사경험에 대해 토의한 내용이 정리가 되었으면 그 내용을 유사경험 적고 발표하기 가치지에 기록할 수 있도록 가치지를 나누어 준다.

여러분에게 배부된 가치지에 자신이 경험한 유사한 문제 상황을 적은 다음 그것을 해결하기 위해서 실천했던 대안을 써보세요. 그리고 지금 나누어 준 유사경험 평가 가치지를 작성해 보세요. 모두 다섯 가지 항목이 있습니다. 각 항목마다 자신의 생각을 쓰도록 합니다.(학생들이 가치지를 기록할 수 있는 시간적 여유를 준다.)

다들 적었나요? 유사경험에 대해 평가해 보니 어떻습니까? 만족스럽습니까? ○○이는 어때요? 평가 결과에 대해 만족스럽나요?(특정한 학생 몇 명을 지목하여 유사경험 평가에 대한 만족도를 물어본다.)

좋습니다. 유사 경험 평가 학습을 통해서 어떠한 점을 알게 되었나요? 아마 여러분 가운데 상당수의 학생은 실제 자신이 경험한 문제 상황과 이 프로그램 속의 문제 상황을 해결하기 위해 선택했던 가치가 유사하거나 동일하지 않다는 점에 혼란스러움을 느꼈을 것입니다.

이것은 가치의 일관성의 문제로 일관성 있는 가치의 실천을 통해서 우리는 우리가 소중히 여기는 가치들을 진정한 나의 것으로 만들 수 있습니다. 일관성 있는 가치의 선택행동이 이루어지도록 하기 위해서는 먼저 가치를 어떻게 실천할 것인가 계획을 세우고 그 계획에 따라 가치를 실천한 다음 기록해 보는 습관을 들이도록 해야 할 것입니다.

이와 같은 학습은 다음 시간에 하게 됩니다.

3) 학습 프로그램 마무리하기

오늘은 여러분이 살아오면서 겪었던 일 중에서 이 프로그램 속에 나와 있는 문제 상황과 유사한 경험을 찾아보고 그것을 해결하기 위한 대안을 찾아보고 평가를 해 보았습니다. 오늘의 학습 활동에 대해 어떻게 느꼈나요?(전체적인 반응을 살펴보고 학습의 결과를 점검해 본다.)

좋습니다. 다음 시간에는 가치를 실천하기 위한 계획을 짜보겠습니다. (가치실천 계획 가치지를 학생들에게 배부한다.) 지금 나누어 준 가치지에 가치를 어떻게 실천할 것인지 구체적으로 계획을 짜서 다음 시간에 가져오세요. 실천할 가치의 종류는 여러분이 문제 상황 세 가지를 해결하기 위해서 선택했던 가치를 중심으로 작성하고 그와 비슷한 다른 가치를 실천하기 위한 계획을 세워도 됩니다. 가치를 직접 실천해 볼 수 있도록 6

하 원칙에 따라 구체적으로 작성하면 됩니다. 실천 기간은 2주 정도로 잡으세요. 너무 기간이 길면 계속해서 신경을 써야 하고 지속적으로 관심을 가져야 하기 때문에 실천력이 떨어질 수 있습니다.

◎ 진행자는 오늘의 학습목표에 대한 학생들의 달성 정도를 확인하고 전체적인 학습 내용을 정리해 준 다음 오늘의 프로그램 활동을 마친다.

4) 학습에 사용된 자료

유사경험 적고 발표하기

유사경험 내용		
선택한 가치의 종류	실천한 대안	관련 문제 상황 번호
유사경험 내용		
선택한 가치의 종류	실천한 대안	관련 문제 상황 번호

<u>**유사경험 평가**</u>

평가항목	답
1. 자신이 경험한 문제 상황을 해결하기 위해서 선택했던 가치에 대해 만족합니까?	
2. 자신이 경험한 문제 상황을 해결하기 위해서 선택했던 대안에 대해 만족합니까?	
3. 그때 그 당시 대안을 행동으로 옮긴 결과는 어떠했습니까?	
4. 자신이 경험한 문제 상황과 이 프로그램의 문제 상황이 어떠한 점에서 유사합니까?	
5. 자신이 실제 경험한 문제 상황과 이 프로그램 속의 문제 상황을 해결하기 위해 선택했던 가치가 유사하거나 동일합니까? 유사하지 않거나 동일하지 않다면 그 이유는 무엇입니까?	

가치의 실천 계획 세우기

실천할 가치의 종류	실천할 내용				
	언제	어디서	누구와	무엇을	어떻게

회 차	**8**	**프로그램 학습 주제**	C 과정. 행동하기 2 단계: 선택에 따라 실천하기 　2) 가치의 실천계획 세우기 　3) 가치실천 기록장 쓰기
학습 프로그램 목표			1. 가치의 실천 계획을 구체적으로 작성할 수 있다. 2. 가치의 실천 계획에 따라 가치를 실천하고 기록 　장에 그 내용을 기록할 수 있다.
준비물			가치실천 기록장 10매

1) 학습 프로그램 들어가기

　지난 시간에는 유사 경험 적고 발표하기와 유사 경험에 대한 평가를 해 보았습니다. 학습을 통하여 경험의 중요성과 그것을 조목조목 따져 보는 일이 얼마나 가치 있는가를 알 수 있었을 것입니다. 이번 시간에는 가치를 실천하고 그것을 실천한 다음에 기록해 보는 방법에 대해 학습해 보겠습니다.

　여러분이 알다시피 집을 지을 때 설계도면이 필요한 것처럼 선택한 가치를 일상생활에서 실천하기 위해서는 어떻게 그 가치를 행동으로 옮길 것인가 하는 구체적인 계획이 필요합니다. 말하자면 가치에 대한 실천계획은 집을 지을 때 필요한 설계도면과 같은 역할을 한다고 볼 수 있습니다. 전 시간에 여러분에게 과제로 제시한 것이 있었는데 무엇이었지요? (학생들의 반응을 살펴본다.)

　그래요. 가치의 실천계획을 작성해 가지고 오라고 했지요. 다들 작성해서 가져왔나요? 해오지 않은 사람은 손을 들어보세요.(손을 든 학생이 있으면 가치실천 계획 세우기 가치지를 다시 주고 작성해 보도록 한다.)

◎ 진행자는 이번 시간의 학습목표를 제시하고 중요한 학습요소를 안내해 준다.

2) 학습 프로그램 전개하기

자, 그럼 여러분이 작성해 온 가치실천 계획서를 발표해 볼까요. 누가 먼저 해볼까요. ○○부터 시작해 보세요.(특정한 학생을 차례대로 지목하여 발표하게 한다.)

> ◎ 발표 내용을 듣고 실천 가능성이 희박하거나 무리가 있는 사람에 대해서는 토의를 거쳐 가치실천 계획을 스스로 수정할 수 있도록 한다.

좋습니다. 몇몇 학생을 빼놓고는 대체적으로 가치실천 계획을 잘 세워 온 것 같군요. 그러면 이제 여러분이 작성해온 가치를 실제로 실천하는 일만 남았군요.

가치의 실천 계획에 따라 자신의 가치를 행동으로 옮기고 그 내용을 기록하는 습관을 갖도록 해야 합니다. 당당하게 자신이 소중히 여기는 가치를 실천했다면 그것을 기록으로 남길 필요가 있는 것입니다. 여러분은 기록의 위대함을 잘 알고 있을 것입니다. 그 유명한 안네의 일기나 이순신 장군의 난중일기가 말해주는 것은 무엇입니까? 모두가 자신의 어려운 상황을 기록으로 남겨서 많은 사람에게 엄청난 감동을 주지 않았습니까? 여러분도 여러분 나름대로의 위대한 일을 하고 있다는 자부심을 가지고 가치실천 기록장을 써보세요.

여러분이 직접 실천한 가치는 기록하는 동안 더욱 신념으로 굳어질 수 있으며 가치의 행동화에 대한 반성과 평가의 중요한 자료가 될 수 있습니다.(가치실천 기록장을 나누어 준다.)

1주일 동안 여러분 자신이 실천한 가치를 방금 나누어 준 가치실천 기록장에 적어서 다음 주 이 시간에 가져오도록 합니다. 그동안 계획한 대로 반드시 실천할 수 있도록 노력합시다.(가치실천 기록장을 어떻게 작성하는지 잘 모르는 사람이 있으면 구체적으로 설명해 준다.)

3) 학습 프로그램 마무리하기

지금까지 여러분이 작성해 온 가치실천 계획에 대해서 함께 얘기해 보고 가치를 실천한 것을 어떻게 기록할 수 있는지 학습해 보았습니다. 오늘 실천 계획에 들어 있는 가치를 꼭 실천하여 가치실천 기록장에 적어 오기 바랍니다.

◎ 진행자는 오늘의 학습 활동에 대해 정리를 해 주고 다음 시간에 학습할 내용을 간단히 소개하고 학습 프로그램을 마친다.

4) 학습에 사용된 자료

가치실천 기록장

실천한 가치의 종류	실천한 내용					
	언제	어디서	누구와	무엇을	어떻게	왜

회 차 **9** 프로그램 학습 주제	C 과정. 행동하기 2 단계: 반복적으로 일관성 있게 실천하기 　4) 가치실천 점검표 작성하기(1)
학습 프로그램 목표	가치를 실천하고 난 다음 가치실천 점검 가치지를 작성하고 발표할 수 있다.
준비물	가치실천 점검 가치지 10매

1) 학습 프로그램 들어가기

한 주일 동안 잘 지냈나요. 계획한 대로 가치를 실천하기 위해 어떠한 노력들을 했었죠? ○○이 말해 볼래요.(학생들이 가치를 실천하면서 어려웠던 점들을 확인해 본다.) 가치를 직접 실천하는 일이 쉽지만은 않았지요.

오늘은 여러분이 직접 실천한 가치에 대해서 점검해 보는 시간을 갖도록 하겠습니다. 구체적인 실천 계획을 짜고 직접 실천하였다고 하더라도 최종적으로 가치를 잘 실천했는가를 점검해 보지 않는다면 건물을 다 짓고 나서 처음 설계한 대로 지어졌는지 확인하지 않는 것과 무엇이 다르겠습니까?

◎ 이번 시간의 학습목표를 제시하고 학생들이 학습의 주안점을 파악하도록 한다.

2) 학습 프로그램 전개하기

자, 그럼 일주일 동안 실천한 기록장을 꺼내보세요. 가치실천 기록장은 다 가져왔겠죠.(기록장을 가져오지 않은 학생이 있는지 확인하고 가져오지 않은 학생이 있으면 새로운 가치실천 기록장을 나누어 주고 주요한 실천 내용만이라도 작성하게 한다.)

○○이는 어떠한 가치들을 실천해 보았나요? 실천한 가치가 모두 몇 가지일까? 말해보세요.(특정한 학생 몇 명을 지목하여 일주일 동안 실천한 가

치의 종류에 대해 질문해 본다. 그리고 어느 정도 실천했는지 확인이 되었
으면 가치실천 점검 가치지를 학생들에게 나누어 준다.)

방금 여러분에게 나누어 준 가치지는 행동으로 옮겼던 가치들을 평가하
고 반성해 보도록 만들어 놓은 양식입니다.

가치들을 아주 잘 실천했다고 생각되면 ○를, 보통이라고 생각되면 △
를, 잘 실천하지 못했다고 생각하면 ×를 해당란에 표기해 보세요. 그리고
얼마나 반복적으로 가치를 실천했는지 그 횟수를 기록한 다음 종합적으로
평가하고 반성한 내용을 맨 밑에 적어보세요.(학생들이 가치실천 점검 가
치지를 작성할 시간을 충분히 준다.) 오늘은 일주일 동안 실천했던 가치
를 평가해 보고 다음 시간에는 오늘부터 또 일주일 동안 실천한 가치에
대해 점검을 해 보겠습니다.

다들 적었나요? 그렇다면 가장 많이 실천한 가치는 무엇인가요? ○○이
말해 볼래요?(무작위로 특정한 학생을 골라서 질문한다.) 좋아요. 그렇다
면 가장 적게 실천한 가치는 무엇인가요?

> ◎ 구체적인 항목을 이런 식으로 질문하여 확인해 보고 난 다음 평가 및 반성
> 란에 적혀 있는 내용을 토대로 실천한 가치를 점검해 본 소감을 돌아가면서
> 말해보게 한다.

좋습니다. 여러분들의 얘기를 들어보니 자신이 선택한 가치를 실천하는
일이 얼마나 힘든 일인지 알 수 있을 것 같군요. 이렇게 행동으로 실천해
서 가치를 자기 자신의 마음속에 완전히 자리잡도록 하는 일은 정말 힘든
일이랍니다. 그러나 다음 시간에 만나는 여러분의 얼굴 모습은 지금과는
다른 밝은 모습이 될 거라고 믿습니다.

3) 학습 프로그램 마무리하기

오늘은 여러분이 작성해 온 가치실천 기록장을 바탕으로 가치실천에 대

한 점검을 해 보았습니다. 대체적으로 자신이 마음먹은 대로 가치가 잘 실천되지 못한 아쉬움이 있습니다. 그러나 실망하지 말고 다음 일주일 동안 여러분이 마음먹은 가치를 실천하기 위해 노력하길 바랍니다. 그리고 그것을 반드시 가치실천 기록장에 적어보세요. 길게 쓰지 않고 간단하게 여러분에게 나누어 준 기록장에 적어 오면 됩니다.

◎ 진행자는 오늘의 학습 활동에 대해 정리를 해준 후 다음 시간에 프로그램이 종료됨을 예고한다.

4) 학습에 사용된 자료

가치실천 점검표

날 짜	가치의 종류		
가치의 실천 횟수 및 반복의 정도			
평가 및 반성	① 가장 반복적으로 많이 실천한 가치와 가장 적게 실천한 가치는? ② 가장 일관성 있게 실천한 가치는 어떤 것이 있는가? ③ 가장 일관성 있게 실천하지 못한 가치는 무엇이며 그 이유는? ④ 가치를 실천하는 과정에서 어려웠던 점은? ⑤ 가치를 실천한 결과에 대한 전체적인 자신의 생각을 적어보시오.		

회 차 **10** 프로그램 학습 주제	C 과정. 행동하기 2 단계: 반복적으로 일관성 있게 실천하기 4) 가치실천 점검표 작성하기(2)
학습 프로그램 목표	가치를 실천하고 난 다음 가치실천 점검 가치지를 작성하고 발표할 수 있다.
준비물	가치실천 점검 가치지 10매

1) 학습 프로그램 들어가기

가치를 실천하면서 일주일을 보낸 소감이 어떻습니까? 계획한 대로 아직도 가치를 행동으로 옮기기가 어렵던가요? 어떤 점이 여러분을 힘들게 합니까? 누가 한번 말해 볼래요.(자발적으로 아무 학생이나 발언할 수 있도록 분위기를 조성해 준다. 학생의 발언 내용이 토론을 해야 할 사항이면 잠시 토론시간을 가지고 집단원 간에 대화를 나누도록 권고한다.)

좋아요. 자신이 선택한 최선의 가치가 구체적으로 실행에 옮겨지기 위해서는 현실적인 여러 가지 상황을 고려해야 될 것입니다. 이러한 점을 염두에 두고 이번 시간에는 전 시간에 이어서 여러분이 실천한 가치를 점검해 보는 기회를 갖도록 하겠습니다.

◎ 이번 시간의 학습목표를 제시하고 프로그램의 마지막 시간임을 주지시킨다.

2) 학습 프로그램 전개하기

자, 이번 시간에도 전 시간처럼 여러분이 일주일 동안 실천한 기록장을 가지고 가치를 어느 정도 실천했는가 점검해 볼 텐데, 다들 가치실천 기록장을 가져왔겠죠.(과제를 이행하지 않은 학생이 있으면 새로운 가치실천 기록장을 나누어 주고 간단히 중요한 내용만이라도 적어보도록 요구한다.)

○○이는 어떠한 가치들을 실천해 보았나요? 전 시간에 실천한 가치보다 많은가요? 말해보세요.(특정한 학생 몇 명을 지목하여 전 시간에 비하여 얼마나 가치를 실천했는지 비교해 보도록 한다. 가치실천 점검 가치지를 배부해 주고 작성하게 한다.)

방금 여러분에게 나누어 준 가치지에 전 시간에 했던 것처럼 가치들을 아주 잘 실천했다고 생각되면 ○를, 보통이라고 생각되면 △를, 잘 실천하지 못했다고 생각하면 ×를 해당란에 표기해 보세요. 그리고 전 시간에 실천한 내용과 이번 시간까지 실천한 내용을 종합적으로 평가하고 반성해 보고 각자 소감을 발표해 보도록 합시다.(학생들이 가치실천 점검 가치지를 작성할 시간을 충분히 준다. 작성이 끝났으면 앉은 순서대로 오른 쪽으로 돌아가면서 각자 소감을 발표하도록 한다.)

좋습니다. 여러분들이 말하는 내용을 들어보니 가치에 대한 신념이 많이 굳어진 것 같습니다. 앞으로도 지속적으로 가치를 실천하기 위한 계획을 세우고 실천기록장을 쓰고 점검해 보는 기회를 갖도록 노력해야겠습니다.

3) 학습 프로그램 마무리하기

오늘은 마지막 시간으로 전 시간에 이어서 여러분이 작성해 온 가치실천 기록장을 바탕으로 가치실천에 대한 점검을 해 보았습니다. 모두들 열심히 학습에 참여하는 모습이 좋았습니다. 전 시간에 비하여 가치에 대한 신념도 커진 것 같고요.

이 프로그램이 끝나더라도 여러분이 심사숙고하여 선택한 가치에 대해서 소신을 가지고 실천하도록 해야 할 것입니다. 가치는 모든 문제해결의 기본적인 토대이며 우리의 행동방향까지 결정하게 하는 엄청난 힘을 지니고 있으니까요.

◎ 가치를 어떻게 명료화하여 자신의 것으로 만들 수 있는지 다시 한번 강조하
  고 프로그램에 참여한 소감을 나눈 다음 모든 활동을 마친다.

4) 학습에 사용된 자료

9회차 때 사용한 가치실천 점검표

3. 가치게임

가치분석과 가치명료화의 공통분모는 두말할 것 없이 가치이다. 지금까지 살펴본 가치분석과 명료화 프로그램은 그 진행 과정에서 차이점이 있지만 그들의 기본적인 소재는 가치인 것이다. 그런데 가치를 좀더 흥미롭게 다룰 수는 없는 것일까?

'천재는 노력하는 사람을 따라갈 수 없고 노력하는 사람은 그 일을 즐기는 사람을 따라갈 수 없다'는 말처럼 즐거움과 흥미는 모든 활동에서 가장 중요한 요소이다. 그래서 가치를 소재로 하여 흥미를 가미한 게임을 생각해 보게 된다. 다음의 다양한 게임들은 가치를 소재로 즐겁게 활동할 수 있는 것들로써 비교적 활용도가 높은 것들이다.

가치경매 게임

1. 목 적

자신이 원하는 가치를 경쟁적으로 선택하는 과정을 통하여 가치선택의 어려움과 그 중요성을 깨닫게 한다.

2. 준비물

경매가치목록표, 경매낙찰봉, 필기도구, 보상물(사탕, 학용품, 도서상품권 등 참가자의 특성에 맞는 물건)

3. 활동 과정

1) 경매자(게임 진행자)는 입찰에 참가하는 사람에게 번호를 부여한 다음 모두 똑 같은 액수의 돈(100만 원, 1000만 원 등으로 합의하여 결정)을 가지고 있다고 가정하고 경매를 진행하게 됨을 설명해 준다.

2) 경매자는 가치목록을 배부하여 읽어보게 한 다음 참가자 자신이 가지고 있는 돈을 우선순위에 따라 할당(나의 할당액에 기록)하도록 한다.

3) 경매자는 경매가치목록표를 참가자들이 잘 보이는 곳에 크게 확대하여 붙이고 경매를 진행한다.

4) 최소 입찰액은 참가자들의 동의를 얻어 정하거나 무시할 수 있으며 입찰자가 복수일 경우 금액의 단위를 높여간다(높여가는 금액의 단위는 협의하여 결정).

5) 낙찰자가 결정되면 경매자는 경매낙찰봉을 3번 두드려 낙찰되었음을 선포하고 낙찰액과 낙찰자 번호를 기입한다.

6) 경매가 끝나면 가장 많이 가치를 구입한 사람에게 최우수 낙찰자 칭호를 부여하고 보상물을 준다.

7) 참가자들과 게임에 대한 소감(낙찰 성공률: 낙찰 수/입찰 수×100%, 남은 돈, 예산 편성의 문제, 가치선택의 어려움 등에 관한)을 나누고 활동을 마친다.

4. 유의사항

1) 경매자는 실제 경매상황을 연출하여 현실감과 흥미를 높여 준다.

2) 가치목록은 참가자들의 특성을 반영하여 작성한다. 또는 사전에 참가자들이 원하는 가치를 설문하여 조사한 다음 이를 토대로 항목을 정할 수 있다.

3) 경매자는 참가자들이 가치경매 요령을 충분히 이해하도록 설명해 주고 필요할 경우 가치항목에 대해 내용을 보충해 준다.

5. 활동 자료

<u>경매가치목록</u>

번호	경매할 가치	나의 할당액	나의 입찰액	낙찰액	낙찰자 번호
1	행복한 가정				
2	자기 직업에서의 성공				
3	풍부한 지식을 쌓은 것				
4	친구의 존경과 사랑				
5	경제적으로 부유함				
6	질병 없이 건강하게 오래 사는 것				
7	진정한 사랑을 하며 사는 것				
8	국제적인 명성과 인기				
9	부정과 속임이 없는 세상				
10	원하는 것을 할 수 있는 자유				
11	만족스러운 종교적 신앙				
12	어떠한 어려움도 이겨낼 수 있는 자신감				
13	자신보다 남을 사랑하는 마음				
14	개인전용의 완벽한 도서실				
15	자신이 한 일에 보람을 느끼며 사는 것				

가치단어 찾기 게임

1. 목 적

신문지를 활용한 가치단어 찾기를 통하여 다양한 가치의 종류를 익히고 가치세계의 폭넓음을 체험하도록 한다.

2. 준비물

신문지 약간, 필기도구, 제시용 가치기록판, 보상물

3. 활동 과정

1) 게임 진행자는 참가자들에게 신문지(1-2장)를 배부하거나 그렇지 않을 경우 사전에 신문지를 준비해 오게 한다. 참가자 수가 많을 경우 조를 편성하여 진행한다.

2) 진행자는 제시용 가치기록판에 가치를 기록하고 공개하기 전에 제시용 가치를 가장 먼저 찾은 참가자가 승리하게 된다는 사실을 알려 준다.

3) 제시용 가치를 3개(상황에 따라서 그 수를 조정할 수 있음) 기록판에 적은(예: 우정, 사랑, 봉사 등) 다음 공개한다.

4) 참가자는 기록판에 제시된 가치를 신문지상에서 최대한 빨리 찾은 다음 이를 진행자에게 알린다.

5) 진행자는 제시된 가치를 가장 빨리 찾은 참가자를 선정하고 신문지상에 표시한 가치단어와 제시된 가치단어와의 일치 여부를 확인한다.

6) 가치단어를 찾은 순서에 따라 순위를 매기고 보상을 할 수 있다.

7) 참가자들과 게임에 대한 소감을 나누고 활동을 마친다.

4. 유의사항

1) 제시할 가치단어가 사전에 노출되지 않도록 조심한다. 가치단어의 제시는 필요에 따라 구두로 할 수 있다.

2) 참가자가 많고 순위를 따져야 할 경우 보조 진행자를 두어 진행을 원활하게 한다.

3) 여러 차례 게임을 반복적으로 실시할 경우 신문지를 서로 바꾸게 하여 공정성을 기한다.

5. 활동 자료

없음

가치풍선 게임

1. 목 적

짝과 공통된 가치가 어느 정도인지 알아봄으로써 가치가 사람마다 다를 수도 있고 일치할 수도 있음을 알게 한다.

2. 준비물

가치풍선 기록지, 필기도구, 보상물

3. 활동 과정

1) 게임 진행자는 참가자들을 2인(참가자가 많을 경우 3-4인을 1개조로 편성) 1조로 짝을 짓도록 하고 가치풍선 기록지를 개인별로 나누어 준다.

2) 참가자는 가치풍선 기록지의 빈 풍선 안에 자신이 좋아하는 가치를 각자 적어 넣는다.

3) 진행자는 조별로 앉게 하고 짝과 가치풍선 안에 적혀 있는 가치들 가운데 서로 공통되는 가치를 추출하도록 한다.

4) 참가자는 가치풍선 안에 공통적으로 기록된 가치들의 종류와 그 수를 세어 본다.

5) 진행자는 공통된 가치가 가장 많은 조에게 보상을 한다.

6) 참가자들과 게임에 대한 소감(짝과 일치된 가치와 일치하지 않은 가치에 대한 생각, 짝과 공통된 가치를 발견한 느낌 등)을 나누고 활동을 마친다.

4. 유의사항

1) 조를 편성할 때 친한 사람(잘 아는 사람도 공통된 가치가 적을 수 있다는 점을 부각시킬 필요가 있을 때)과 무관한 사람(잘 모르는 사람도

공통된 가치가 있다는 점을 부각시킬 필요가 있을 때)으로 할 것인지 신중을 기한다.

 2) 개인별로 가치풍선을 작성하는 시간에는 짝과 의견을 나누거나 의도적으로 맞추어 적지 않도록 한다.

5. 활동 자료

가치풍선

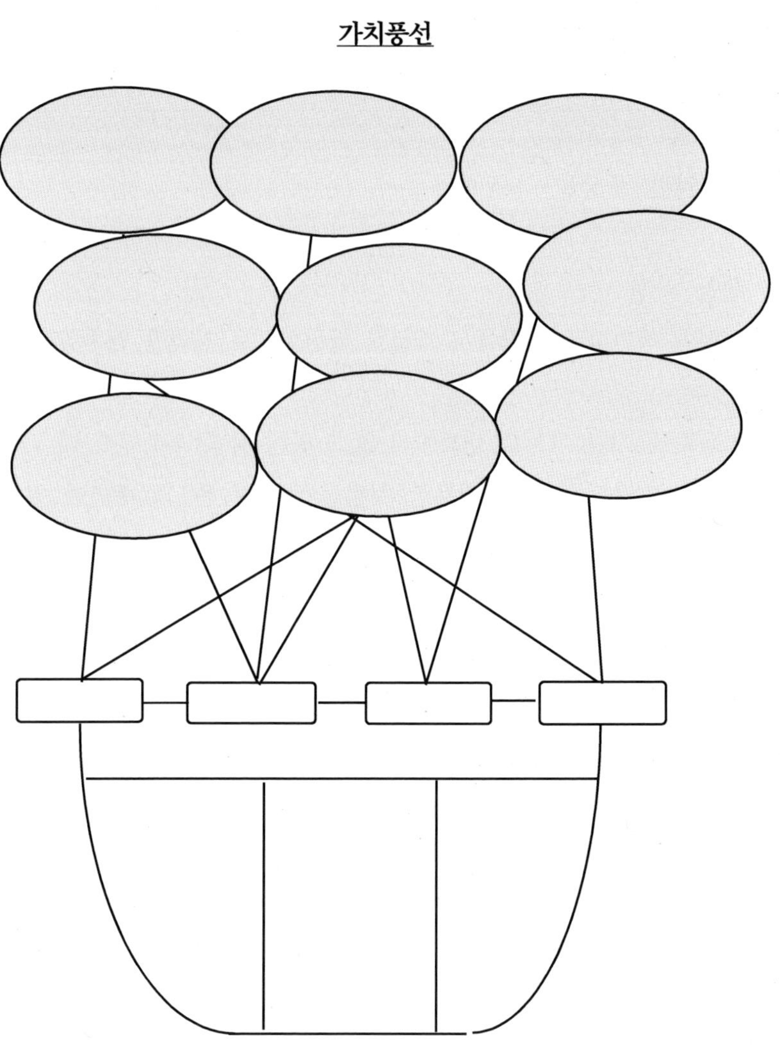

가치추적 게임

1. 목 적

타인의 마음속에 있는 가치를 추적해 봄으로써 다른 사람의 가치에 대한 공감능력을 키우고 자신의 가치를 지니고 사는 일의 어려움을 깨닫도록 한다.

2. 준비물

메모지 약간, 보상물

3. 활동 과정

1) 게임에 참가하는 사람들은 가급적 타원형으로 자리를 배치하고 서로 둘러앉는다.

2) 마음속에 지닌 가치를 내보이지 않고 있는 사람(피추적자)이 타원형의 좁은 면에 앉도록 하고 질문할 사람들(추적자)은 그 주변에 앉는다. 피추적자의 선정은 자유롭게 하되 경우에 따라서는 참가자의 특성(예: 나이, 신발크기, 안경착용 여부, 옷 색깔 등)을 기준으로 뽑을 수도 있다.

3) 게임이 시작되면 피추적자는 마음속에 자신이 생각하는 가치를 정한 다음 메모지에 기록한다. 기록하는 과정에서 자신의 가치가 노출되지 않도록 기밀을 유지한다.

4) 추적자들은 피추적자가 마음속에 담고 있는 가치를 질문을 통하여 알아맞히면 된다. 피추적자는 추적자들이 던지는 질문의 수를 다른 메모지에 기록해 가면서 최소한의 답변으로 질문의 수를 늘려간다.

5) 최대한 질문을 적게 하여 피추적자가 생각하고 있는 가치를 맞추는 것이 이 게임의 초점이다. 피추적자의 가치를 알아맞히게 되면 피추적자

가 질문의 수를 기록한 메모지를 회수하여 최종적으로 게임의 승부를 가
릴 때 활용하도록 한다.

6) 피추적자의 가치를 알기까지 가장 많은 질문을 받았던 피추적자가
최우수자로 선정되어 보상을 받게 된다.

7) 참가자들과 게임에 대한 소감(자신의 가치를 감추기 어려운 점, 다
른 사람의 가치를 추적할 때의 기분 등)을 나누고 활동을 마친다.

4. 유의사항

1) 개인별 대항을 할 수도 있고 참가자 인원이 많을 경우 조를 편성하
여 실시할 수 있다.

2) 피추적자는 한번 마음속에 굳힌 가치를 번복해선 안 된다. 이 게임
은 마음속에 자신의 가치를 품고 사는 일이 얼마나 어려운 것인지 체험하
게 하는 데 의미가 있다.

3) 추적자들의 질문은 간단명료해야 하며 그 횟수를 분명하게 헤아릴
수 있어야 한다. 필요시에 제한시간을 두어 게임의 박진감을 높인다.

5. 활동 자료
없음

백설공주 살리기 게임

1. 목 적

다양한 가치 가운데 최선의 가치가 무엇인지 찾아보게 하여 가치의 중요성을 깨닫게 한다.

2. 준비물

지시문, 필기도구, 보상물

3. 활동 과정

1) 게임 진행자는 참가자들이 조별로 앉을 수 있도록(집단의 규모에 따라 적정한 인원을 배정) 자리를 배치한다.

2) 게임 진행자는 '백설공주 살리기' 활동 자료를 참가자들에게 나누어 주고 낭독한 다음 난쟁이들이 찾아낸 사람 9명 각각에 대하여 각자 개인 점수를 매기게 한다.

3) 참가자는 9명 각각에 대하여 각자 개인 점수를 준 다음 조별로 각각 그 점수를 합산하여 집단 점수 란에 적는다.

4) 난쟁이가 찾아낸 9명 각각에 대한 집단 점수 가운데 가장 높은 점수(9명 중 1명)를 가진 조에게 보상을 실시한다.

5) 참가자들과 게임에 대한 소감(백설공주를 살릴 수 있는 가장 가치 있는 사람으로 선정한 이유, 선정한 사람의 종류, 개인별 점수와 집단 점수의 차이 등)을 나누고 활동을 마친다.

4. 유의사항

1) 집단 특성을 잘 반영하여 집단을 구성한다.

2) 개인 점수를 적어 넣는 과정에서 집단원끼리 단합하지 않도록 주의를 준다.

3) 개인 점수의 만점은 큰 의미가 없으므로 유동적으로 변화를 주어 흥미를 유발시키도록 한다.

5. 활동 자료

백설공주 살리기

백설공주가 과일 파는 할머니로 변장한 왕비의 농간에 속아 독이 든 사과를 먹고 죽어서 일곱 난쟁이들이 구슬피 울면서 관을 매고 장지로 향하고 있었습니다. 그런데 갑자기 천사가 나타나 이 세상에서 가장 가치 있는 사람이 백설공주와 입맞춤을 하게 되면 다시 살아날 수 있다고 알려줍니다.

일곱 난쟁이들은 뛸 듯이 기뻐서 백방으로 수소문한 끝에 다음의 9명을 찾아내게 되었습니다.

이들 가운데 백설공주를 살릴 확률이 가장 높은 사람은 누구일까요?

번호	난쟁이들이 찾아낸 사람들	개인 점수 (10점 만점)	집단 점수
1	노벨상을 수상한 과학자		
2	신도들을 위해 헌신하는 60세의 목사		
3	감명 깊은 얘기들을 많이 써서 유명한 수필가		
4	물에 빠진 아이를 구한 순경		
5	많은 사람의 생계를 유지해 주는 재벌 총수		
6	정직하게 물건을 파는 가게 점원		
7	어려운 이웃을 도와주는 자원봉사 아저씨		
8	자유를 위해 싸우는 젊은 직업군인		
9	아름다운 건물을 설계하는 설계사		

시뮬레이션 게임

1. 목 적

가치갈등 상황 속에서 합리적인 가치와 대안을 찾아보고 결정할 수 있
는 능력을 배양한다.

2. 준비물

시뮬레이션 기록지, 가치선택 카드, 필기도구, 보상물

3. 활동 과정

1) 게임 진행자는 참가자들이 조별로 앉을 수 있도록(집단의 규모에 따
라 적정한 인원을 배정) 자리를 배치한다.

2) 게임 진행자는 '시뮬레이션 기록지' 1장과 '가치선택 카드' 8장(8번
카드는 자신이 생각한 특별한 가치나 대안을 적어 사용)을 조별로 각각
나누어 준다.

3) 게임 진행자는 참가자 중 2명을 선정하여 '시뮬레이션 기록지'의 내
용대로 역할 연기를 하도록 시킨다.

4) 게임 진행자는 연출된 문제 상황을 해결하기 위해 가장 합당하다고
생각되는 '가치선택 카드'를 조별 구성원 각자가 선택(되도록이면 같은 카
드를 선택하지 않도록 하되 만약 같은 카드를 선택하였다면 그들 가운데
1명만 인정)하도록 한 다음 조원끼리 서로 논쟁하여 이긴 사람이 상대편
의 가치선택 카드를 가질 수 있음을 설명한다. 승부의 핵심은 자신이 좋
아하는 것이 아니라 얼마나 논리적으로 설득력 있게 자신이 선택한 가치
를 설명하느냐에 달려있다.

5) '조별 게임 결과 기록지'에 게임의 결과를 적도록 하고 가장 많은 가
치선택 카드를 획득한 사람이 최종 승리자가 되어 보상물을 받게 된다(상

황에 따라서 조별 승자들이 모여 전체 게임을 벌이는 왕중왕 전을 가질 수 있다. 이럴 경우 게임의 난이도를 높이면서 흥미를 유발하는 방법으로 가치선택 카드를 무작위로 제비뽑기시킨 다음 사전 준비 없이 논쟁에 임하게 할 수 있다).

6) 참가자들과 게임에 대한 소감(가치선택 카드의 활용, 시뮬레이션에 대한 느낌 등)을 나누고 활동을 마친다.

4. 유의사항

1) 집단은 이질적인 집단으로 구성하여 특정한 집단이 지나치게 앞서지 않게 한다.

2) 되도록이면 동일한 가치선택 카드를 선택하지 않도록 한다. 다양한 가치와 대안을 선택하고 자신이 선택한 가치와 대안에 대해 합리적으로 설명할 수 있는 것이 중요하다는 점을 인식시킨다.

3) 집단에서 주도권을 가진 사람에게 힘이 집중되어 합리적으로 논쟁을 벌일 수 있는 분위기가 방해받지 않도록 주의시킨다.

5. 활동 자료

<시뮬레이션 기록지>

S고등학교에서는 며칠 전 임시 학교 임원 회의가 열렸었다. 1학년 A학급 남학생 한 명이 백혈병으로 수술을 해야 하지만 집안 형편으로 수술비 마련이 어려워서 이를 돕기 위한 방안을 모색하기 위해서였다.

회의 결과 학교 학생들이 자발적으로 기부를 하고 모자라는 돈은 임원들이 솔선하여 가두모금에 나서기로 하였다. 학교 학생들을 대상으로 모금한 결과 목표한 금액의 반절 정도밖에 모으지 못하여 오늘 임원들이 2명씩 짝을 지어 모금함을 들고 거리에 나서게 되었다.

길수와 명호는 한 팀이 되어 B시장 주변을 돌기로 하였다. 모금 활동에 들어간 지 1시간 정도 지났을까 그들은 뜻하지 않게 길바닥에 떨어져 있는 지갑을 발견하게 되었다.

길수가 주워서 열어보니 주민등록증과 1천 원권 6장, 5천 원권 3장, 1만 원권 5장, 그리고 10만 원권 수표 1장이 들어 있었다. 주위를 둘러보니 저 멀리 파출소가 보였으나 그들의 행동을 특별히 지켜보는 사람은 없었다.

길수는 지갑을 그대로 파출소에 갖다 주고자 하였지만 명호는 그에 동의하지 않는 것 같다.

〈가치선택 카드〉

카드번호 ①	카드번호 ②	카드번호 ③	카드번호 ④	카드번호 ⑤	카드번호 ⑥	카드번호 ⑦	카드번호 ⑧
가치 (정직)	가치 (우정)	가치 (우정)	가치 (정직+우정)	가치 (우정+이익)	가치 (우정)	가치 (이익+우정)	가치
지갑을 통째로 파출소에 갖다 주어 지갑을 잃어버린 사람의 걱정을 덜어주자.	백혈병에 걸린 친구에게 충분히 도움이 될 만한 금액이므로 모르는 척 모금함에 넣자.	현금은 모금함에 넣고 수표는 은행에서 찾아야 함으로 그냥 버리자.	지갑을 그대로 돌려주면 보상금이 나올 것이다. 그 보상금을 모금함에 넣자.	지금까지 모금한 금액만 학교에 가지고 가고 지갑에 있는 돈은 우리끼리 그냥 쓰자.	현금은 모금함에 넣고 지갑과 수표는 우체통에 넣어 매치기 행으로 꾸미자.	현금 가운데 천 원권과 5천 원권은 우리가 쓰고 만 원권만 모금함에 넣자.	

〈조별 게임 결과 기록지〉

조 이름	조 구성원 이름	처음 선택한 가치 카드 번호	게임의 결과 획득한 가치 카드 수

가치보드 게임

1. 목 적

보드 게임을 통하여 기본적인 가치판단 능력을 기를 수 있다.

2. 준비물

가치보드 게임판, 지시문이 들어 있는 가치함, 주사위, 참가 인원에 맞는 게임용 말, 필기도구, 보상물

3. 활동 과정

1) 게임 진행자는 참가자들이 조별로 앉을 수 있도록 자리를 배치한다. 집단의 규모에 따라 적정 인원을 조별로 배정하되 참가자가 많을 경우 조 구성원들을 다시 묶어서 필요한 만큼의 팀을 구성한 다음 게임에 임할 수 있다.

2) 게임 진행자는 조별로 가치보드 게임판 1장과 주사위 1개, 그리고 20가지 지시문이 들어 있는 가치함을 배부한다.

3) 게임 진행자는 가치보드 게임판의 하단에 있는 각종 동물들이나 사물들이 무엇을 뜻하는지 설명하고 게임판의 그림 위에 게임용 말이 놓였을 때 그 그림이 지시하는 대로 이행하도록 주지시킨다. 특히 '가치함 열기' 그림에 게임용 말이 놓였을 때 가치함에서 종이를 꺼낸 다음 그 종이의 지시문에 따라야 함을 강조한다.

4) 게임 진행자는 가위 바위 보로 주사위를 먼저 던질 사람이나 팀을 정한 다음 주사위 던지기를 실시하도록 한다.

5) 가치보드 게임판 위의 지시 사항을 잘 준수하며 주사위 던지기를 한 결과 최종적으로 먼저 궁전에 도착한 사람(팀)에게 진행자는 간단한 보상

물을 주도록 한다. 궁전에 먼저 도착하지는 않았지만 '가치함에 들어 있는 지시문을 제대로 이행한 사람(팀)에게 특별한 보상을 실시하는 것이 좋다.'

6) 참가자들과 게임에 대한 소감을 나누고 활동을 마친다.

4. 유의사항

1) 집단 구성을 고르게 하여 전체적으로 안정된 활동이 이루어지도록 한다.

2) 어디까지나 흥미를 매개로 하여 가치 활동을 효과적으로 실시한다는 목적을 분명히 하도록 한다.

3) 참가자들이 게임의 규칙과 방법을 이해할 수 있도록 충분한 설명을 해준다.

5. 활동 자료

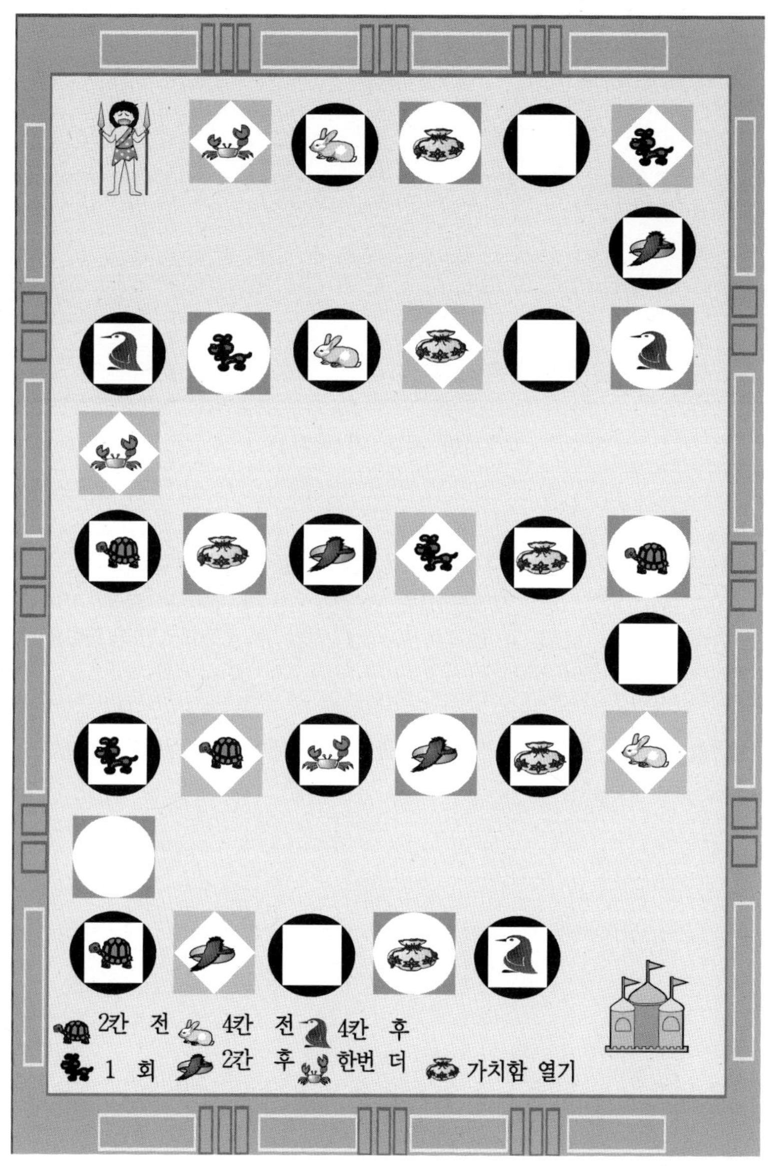

〈가치 보드게임판〉

☞ **삼단논법에 따라 진술된 다음 내용의 빈칸에 들어갈 문장을 쓰시오.**

 1분 이내(시간 초과 시에는 틀린 것으로 간주)에 풀이한 결과가 맞았으면(조원들끼리 상의하여 결정) 한 번 더 주사위를 던질 수 있으며, 만약 틀렸으면 주사위 던지기를 1회 쉬어야 합니다.

 "학생이 공부하는 것은 당연하다고 생각해, 왜냐하면 공부하는 것이 학생의 본분이니까."

대전제: (   )
소전제: (   )
결 론: 학생이 공부하는 것은 당연하다.

〈가치함 속의 지시문 1〉

☞ **삼단논법에 따라 진술된 다음 내용의 빈칸에 들어갈 문장을 쓰시오.**

 1분 30초 이내(시간 초과 시에는 틀린 것으로 간주)에 풀이한 결과가 맞았으면(조원들끼리 상의하여 결정) 한 번 더 주사위를 던질 수 있으며, 만약 틀렸으면 주사위 던지기를 1회 쉬어야 합니다.

 "세금을 안 내는 것은 나빠, 국민이라면 세금을 내야 할 의무가 있으니까"

대전제: (   )
소전제: (   )
결 론: (   )

〈가치함 속의 지시문 2〉

☞ **삼단논법에 따라 논리적으로 기호화한 다음 내용의 빈칸에 들어갈 단어를 영문자로 쓰시오.**
  30초 이내(시간 초과 시에는 틀린 것으로 간주)에 풀이한 결과가 맞았으면(조원들끼리 상의하여 결정) 한 번 더 주사위를 던질 수 있으며, 만약 틀렸으면 주사위 던지기를 1회 쉬어야 합니다.

모든 (   )는 (   )이다.
모든 C는 A이다.
그러므로 모든 (   )는 B이다.

〈가치함 속의 지시문 3〉

☞ **삼단논법에 따라 진술된 다음 내용의 빈칸에 들어갈 단어를 쓰시오.**
  30초 이내(시간 초과 시에는 틀린 것으로 간주)에 풀이한 결과가 맞았으면(조원들끼리 상의하여 결정) 한 번 더 주사위를 던질 수 있으며, 만약 틀렸으면 주사위 던지기를 1회 쉬어야 합니다.

모든 (   )는 (   )이다.
모든 닭은 조류이다.
그러므로 모든 (   )는 동물이다.

〈가치함 속의 지시문 4〉

☞ **삼단논법에 따라 진술된 다음 내용의 빈칸에 들어갈 문장을 쓰시오.**
  30초 이내(시간 초과 시에는 틀린 것으로 간주)에 풀이한 결과가 맞았으면(조원들끼리 상의하여 결정) 한 번 더 주사위를 던질 수 있으며, 만약 틀렸으면 주사위 던지기를 1회 쉬어야 합니다.

"명수 아빠는 부자라고 생각해, 미술가는 부자인데 명수 아빠는 미술가이거든."

대전제: 미술가는 부자이다.
소전제: (   )
결 론: 명수 아빠는 부자이다.

〈가치함 속의 지시문 5〉

☞ **삼단논법에 따라 진술된 다음 내용에서 매개념, 소개념, 중개념을 찾아서 쓰시오.**

　30초 이내(시간 초과 시에는 틀린 것으로 간주)에 풀이한 결과가 맞았으면(조원들끼리 상의하여 결정) 한 번 더 주사위를 던질 수 있으며, 만약 틀렸으면 주사위 던지기를 1회 쉬어야 합니다.

　　모든 사람은 동물이다.
　　모든 학생은 사람이다.
　　그러므로 모든 학생은 동물이다.

　　대개념: (　　　　　) 소개념: (　　　　　)
　　중개념: (　　　　　)

〈가치함 속의 지시문 6〉

☞ **삼단논법에 따라 진술된 다음 내용의 빈칸에 들어갈 문장을 쓰시오.**

　30초 이내(시간 초과 시에는 틀린 것으로 간주)에 풀이한 결과가 맞았으면(조원들끼리 상의하여 결정) 한 번 더 주사위를 던질 수 있으며, 만약 틀렸으면 주사위 던지기를 1회 쉬어야 합니다.

　　"명수 아빠는 부자라고 생각해, 미술가는 부자인데 명수 아빠는 미술가이거든."

　　대전제: (　　　　　　　　　)
　　소전제: 명수 아빠는 미술가이다.
　　결　론: 명수 아빠는 부자이다.

〈가치함 속의 지시문 7〉

☞ **삼단논법에 따라 진술된 다음 내용의 빈칸에 들어갈 문장을 쓰시오.**

   30초 이내(시간 초과 시에는 틀린 것으로 간주)에 풀이한 결과가 맞았으면(조원들끼리 상의하여 결정) 한 번 더 주사위를 던질 수 있으며, 만약 틀렸으면 주사위 던지기를 1회 쉬어야 합니다.

   "명수 아빠는 부자라고 생각해, 미술가는 부자인데 명수 아빠는 미술가이거든."

   대전제: 미술가는 부자이다.
   소전제: 명수 아빠는 미술가이다.
   결 론: (   )

〈가치함 속의 지시문 8〉

☞ **삼단논법에 따라 진술된 다음 내용의 빈칸에 들어갈 문장을 쓰시오.**

   1분 이내(시간 초과 시에는 틀린 것으로 간주)에 풀이한 결과가 맞았으면(조원들끼리 상의하여 결정) 한 번 더 주사위를 던질 수 있으며, 만약 틀렸으면 주사위 던지기를 1회 쉬어야 합니다.

   "학생이 공부하는 것은 당연하다고 생각해, 왜냐하면 공부하는 것이 학생의 본분이니까."

   대전제: 학생이 본분을 지키는 것은 당연하다.
   소전제: (   )
   결 론: (   )

〈가치함 속의 지시문 9〉

☞ **삼단논법에 따라 진술된 다음 내용의 빈칸에 들어갈 문장을 쓰시오.**

　1분 이내(시간 초과 시에는 틀린 것으로 간주)에 풀이한 결과가 맞았으면(조원들끼리 상의하여 결정) 한 번 더 주사위를 던질 수 있으며, 만약 틀렸으면 주사위 던지기를 1회 쉬어야 합니다.

　"학생이 공부하는 것은 당연하다고 생각해. 왜냐하면 공부하는 것이 학생의 본분이니까."

　　대전제: (　　　　　　　　　　　　　　　)
　　소전제: 학생이 공부하는 것은 본분을 지키는 것이다.
　　결　론: (　　　　　　　　　　　　　　　)

〈가치함 속의 지시문 10〉

☞ **삼단논법에 따라 논리적으로 기호화한 다음 내용의 빈칸에 들어갈 단어를 영문자로 쓰시오.**

　30초 이내(시간 초과 시에는 틀린 것으로 간주)에 풀이한 결과가 맞았으면(조원들끼리 상의하여 결정) 한 번 더 주사위를 던질 수 있으며, 만약 틀렸으면 주사위 던지기를 1회 쉬어야 합니다.

　　모든 A는 (　　　)이다.
　　모든 (　　　)는 (　　　)이다.
　　그러므로 모든 C는 B이다.

〈가치함 속의 지시문 11〉

☞ **삼단논법에 따라 논리적으로 기호화한 다음 내용의 빈칸에 들어갈 단어를 영문자로 쓰시오.**
　30초 이내(시간 초과 시에는 틀린 것으로 간주)에 풀이한 결과가 맞았으면(조원들 끼리 상의하여 결정) 한 번 더 주사위를 던질 수 있으며, 만약 틀렸으면 주사위 던지기를 1회 쉬어야 합니다.

　　　모든 (　　　)는 B이다.
　　　모든 C는 A이다.
　　　그러므로 모든 (　　　)는 (　　　)이다.

〈가치함 속의 지시문 12〉

☞ **삼단논법에 따라 진술된 다음 내용의 빈칸에 들어갈 단어를 쓰시오.**
　30초 이내(시간 초과 시에는 틀린 것으로 간주)에 풀이한 결과가 맞았으면(조원들끼리 상의하여 결정) 한 번 더 주사위를 던질 수 있으며, 만약 틀렸으면 주사위 던지기를 1회 쉬어야 합니다.

　　　모든 (　　　)는 동물이다.
　　　모든 닭은 조류이다.
　　　그러므로 모든 (　　　)는 (　　　)이다.

〈가치함 속의 지시문 13〉

☞ **삼단논법에 따라 진술된 다음 내용의 빈칸에 들어갈 단어를 쓰시오.**
　30초 이내(시간 초과 시에는 틀린 것으로 간주)에 풀이한 결과가 맞았으면(조원들끼리 상의하여 결정) 한 번 더 주사위를 던질 수 있으며, 만약 틀렸으면 주사위 던지기를 1회 쉬어야 합니다.

　　　모든 조류는 (　　　)이다.
　　　모든 (　　　)는 (　　　)이다.
　　　그러므로 모든 닭은 동물이다.

〈가치함 속의 지시문 14〉

☞ **다음 내용들을 서로 연관된 것들끼리 연결해 보시오.**
　30초 이내(시간 초과 시에는 틀린 것으로 간주)에 풀이한 결과가 맞았으면(조원들끼리 상의하여 결정) 한 번 더 주사위를 던질 수 있으며, 만약 틀렸으면 주사위 던지기를 1회 쉬어야 합니다.

　가치원리 ·　　　　　 · 지구는 태양 주변을 돈다.
　사실판단 ·　　　　　 · 월드컵 대회는 훌륭했다.
　가치판단 ·　　　　　 · 국가의 법은 지켜져야 한다.

〈가치함 속의 지시문 15〉

☞ **다음 내용들을 서로 연관된 것들끼리 연결해 보시오.**
　30초 이내(시간 초과 시에는 틀린 것으로 간주)에 풀이한 결과가 맞았으면(조원들끼리 상의하여 결정) 한 번 더 주사위를 던질 수 있으며, 만약 틀렸으면 주사위 던지기를 1회 쉬어야 합니다.

　가치원리 ·　　　　　 · 이 산은 아름답다.
　사실판단 ·　　　　　 · 올 여름은 수해가 많았다.
　가치판단 ·　　　　　 · 약속을 지키는 것은 좋다.

〈가치함 속의 지시문 16〉

☞ **가치판단을 내린 다음 진술을 보고 아래에 답하시오.**
　30초 이내(시간 초과 시에는 틀린 것으로 간주)에 풀이한 결과가 맞았으면(조원들끼리 상의하여 결정) 한 번 더 주사위를 던질 수 있으며, 만약 틀렸으면 주사위 던지기를 1회 쉬어야 합니다.

　· 공공질서를 지켜는 일은 옳다.
　· 쓰레기를 버리지 않는 것은 공공질서를 지키는 일이다.
　· 그러므로 쓰레기를 버리지 않는 것은 옳다.

　평가대상: (　　　　　　　　　　　)
　평가용어: (　　　　　　　　　　　)

〈가치함 속의 지시문 17〉

☞ **가치판단을 내린 다음 진술을 보고 아래에 답하시오.**

30초 이내(시간 초과 시에는 틀린 것으로 간주)에 풀이한 결과가 맞았으면(조원들끼리 상의하여 결정) 한 번 더 주사위를 던질 수 있으며, 만약 틀렸으면 주사위 던지기를 1회 쉬어야 합니다.

· 공공질서를 지키는 일은 옳다.
· 쓰레기를 버리지 않는 것은 공공질서를 지키는 일이다.
· 그러므로 쓰레기를 버리지 않는 것은 옳다.

평가대상이 속하는 부류: (   )
특성: (   )

〈가치함 속의 지시문 18〉

☞ **다음 내용들이 서로 연관되어 있는 것들끼리 연결하시오.**

30초 이내(시간 초과 시에는 틀린 것으로 간주)에 풀이한 결과가 맞았으면(조원들끼리 상의하여 결정) 한 번 더 주사위를 던질 수 있으며, 만약 틀렸으면 주사위 던지기를 1회 쉬어야 합니다.

새로운 사례검사법 ·　　·똑 같은 상황에서 동일한 행동을 했을 때 생길 수 있는 결과를 미리 예측해 본다.

포섭검사법　　　·　　·동일한 상황에 가장 영향을 받는 사람의 입장에 자신을 대치시켜 본다.

역할교환검사법　　·　　·논리적으로 관련 있는 다른 유사한 사실들에 그 가치원리를 적용해 본다.

보편화 결과검사법 ·　　·더 범위가 넓은 상위의 개념이나 원리를 끌어들여 정당화시킨다.

〈가치함 속의 지시문 19〉

☞ **다음 내용들이 서로 연관되어 있는 것들끼리 연결하시오.**

  30초 이내(시간 초과 시에는 틀린 것으로 간주)에 풀이한 결과가 맞았으면(조원들끼리 상의하여 결정) 한 번 더 주사위를 던질 수 있으며, 만약 틀렸으면 주사위 던지기를 1회 쉬어야 합니다.

문헌 확인 법 ·   · 권위 있는 전문가에 의해 기술된 자료나 언어를 인용하여 검증한다.

전문가 확인 법·   · 책이나 잡지 같은 공신력 있는 문헌을 통하여 검증한다.

직접 확인 법 ·   · 자신이 직접 관찰하고 경험한 내용을 바탕으로 검증한다.

〈가치함 속의 지시문 20〉

가치 보물찾기 게임

1. 목 적

보물찾기 게임을 통하여 실생활에서 발생한 가치관련 사례를 분석하고 판단할 수 있는 능력을 기를 수 있다.

2. 준비물

보물찾기 지시문, 필기도구, 보상물

3. 활동 과정

1) 게임 진행자는 참가자들의 성향이나 인원수에 따라 조를 편성하거나 개인별로 활동할 수 있도록 한다.

2) 게임 진행자는 게임 시작 전에 '보물찾기 지시문'(봉투에 넣거나 접어서)을 활동 장소 주변에 은밀하게 숨겨놓도록 한다.

3) 게임이 시작되면 보물찾기 요령과 보물이 숨겨진 범위 등을 안내하여 분위기를 고조시킨다.

4) 보물을 찾아서 지시한 대로 이행했을 경우 추가로 보상물을 주고 보상물을 가장 많이 받은 조나 사람을 게임의 우승자로 정한다(우승자에게 별도의 상이나 보상물을 줄 수 있다).

5) 모든 보물을 다 찾아서 문제풀이가 끝난 다음에는 지시문들을 참가자 전원이 돌려가면서 그 내용을 확인할 수 있도록 한다.

6) 참가자들과 게임에 대한 소감을 나누고 활동을 마친다.

4. 유의사항

1) 보물이 숨겨진 곳이 사전에 유출되지 않도록 신경을 쓴다.

2) 지시문의 문제가 어려울 경우 다른 사람의 도움을 받을 수 있도록 유도한다(집단의 성향과 능력을 고려하여 도움체제를 만든다. 예컨대 개인적인 능력이 미흡할 경우 집단별로 팀을 짜서 활동하는 것이 효과적이다).

3) 모든 보물이 다 찾아질 수 있도록 숨기는 장소와 그 범위를 제한시킨다.

5. 활동 자료

보물을 찾은 것을 축하합니다. 본 보물을 찾은 사람은 선물 1을 받을 수 있고 아래의 문제를 푸는 사람은 선물 2를 추가로 받을 수 있습니다. 잘 풀어서 선물을 많이 받도록 하세요.

'종교시위' 강의석 군 두 달여 만에 학교로

종교의 자유를 요구하며 1인 시위를 벌이다 학교에서 제적됐던 서울 대광고 3년생 강의석(19) 군이 2일 두 달여 만에 다시 등교했다.

강 군은 서울북부지법에 낸 퇴학처분효력정지 가처분신청이 전날 받아들여짐에 따라 이날 오전 7시 30분께 자전거로 학교에 등교했다.

지난 7월 8일 제적됐다 두 달여 만에 학교로 돌아간 강 군은 밝은 표정으로 "오랜만에 등교하니까 설레고 기쁘다"며 "또한 선생님과 친구들을 볼 수 있게 돼 좋다"고 소감을 밝혔다.

강 군은 "판결이 어제 오후 늦게 나서 미리 학교와 담임선생님께 연락을 하진 못했다"며 "수능까지 두 달여 남았는데 친구들의 노트 등을 빌려 시험을 준비할 것이며 대학에 진학하면 법학을 공부하고 싶다"고 포부를 밝혔다.

강 군은 이어 "헌법에도 종교의 자유가 보장돼 있는데 학교의 제적 처리는 부당하다"고 거듭 주장했다.[중앙일보, 2004. 09. 02. 11:05]

문제) 강의석 군이 종교의 자유를 요구한 자신에 대해 내린 학교 측의 제적을 부당하다고 주장한 이유와 근거에 따라 가치판단을 내려보고 그것들을 검사해 보자.

가치판단 구성요소	문장으로 진술한 가치판단	진술 내용 검사
가치원리(대전제)		
사 실(소전제)		
가치판단(결 론)		

〈보물찾기 지시문 1〉

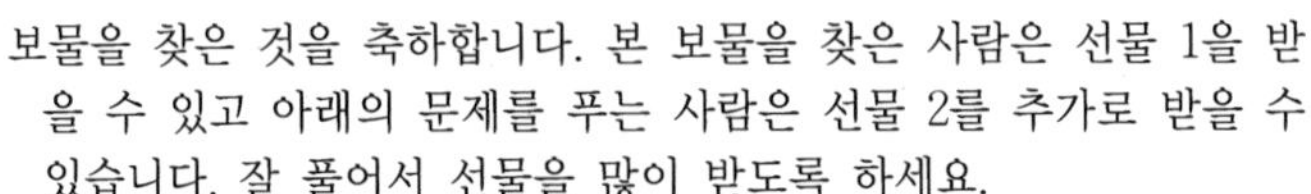

보물을 찾은 것을 축하합니다. 본 보물을 찾은 사람은 선물 1을 받을 수 있고 아래의 문제를 푸는 사람은 선물 2를 추가로 받을 수 있습니다. 잘 풀어서 선물을 많이 받도록 하세요.

흡연도 면허증 시대 올 것

언젠가는 사람들이 담배를 피우려면 면허증을 따야 하는 시대가 올지 모른다고 호주 보건 전문가가 26일 말했다.

사이먼 채프먼 시드니 대학 교수는 담배를 피우려면 앞으로 담배 중독과 건강에 미치는 악영향에 대한 시험을 보고 합격해야 하는 날이 올 수 있다며 "나는 정부가 담배를 피우는 사람들에게 면허증 제도를 도입한다 해도 전혀 이상하게 생각하지 않을 것"이라고 말했다.

호주 언론들에 따르면 그는 이날 금연법 개정 문제를 검토하고 있는 뉴사우스웨일스 주 의원들에게 그같이 말하고 "운전면허를 딸 때 책을 사다 공부하고 시험을 치듯 담배를 피우고 싶은 사람들도 시험을 보아야 하는 날이 올 것"이라고 말했다.

그는 "면허증 제도는 그들이 입게 될 위험에 대한 이해를 갖고 있다는 사실을 확인하는 차원에서 필요하게 될 것"이라며 "그렇게 되면 담배 가게에 가서 담배를 살 때 면허증을 내밀어야 할 것"이라고 덧붙였다.[연합뉴스, 2006. 03. 27]

문제) 흡연 면허증을 발부하는 제도를 주장하는 이유와 근거에 따라 가치판단을 내려보고 그것들을 검사해 보자.

가치판단 구성요소	문장으로 진술한 가치판단	진술 내용 검사
가치원리(대전제)		
사 실(소전제)		
가치판단(결 론)		

〈보물찾기 지시문 2〉

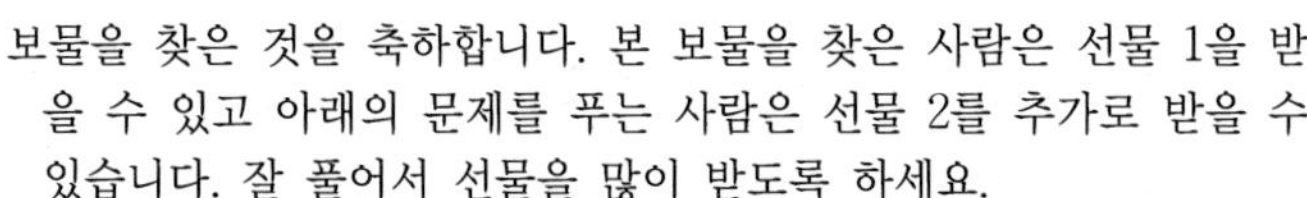

보물을 찾은 것을 축하합니다. 본 보물을 찾은 사람은 선물 1을 받을 수 있고 아래의 문제를 푸는 사람은 선물 2를 추가로 받을 수 있습니다. 잘 풀어서 선물을 많이 받도록 하세요.

법원, 친일파 후손 땅 '처분금지' 결정

서울중앙지법 민사54단독 김명한 판사는 13일 친일파 이완용과 이재극의 후손이 소유권을 갖고 있는 토지를 처분하지 못하도록 해달라는 검찰의 가처분 신청을 받아들였다고 밝혔다.

이번 결정의 대상이 된 토지는 이완용의 손자며느리 소유로 돼 있는 경기 여주군 2필지와 이재극의 손자며느리 소유인 경기 남양주 210㎡의 땅이다.

가처분 신청 수용으로 이들 친일파 후손은 문제의 땅을 양도하거나 임차, 저당하는 행위 등이 금지돼 재산권 행사를 일절 할 수 없게 된다. 재판부는 "해당 토지가 친일재산환수법상 친일행위자의 후손 소유라는 검찰의 주장이 소명된 데다 이 법률이 위헌으로 보이지 않는다."고 결정 이유를 밝혔다.

재판부는 "실제 검찰에서 민영휘의 후손이 국가 상대로 땅 소송을 내 승소한 땅을 제3자에게 매매한 사례 등을 제시하고 있는 만큼 국가가 땅 환수 소송을 내기 전에 후손들이 부동산을 임의 처분하지 않도록 할 필요성도 인정된다."고 덧붙였다.[연합뉴스, 2006. 03. 13]

문제) 친일파 후손의 땅 처분 금지를 결정한 재판의 이유와 근거에 따라 가치판단을 내려보고 그것들을 검사해 보자.

가치판단 구성요소	문장으로 진술한 가치판단	진술 내용 검사
가치원리(대전제)		
사 실(소전제)		
가치판단(결 론)		

〈보물찾기 지시문 3〉

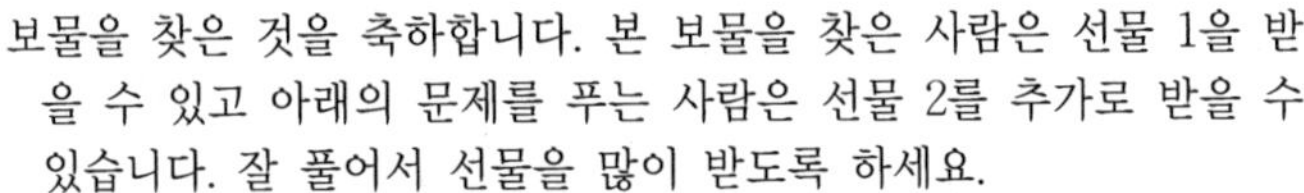

보물을 찾은 것을 축하합니다. 본 보물을 찾은 사람은 선물 1을 받을 수 있고 아래의 문제를 푸는 사람은 선물 2를 추가로 받을 수 있습니다. 잘 풀어서 선물을 많이 받도록 하세요.

그린벨트 안에서 불법 공장운영

그린벨트 안에서 불법으로 재생 골재 공장을 운영한 회사 대표와 이를 묵인해 준 공무원들이 무더기로 경찰에 적발됐습니다.

경기도 안양경찰서는 오늘 공장 대표 50살 이 모 씨 등 두 명에 대해 구속영장을 신청하고 이 씨에게 공장허가를 받아주겠다며 돈을 받은 혐의로 전 시의원 51살 백 모 씨를 구속했습니다.

또 이 씨의 불법 영업을 묵인해 준 혐의로 시흥시 공무원 53살 이 모 씨 등 네 명을 불구속 입건했습니다.

공장 대표 이 씨 등은 지난 2002년부터 지금까지 개발제한구역과 군사시설보호구역으로 지정된 시흥시 목감동 논과 밭 만여 평에 골재 공장을 운영하며 80억 원을 챙긴 혐의를 받고 있습니다.[YTN뉴스, 2006. 03. 13]

문제) 그린벨트 안에 불법 공장을 운영하게끔 한 사람을 경찰이 처벌한 이유와 근거에 따라 가치판단을 내려보고 그것들을 검사해 보자.

가치판단 구성요소	문장으로 진술한 가치판단	진술 내용 검사
가치원리(대전제)		
사 실(소전제)		
가치판단(결 론)		

<보물찾기 지시문 4>

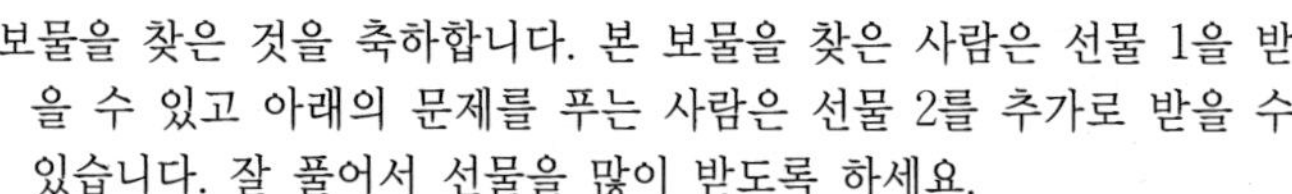

보물을 찾은 것을 축하합니다. 본 보물을 찾은 사람은 선물 1을 받을 수 있고 아래의 문제를 푸는 사람은 선물 2를 추가로 받을 수 있습니다. 잘 풀어서 선물을 많이 받도록 하세요.

길에서 2억 원 주었다가 신세 망친 사나이

호주의 한 20대 남자는 길거리에서 26만 3천 호주 달러(한화 약 2억 원)나 되는 거액을 주었으나 당국에 신고하지 않는 바람에 자신의 것으로 만들 수 있을 기회를 놓친 것은 물론이고 오히려 재판에 회부돼 현금 불법 취득 혐의로 유죄 판결을 받았다.

호주 언론들에 따르면 숀 클리포드(23)는 11일 시드니 다우닝 중앙 지방법원에서 열린 재판에서 주운 돈을 당국에 신고하지 않았다는 이유로 주운 돈을 절취한 죄가 인정돼 18개월 선행 쌓기 의무가 부과됐다.

크리스토퍼 롱리 치안판사는 이날 재판에서 클리포드에게 "돈을 주었을 당시 당국에 신고만 했더라면 지금까지 주인이 나타나지 않았기 때문에 당신이 가질 권리가 있었다."며 아쉬움을 표시했다.

클리포드는 매커리 은행의 행원으로 일하던 지난 5월 사무실 책상 밑에 놓여 있는 그의 배낭 속에 많은 돈이 들어 있는 것을 우연히 발견한 동료 직원의 신고로 경찰에 체포됐다.[연합뉴스, 2005. 10. 12]

문제) 클리포드의 행위에 대한 유죄 판결 이유와 근거에 따라 가치 판단을 내려보고 그것들을 검사해 보자.

가치판단 구성요소	문장으로 진술한 가치판단	진술 내용 검사
가치원리(대전제)		
사　　실(소전제)		
가치판단(결　론)		

〈보물찾기 지시문 5〉

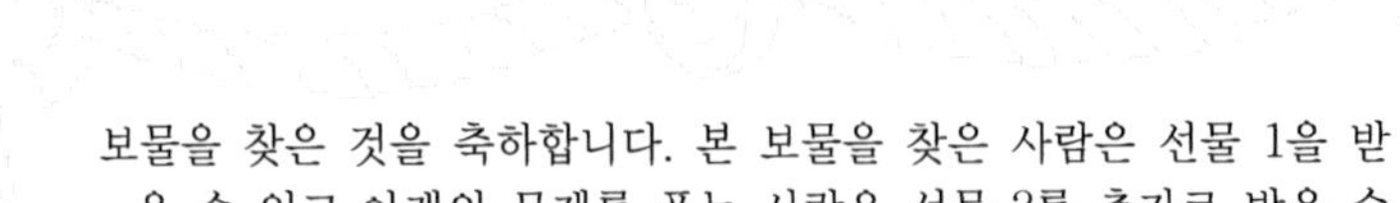

보물을 찾은 것을 축하합니다. 본 보물을 찾은 사람은 선물 1을 받을 수 있고 아래의 문제를 푸는 사람은 선물 2를 추가로 받을 수 있습니다. 잘 풀어서 선물을 많이 받도록 하세요.

90대 노인 치매 아내 살해하고 자살

5일 오후 7시쯤 서울 오류동 D아파트의 막내아들 집에 머물던 허 모 (92) 씨가 아내 엄 모(93) 씨와 함께 숨져 있는 것을 아들이 발견했다.

전북 익산에서 농사를 지으며 7남매를 키워낸 허 씨가 농사일을 접고 아들, 딸들이 사는 서울로 이사 온 것은 30여 년 전. 자식들이 주는 생활비를 마다하고 버려진 폐지와 고물을 주워 용돈을 마련해 온 허 씨는 3년 전 막내아들의 고집을 꺾지 못해 막내아들의 집으로 옮겨왔다. 허씨 부부는 동네에서도 금슬 좋기로 소문나 항상 함께 다녔지만 지난해 가을 아내 엄 씨가 치매증상을 보이면서 점차 팔다리를 쓰지 못해 허 씨가 집안에서 병 수발을 들기 시작했다.

그러던 5일 미장일을 하는 아들과 미싱공인 며느리가 평소처럼 일터로 나가는 것을 확인한 허 씨는 "78년이나 함께 산 아내를 죽이는 독한 남편이 됐다."며 "살 만큼 살고 둘이서 같이 세상을 떠나니 너무 슬퍼하지 마라"는 유서와 함께 장례비 250만 원을 남기고 아내의 목을 졸라 숨지게 한 후 자신도 방안 옷장에 철사로 목을 매 자살했다.[국민일보, 2004. 10. 06]

문제) 허 모 씨가 아내와 죽음을 함께하기로 한 이유와 근거에 따라 가치판단을 내려보고 그것들을 검사해 보자.

가치판단 구성요소	문장으로 진술한 가치판단	진술 내용 검사
가치원리(대전제)		
사 실(소전제)		
가치판단(결 론)		

〈보물찾기 지시문 6〉

보물을 찾은 것을 축하합니다. 본 보물을 찾은 사람은 선물 1을 받을 수 있고 아래의 문제를 푸는 사람은 선물 2를 추가로 받을 수 있습니다. 잘 풀어서 선물을 많이 받도록 하세요.

돈 때문에 천륜마저

자신의 재산을 호시탐탐 노리던 큰아들을 경계하느라 셋째아들에게 속아 부동산을 빼앗겼던 80대 노모가 아들과의 법정공방 끝에 땅을 다시 찾았다.

유 모(81) 씨가 전전긍긍하고 있을 때, 셋째아들 신 모(55) 씨는 큰형의 부동산 처분을 막고, 상속세를 피할 수 있다면서 노모의 부동산을 자신의 명의로 해놓자고 제안했다. 유 모 씨는 아들의 말을 믿고 그대로 했다.

그러나 부동산 소유권이 이전되자 신 씨는 주인 행세를 하며 유 씨의 유일한 소득원이었던 다가구주택 임대료까지 모두 가져갔다. 유 씨는 여러 차례 신 씨에게 부동산을 돌려 달라고 요구했지만 아들이 거부하자 소유권 이전등기 말소 청구소송을 냈다.

서울중앙지법 민사26부는 15일 '피고는 매매체결 당시부터 원고의 부동산을 안전하게 지켜주려고 하기보다 원고의 불안감을 이용해 부동산을 자신의 소유로 할 의사였으므로 원고의 매매 의사표시는 기망에 의한 것으로 인정할 수 있어, 피고는 소유권 이전등기를 말소해야 한다.'며 노모의 손을 들어줬다.[헤럴드경제, 2004. 09. 15]

문제) 셋째아들이 재산을 유 모 씨에게 다시 넘겨주도록 한 판결의 이유와 근거에 따라 가치판단을 내려보고 그것들을 검사해 보자.

가치판단 구성요소	문장으로 진술한 가치판단	진술 내용 검사
가치원리(대전제)		
사　　실(소전제)		
가치판단(결　론)		

〈보물찾기 지시문 7〉

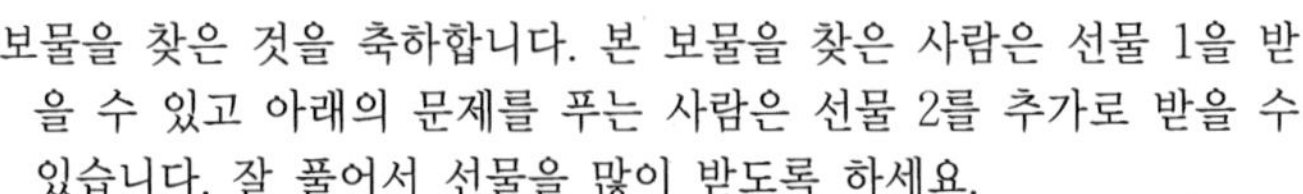

보물을 찾은 것을 축하합니다. 본 보물을 찾은 사람은 선물 1을 받을 수 있고 아래의 문제를 푸는 사람은 선물 2를 추가로 받을 수 있습니다. 잘 풀어서 선물을 많이 받도록 하세요.

양심적 병역거부 유죄 판결 잇따라

'양심적 병역거부'에 대한 대법원 판결이 확정됨에 따라 각급 법원에서도 그동안 판결을 유보하고 있던 유사재판에 대해 속속 '유죄' 판결이 내려지고 있다.

서울동부지법 형사1부(재판장 성기문 부장판사)는 2일 종교적 이유로 병역을 거부한 혐의(병역법 위반)로 1심에서 징역 1년6개월을 선고받은 이 모(22) 씨에 대한 항소를 기각했다.

재판부는 판결문에서 "양심의 자유는 헌법적 가치를 지키기 위해 제한될 수 있는 상대적 자유"라며 "기본권의 행사는 국가의 법질서를 위태롭게 하지 않는 범위 내에서 이뤄져야 하나 종교와 양심의 자유는 국방 의무보다 우월한 헌법적 가치가 있다고 인정되지 않아 병역거부의 정당한 사유가 될 수 없다"고 밝혔다.

재판부는 판결에 대해 "양심적 병역거부 문제는 지난 7월 대법원에서 최종판결이 난 것"이라며 "하급심에서는 최종판결을 존중해야 한다."고 덧붙였다.[일간 스포츠, 2004. 09. 02]

문제) 양심적 병역거부에 대한 판결의 이유와 근거에 따라 가치판단을 내려보고 그것들을 검사해 보자.

가치판단 구성요소	문장으로 진술한 가치판단	진술 내용 검사
가치원리(대전제)		
사 실(소전제)		
가치판단(결 론)		

〈보물찾기 지시문 8〉

4. 가치분석과 명료화의 적용

지금까지 살펴본 가치분석과 명료화는 어느 곳에 적용될 수 있을까? 직접적으로 먼저 거론할 수 있는 것이 인지적 추론 능력을 바탕으로 한 도덕성의 발달이다. 가치를 분석하고 명료화하는 과정은 반성적 사고를 토대로 하는 가치 결단과 이행의 과정으로 볼 수 있으며 이러한 과정에서 요구되는 것은 인지적 추론 능력이라 할 수 있다.

Kohlberg(1975)는 도덕성의 발달에서 인지적 추론 능력이 차지하는 비중에 주목하면서 인지적 추론 능력을 길러주기 위하여 가치 딜레마 상황을 도입하여 갈등을 해결하도록 하는 방법을 사용하였다. 개인은 삼단논법에 의한 인지적 추론의 과정을 통하여 가치갈등 상황 속에 들어 있는 가치를 판단하고 선택함으로써 문제 상황을 해결하게 되는 것이다. 이러한 인지적 추론의 과정은 도덕적 사고 능력을 높이는 데 주안점을 둔다.

그의 유명한 'Heinz의 딜레마' 상황 속으로 들어가 보자.

> 어느 부인이 암으로 죽어가고 있는데 다행히 그 부인을 살릴 수 있는 약을 그 마을의 약제사가 발명하였다. 약제사는 그 약을 만드는 데 오랫동안 고생을 해야 했기 때문에 그만한 대가를 바랐다. 그래서 그는 그 약을 제조하는 데 드는 비용보다 몇 배나 높은 가격을 요구하였다. 암환자인 부인의 남편인 하인즈는 그 약을 구할 수 있는 돈을 마련하고자 노력하였지만 원하는 약을 사기에는 턱없이 모자랐다.
>
> 결국 그는 약제사를 찾아가서 사정을 할 수밖에 없었다. 아내가 죽어가고 있으니 먼저 약을 주면 나중에 반드시 갚겠다고 그 약제사에게 애원을 하였다. 그러나 약제사는 "신약을 개발하느라 고생했으니 돈을 벌어야 한다."며 하인즈의 부탁을 거절하였다. 여러 번의 사정에도 불구하고 약제사로부터 거절당한 하인즈는 아내를 살릴 수 있는 방법은 한가지 밖에 없다고 생각하였다. 그것은 약방문을 부수고 들어가 그 약을 훔치는 것이었다. 그날 저녁 그는 그의 생각을 행동으로 옮겼다.
>
> 과연 하인즈는 어떻게 해야 했으며 그 이유는 무엇인가?

Kohlberg는 이와 같은 문제 상황을 제시한 다음 아동들(10, 13, 16세)이 답변한 내용을 분석하여 도덕성 발달을 〈표-7〉과 같이 6단계로 구분하였다.

<표-7> Kohlberg의 도덕성 발달 단계

수준	단계	특성	반응의 예
인습 이전 수준	1단계 처벌과 복종 지향	도덕적 결정이 단순히 신체적, 물리적 힘에 그 바탕을 두고 있으며 자기보다 강한 사람에 의한 처벌을 피하기 위해 복종하고 행동한다.	"벌을 받기 때문에 훔치는 것은 나쁘다." "법에 어긋나니까 벌을 받아야 한다." "큰 물건을 훔친 것이 아니기 때문에 벌을 받지 않을 것이다."
	2단계 개인적 욕구 충족	개인적 요구를 충족시키기 위해 물질적 이해타산에 집착하여 손해를 보지 않으려는 방향으로 행동한다. 자신의 만족 추구가 선으로 간주되며 보수나 이익을 추구하는 소박한 이기주의를 지향한다.	"모든 것은 자신이 어떻게 보는가에 달려 있다." "하인즈는 아내를 위해 훔치는 것을 정당하게 여길 수 있지만 약제사의 경우는 그렇지 않다." "사람에 따라 약을 훔칠 수도 있고 안 훔칠 수도 있다."
인습 수준	3단계 사회적 순응과 역할 수행	'착한 소년, 소녀'라는 타인으로부터의 인정을 중시하고 타인에 동조적인 인간관계를 지향한다. 자신의 의사보다 사회적 인습을 앞세운다.	"하인즈는 아내를 사랑하여 도둑질을 했다." "아내의 생명을 구하기 위해 약을 훔친 하인즈가 불쌍하다." "약제사는 이익만을 앞세운 탐욕스러운 사람이다."
	4단계 사회적 규범의 존중	권위나 고정된 규칙, 사회질서 유지의 중요성을 강조한다. 올바른 행동이란 의무를 수행하고 권위를 존중하며 사회질서를 유지하는 행동이다.	"법은 사회조직의 결정적 요소로서 존중되어야 하기 때문에 하인즈는 약값을 치루고 재판을 받아야 한다." "하인즈가 도둑질을 한 사정은 이해가 가지만 그래도 법은 지켜져야 한다."
인습 이후 수준	5단계 사회계약 지향	도덕 판단은 단순하지 않고 광범위한 견해를 고려한 종합적인 것이다. 타인의 권리를 침해하는 일을 피하여 자유, 평등, 계약의 원리를 따른다.	"하인즈가 도둑질을 할 수밖에 없었다면 그러한 행동을 하게 한 법이라든가 사회 규칙은 변경되어야 한다." "법은 개인적인 삶의 행복을 보장하도록 서로 약속한 것이기 때문에 하인즈의 행동을 처벌할 수만은 없다."
	6단계 보편적 원리 지향	개별적 인간의 존엄성, 사회정의 등의 보편적 원리에 입각하여 도덕 판단을 하게 된다. 양심과 상호신뢰와 존경을 지향하며 논리적 일관성과 보편성을 중시한다.	"인간의 생명은 그 어떤 것보다 우선이다. 법도 인간을 위하여 존재하는 것이다." "우리는 사랑하는 사람뿐만 아니라 그 어떤 사람이라도 구제할 의무가 있다."

Kohlberg가 제시한 도덕성 발달 단계는 가치판단의 수준별 성장과정이라 할 수 있으며 그 근거에 인지적 추론 능력이 깔려 있음을 알 수 있다.

인습 이전 수준으로부터 인습 이후의 수준에 이르는 동안 가치판단자는 규칙이나 법에 따른 처벌의 의미와 도덕적인 진실을 깨닫게 되고 최종적으로 보편타당한 원리에 가치를 두게 된다.

이러한 도덕성의 단계적 성장 발달 과정에서 가치분석과 명료화 프로그램은 긍정적인 효과를 발휘할 것이며 특히, 가치분석 프로그램의 논리적 절차들은 인지적 추론 능력을 발달시키고 결과적으로 도덕성 발달에 기여하게 될 것이다.

가치분석과 명료화 과정이 그 외에 어떠한 영역에서 효과적으로 적용될 수 있는지 살펴보기로 한다.

1) 사회적 문제해결능력에 적용

인간은 사회적 동물로서 살아가는 동안에 수많은 문제들을 만나게 된다. 그리고 어떤 식으로든지 당면한 문제를 해결하지 않으면 안 된다. 사실상 인간의 삶이란 끊임없는 문제해결의 과정이며 어떻게 문제를 해결했는가에 따라서 그 삶의 방향이 달라질 수 있는 것이다.

김경희(1998)는 원하는 것이 있지만 그것을 획득하는 방법을 모르는 상황을 문제로 규정하면서 자신이 바라는 바대로 상황을 전환시키는 과정을 문제해결이라고 하였다. 문제해결에 대한 이와 같은 시각은 문제해결의 결과보다는 과정에 중점을 두는 과정적 접근 방식에 바탕을 두고 있다.

문제해결의 실마리를 어떻게 잡고 어떠한 과정을 거치면서 문제를 해결하는가를 중요하게 다루는 이러한 과정적 접근 방식은 사회적 문제해결능력을 중심 과제로 다루었던 D'zurilla와 Nezu(1982)에 의해서 크게 주목받게 되었다. 그들은 개인이 일상생활 속에서 만나게 되는 문제사태에 대한 인지적, 정서적, 행동적 과정을 사회적 문제해결이라고 정의하면서 반성적 사고에 바탕을 둔 문제해결 과정을 사회적 문제로까지 확대시켰다. 이들에 있어서 개인적인 문제나 개인 간의 문제, 또는 가족이나 더 넓은 집단 간의 문제는 모두 사회적인 문제 안에서 포용될 수 있는 개념으로 사회적 문제해결능력을 갖추게 되면 이러한 문제들을 해결하는 능력도 자연스럽게 형성되는 것으로 보고 있다. 그렇기 때문에 사회적 문제해결능력은 모든 문제들을 해결할 수 있는 바탕이 된다고 할 수 있는 것이다.

그렇다면 이와 같이 중요한 사회적 문제해결능력을 어떻게 증진시킬 것인가? 사회적 문제해결능력의 중요성에 대한 인식은 어떻게 하면 효과적으로 사회적 문제해결능력을 증진시킬 것인지에 대한 방법적 모색을 불러일으켜 왔다.

문제해결 훈련을 실시하여 사회적 문제해결능력을 증진시키고자 한 연구들(김금열, 2002: 신재진, 2002: Cormier, Otani, & Cormier, 1986: Kazdin, Siegel, & Bass, 1992: Samulski, 2004)은 사회적 문제해결능력을 직접적으로 개선하고자 한 실제적인 방법의 예가 될 것이다. 이들 연구들의 연구 결과를 보면 정도의 차이는 있지만 문제에 대한 확산적 사고를 바탕으로 문제를 해결하기 위한 대안을 발견하고 최선의 대안을 선택하여 이행하도록 하는 문제해결 훈련이 당면한 사회적 문제를 처리하는 능력을 배양하는 데 효과가 있음을 알 수 있다.

이들 연구들의 결과에서 알 수 있는 점은 문제해결 훈련이 사회적 문제해결능력을 증진하기 위해서 효과적인 대처방식과 문제해결 기술을 중시하고 있다는 것이다. 즉 문제에 대한 인식으로부터 해결책을 산출하고 대안의 결과를 예측·비교한 다음 최선의 대안을 선택하고 수행하는 일련의 훈련 과정에서 효과적인 문제 처리 기술과 절차는 필수적인 사항이다. 그렇기 때문에 사회적 문제해결 훈련은 다분히 직접적이며 표면적인 문제 처리 방식을 중시하는 경향을 보이게 된다.

그런데 이와는 달리 간접적이지만 사회적 문제해결능력을 심층적으로 높일 수 있는 접근법을 생각해 볼 수 있다.

가치명료화 이론가들(Beller, 1986; Howe & Howe, 1975; Kinnier, 1995; Kirschenbaum, 1973; Raths, Harmin & Simon, 1978)은 문제사태를 만들어 내는 진짜 주인공은 가치이며 문제해결의 과정을 가치선택과 실천의 과정으로 파악한다. 그들은 가치갈등 현상을 초래하는 문제사태에 주목하고 그 문제를 유발하고 있는 실질적인 원인이 어디에서 비롯되었는지 분석한다. 그리고 문제를 일으키는 장본인이 가치라는 사실에 의견을 같이한다. 사실 문제사태를 해결하기 위하여 선택하는 대안들 속에는 각각의 가치들이 숨어 있으며 대안들이 선택되고 이행된다는 의미는 다름 아닌 가치의 선택과 실천의 과정이라고 바꾸어 말할 수 있는 것이다. 말하자면 문제사태를 해결하는 과정은 가치선택과 실천의 과정이며 가치를 합리적으로 선택하고 실천하는 사람일수록 문제해결능력이 발달되어 있다고 가정할 수 있다.

실제로 Raths, Harmin과 Simon(1978)이 주장하는 명료화 과정을 보면 사회적 문제해결 훈련과 매우 유사하다는 점을 발견할 수 있다. 가치명료화의 출발점인 선택하기 과정(자유롭게 다양한 대안으로부터 결과를 고려하여 가치를 선택)으로부터 존중하기(선택한 대안 속의 가치를 존중하고 확신하여 공언), 행동하기(선택한 대안 속의 가치를 반복적으로 일관되게 실천)에 이르는 전체적인 과정은 사회적 문제해결 훈련에서 제시하고 있는 문제 인식으로부터 해결책을 실행에 옮기는 일련의 과정과 유사한 면이 있는 것이다. 다만 사회적 문제해결 훈련 과정은 직접적인 대안의 파생과 실천에 관심을 가지고 있는 반면 가치명료화 과정은 문제해결의 주안점을 가치의 선택과 신념화에 두는 간접적인 접근 방법을 취하고 있다는 점이 다르다.

사회적 문제해결능력에 대한 가치명료화의 효용성은 D'zurilla와 Nezu

가 제시한 사회적 문제해결 과정을 구체적으로 살펴봄으로써 분명해질 수 있다.

첫째, 문제규정과 형성(problem definition and formulation) 과정이다. 우리가 일상생활에서 만나게 되는 대부분의 문제 상황은 복잡하고 다양한 가치들이 혼재되어 있어서 문제의 핵심을 파악하기 어렵고 그에 따라 문제해결의 방향을 잡기가 쉽지 않다. 특히, 문제 상황 속에 왜곡된 사실이 들어 있는 경우 분명한 판단을 흐리게 하여 더욱 문제를 해결하는 데 어려움을 겪을 수 있게 된다.

그러나 문제를 풀어나가기 위해서는 복잡하게 얽힌 문제 상황을 구체화시키고 문제의 핵심이 무엇인지 정확히 파악하고 이해할 수 있어야 한다. 이를 위해서 문제와 관련된 사실적 정보를 다양하게 수집하여 비교하는 한편 문제해결의 목적을 분명히 하도록 해야 한다. 문제 상황 속에 있는 가치를 세분화하여 구조적으로 나열해 봄으로써 문제에 대한 규정과 형성에 도움을 받을 수 있다.

둘째, 대안적 해결책의 산출(generation of alternatives solution) 과정이다. 문제에 대한 명확한 규정과 구조화가 이루어졌다면 이번에는 구체적으로 어떻게 문제 상황을 해결할 것인지 그 해결 대안을 찾아보아야 한다. 문제를 해결하기 위해 생각할 수 있는 대안은 수도 없이 많을 수 있으며 가능한 한 폭넓게 찾아보아야 한다.

이와 같은 대안적 해결책 산출 과정에서 중요한 점은 문제의 핵심에서 벗어나지 않고 현실적으로 실현 가능한 대안을 여러 가지 측면에서 다양하게 알아보아야 한다는 것이다. 문제의 핵심에서 벗어나고 실효성이 없는 대안은 문제해결책으로써 가치를 보장받을 수 없기 때문에 부정적, 긍정적 결과까지 충분히 고려한 대안을 산출할 수 있도록 해야 한다. 부정적 측면이나 긍정적 측면의 일부만을 보고 생각해 낸 대안이라면 그만큼 현실성에 의문을 가질 수밖에 없게 될 것이다.

셋째, 해결책 실행과 확인(solution implementation & verification) 과정이다. 문제해결을 위해 가능한 대안들을 분석하고 평가하여 문제해결의 목적을 달성할 수 있는 최상의 대안을 선택하고 실행한다. 말하자면 이번 과정은 긍정적인 결과를 최대화하고 부정적인 결과를 최소화할 수 있는 대안을 선택하고 실제 행동으로 표현한 다음 평가해 보는 최종 단계이다. 문제해결을 위해 생각해 낸 최선의 대안들 가운데 최종적으로 하나의 대안을 선택하고 실천한 다음 그 대안의 유효성을 따져 보는 마지막 과정이다.

실행한 대안을 평가하기 위해서는 문제해결자 자신의 관찰 활동이 뒤따라야 한다. 즉 대안의 실천 결과가 어떤 양상으로 나타났는지 객관적인 입장에서 스스로를 평가해 보고 반성해 보는 것이다. 이처럼 자신의 객관적인 관찰 활동을 바탕으로 문제를 해결하는 자신의 행동에 대해 평가를 해보는 것은 중요한 문제해결 기술에 해당한다.

D'zurilla와 Nezu의 이와 같은 사회적 문제해결 과정 이론은 이상적인 문제해결 과정을 설정해 놓고 그 과정에 따라 체계적으로 문제를 해결하도록 설계했다는 점이 특징이다(김경희, 1998). 개인은 이와 같이 단계별로 설계된 문제해결 과정에 따라 효율적으로 문제를 해결할 수 있는 기회를 가질 수 있지만 이상적으로 책정된 문제해결 과정에서 요구하는 문제해결능력을 전적으로 다 갖출 수는 없을 것이다. 이러한 사실은 문제해결능력에서 개인차가 존재할 수밖에 없다는 점을 시사해 준다.

마찬가지로 사회적 문제해결능력을 높이기 위해서 가치명료화 과정을 실시할 경우에도 개인차는 발생할 수밖에 없다. 가치상대주의와 중립주의를 표방하는 가치명료화에서 개인차는 자연스러운 현상이며 존중되어야 할 일부분이기도 하다. 이상적으로 설계된 모형이나 프로그램에 따라 가치명료화를 실시하게 되더라도 개인적으로 상이한 사회적 문제해결능력을 보유하게 될 것이다. 이것은 사람마다 다양한 환경과 개인적 특성에 기인한 결과이다.

따라서 가치명료화 프로그램을 실시할 경우 그 결과의 다양성에 놀랄 필요는 없으며 사회적 문제해결능력을 증진하기 위한 많은 방법 가운데 하나라는 점을 인정하도록 해야 한다.

2) 의사결정유형에 적용

우리는 일상생활 속에서 가치를 담은 수많은 정보들에 노출되어 있으며 특정한 정보들을 받아들이고 그것들을 행동으로 표출하며 살아가고 있다. 우리가 어떤 정보를 수용하여 판단한 다음 행동으로 연결시킨다는 것은 곧 자신의 가치와 관련된 선택의 과정이며 가치체계에 의한 순차적인 의사결정의 결과이다. 그렇기 때문에 의사결정은 근본적으로 자신이 지각하는 가치를 기초로 이루어진다고 볼 수 있다(Raths et al., 1978). 말하자면 자신이 중요시하는 가치가 무엇인가에 따라서 정보의 선택이 이루어지며 여기서 선택은 곧 의사결정을 의미하는 것이 된다.

결국 선택이란 가치결정 활동이며 다양한 가치들 가운데 취사선택하는 과정은 분명히 의사결정유형과 어떠한 연관을 맺고 있음을 알 수가 있다. 말하자면 개인은 가치체계 내에 있는 가치의 우선순위에 따라서 자신의 의사를 결정하기 때문에 가치와 의사결정유형 간에 서로 상관이 존재한다고 유추해 볼 수 있는 것이다.

조성민·정선심(1993)은 가치를 논리적으로 선택하는 과정을 평가적 의사결정의 과정이라고 하였는데 이들의 견해 역시 가치와 의사결정유형과의 관련성이 있음을 시사해 준다. 예컨대 가치판단의 대상을 확인한 다음 대안을 나열하고 선택하는 과정은 가치에 대한 개인의 평가를 동반한 일련의 의사결정의 과정이라 할 것이다.

정의권(2001) 역시 각 개인에 있어서 행위의 의사결정을 하게 하는 기준을 가치라고 하였는데 이는 가치가 개인의 선택적 행동을 가져오는 의사결정의 과정에 중요한 역할을 한다고 볼 수 있는 것이다.

Harren(1979)은 의사결정유형에 대해 의사결정과제를 지각하고 반응하는 개인의 특징적인 유형 또는 의사결정을 내리는 방식으로 정의하고 합리적 유형, 직관적 유형, 의존적 유형으로 분류하였다. Harren이 제시한 세 가지 의사결정유형들에 대해 구체적으로 살펴보면 다음과 같다.

첫째, 합리적 유형은 자신이 결정해야 할 문제에 대해서 다양한 정보들을 수집하고 논리적으로 평가하며 현실적으로 의사를 결정한다. 이러한 합리적 의사결정유형은 문제의 핵심을 분명히 하고 그와 관련된 대안을 탐색하며 그 대안들을 자신의 합리적인 기준에 따라 평가하고 수집한 자료들을 조직하여 최선의 선택을 하게 된다. 합리적 유형은 충분히 자율적으로 판단하고 자신의 결정에 대해 책임을 지기 때문에 의사결정에 대한 자신감과 독립심이 형성되어 있다. 따라서 합리적 유형은 의사결정 과정에서 신중하게 판단하고 행동하는 성향을 지니고 있기 때문에 그만큼 실패할 가능성이 낮다.

둘째, 직관적 유형은 자신이 결정해야 할 문제에 대해서 심사숙고하는 과정을 거치지 않고 상상이나 감정에 의존하여 의사결정을 내린다. 이 유형은 합리적 유형에서 보이는 논리적인 대안 탐색과 평가 과정이 결핍되어 있으며 합리적인 의사결정 기준이 부족하여 그만큼 의사결정과정에서 실패할 확률이 높다. 이러한 직관적 유형은 이성적이며 논리적인 판단보다는 즉흥적인 감정에 의존하기 때문에 의사결정 순간이 빠르고 합리적 유형처럼 자신의 의사결정에 대해 책임을 진다는 점에서 긍정적이다.

셋째, 의존적 유형은 의사결정을 자기 자신 스스로 내리지 못하고 타인의 영향에 따라 수동적으로 결정하고 사회적으로 인정될 수 있는 조건을 먼저 고려한다. 그렇기 때문에 의존적 유형은 주관적이고 독립적인 의사결정이 이루어지지 못하고 자연적으로 다른 사람의 의사결정에 순응하며 자신의 결정을 필요시에 유보하는 경향을 보인다. 결과적으로 의존적 유형은 의사결정에 대한 자신의 책임을 부정하고 다른 사람에게 그 책임을 전가시키는가 하면 의사결정에 대한 확신이 부족한 상태로 대외 의존적인 사고방식을 유지하게 된다. 따라서 의사결정에 대한 회피성향은 만성화되기 쉽고 의사결정에 대한 불만족 상태에 놓이게 됨으로써 의사결정 문제에 대해서 상대적으로 실패의 위험성이 높은 것이 특징이다.

Harren은 이와 같이 의사결정유형을 세 가지로 분류하면서 가장 이상적인 유형으로 합리적 유형을 들었다. 즉 합리적 유형이 다른 두 가지 유형에 비하여 의사결정 문제를 효과적으로 처리할 뿐만 아니라 문제해결능력에서 우수하다는 것이다.

그렇기 때문에 어떻게 하면 의사결정유형을 합리적으로 변화시킬 것인가가 관건이 된다. 가치분석이나 명료화 프로그램을 실시할 경우 이점에 초점을 맞추어 진행하도록 해야 한다. 합리적으로 자신의 의사를 결정할 수 있도록 충분히 자율적인 분위기를 조성하고 지시, 훈계, 교훈적 방법은 최대한 배격되어야 한다. 자유롭고 창조적인 분위기 속에서 가치분석과 명료화 프로그램을 병행하여 실시하는 것이 효과적일 것이다.

3) 역기능적 진로사고에 적용

Sampson, Perterson, Lenz, Reardon와 Saunders(1996)는 진로문제를 해결하거나 진로를 결정하는 과정에서 긍정적인 사고를 하는 사람은 부정적이며 역기능적 사고를 하는 사람에 비하여 효과적으로 진로의사를 결정하는 경향이 있으며 진로문제에 있어서 곤란을 덜 겪는다고 보았다. 진로결정에 있어서 봉착하는 장애를 해결하는 과정에서 중요한 것은 인지적 사고 체계와 관련된 의식의 문제라는 점은 주지의 사실이다. 사실 자신에게 닥친 문제들의 난이도나 복잡성보다는 개인이 그것을 어떻게 인지하고 해석하여 대처해 나가는가라는 의식의 문제는 일상생활에서 자주 경험하는 삶의 일부이기도 하다. 역기능적 사고로 문제를 부정적으로 바라보는 사람은 그렇지 않은 사람에 비하여 문제해결능력에서 차이가 날 것이며 부정적인 결과를 가져오리라 예측할 수 있다(최현영, 2005).

역기능적 사고는 문제해결능력에 영향을 미치고 불완전하고 미성숙한 문제해결능력은 진로문제해결에 불충분한 결과를 낳는다. 이러한 불충분한 결과는 또 다시 역기능적 사고를 강화하는 순환과정을 밟음으로써 생애의 실패 확률은 점점 높아지는 것이다. 그렇기 때문에 역기능적 사고가 진로발달 과정에서 중요한 역할을 하고 있다는 점을 인식하고 인지적 재구성 과정을 학습함으로써 역기능적 진로사고에 따른 부정적인 영향을 감소하는 방안을 모색할 필요가 있다.

역기능적 진로사고는 진로에 영향을 미치는 인지적 요인이며 인지는 진로발달이나 진로의사결정 또는 진로문제해결 등과 같은 관심 영역에서 고려해야 하는 중요한 요인으로 폭넓게 인식되어 왔다(Lusting & Strauser, 2002). 이러한 인지는 외부자극을 지각하여 저장하는 정보처리 과정에서 생성되는 신념, 가치, 철학 등과 같은 요소들을 포함한다. 개인은 자극과 반응 및 기억 체계에 따라 외부의 정보를 흥미나 기호, 관심의 정도에 따라 수용하여 처리함으로써 구조화된 지식구조(Schema)를 형성하고 신념 및 가치체계를 발달시킨다(이성진, 1996).

Krumboltz(1994)는 건설적이며 긍정적인 신념은 생애 목표를 성취하도록 돕는 반면, 자기 파괴적이고 부정적인 신념은 생애를 파괴할 수 있다고 경고하면서 진로결정과 진로관련 행동에서 신념의 중요성을 강조하였다. 사실 대부분의 사람은 자신이 지닌 내부적인 신념에 따라 일을 결정하며 선택적 행동을 하게 마련이다. 이것은 곧 신념체계가 개인의 진로를 포함한 인생사에 얼마나 큰 영향을 미치는 것인지를 단적으로 보여주는 것이다.

가치 중심적 진로접근을 주장했던 Brown과 Lent(1996) 역시 인간의 기능은 개인의 가치에 따라 상당한 영향을 받고 형성되며 개인의 행동을 결정하는 강력한 결정요인으로 가치를 들었다. 개개인은 가치를 담은 정보에 동화되어 가치를 형성하고 이러한 가치는 개인의 인지적, 정의적 행동 성향을 만드는 핵심을 이룬다는 것이다. 이렇게 볼 때 개개인은 자신의 선호와 신념에 따라 가치의 우선순위를 정하여 지식구조를 만들고 쉽게 변화되지 않는 사고 체계를 형성해 나간다. 따라서 개인이 지닌 사고 체계에 따라 진로를 포함한 일상적인 일들이 결정되며 생애역할에서 성공은 많은 요인들에 의해 결정되지만 그 가운데 가치는 중요한 결정인자로써 작용한다.

만약 개방적이고 자율적이며 긍정적인 가치를 수용하여 구조화하였다면 긍정적이며 순기능적 사고 체계를, 패쇄적이며 수동적이고 부정적인 가치를 수용하였다면 부정적이며 역기능적 사고 체계를 지니게 될 것이다. 이러한 가정으로부터 가치와 역기능적 진로사고가 서로 연관되어 있음을 알 수가 있다.

Young과 Chen(1999)은 인지가 진로발달과정에서 중요한 역할을 하기 때문에 역기능적 진로사고를 감소시키고 합리적인 진로사고를 갖도록 도와주는 것이 중요하다고 하여 인지적 접근이 역기능적 진로사고를 줄일 수 있음을 시사하였다. 가치와 관련하여 인지적 접근 방법을 구사하고 있는 주요 흐름은 가치분석이론이다.

대표적인 가치분석 이론가들(Banks, 1977; Hunt & Metcalf, 1968; Massialas & Cox, 1966; Meux, 1971; Oliver & Shaver, 1966)은 가치에 대한 인지, 분석, 결과 예측, 선택에 이르는 일련의 과정을 설정하고 가치의 합리적인 수용을 위하여 분석적 방법을 도입하였다. 이들은 개인이 선택한 가치가 정당한 검증을 거쳐서 객관적으로 합당하게 수용되기를 바라면서 논리적인 사고를 중요시하였다.

말하자면, 이들의 가치분석 모형은 인지적 접근 방법으로써 역기능적 진로사고에 영향을 줄 것으로 기대된다. 이들이 주장하는 인지(가치문제를 확인하고 규정)⇒분석(사실 수집과 관련성 검정 및 평가)⇒결과 예측(잠정적인 가치판단과 가설의 수립)⇒선택(최종 검증과 가치의 결정)의 과정은 역기능적 진로사고의 이론적 기반이 되었던 CASVE의 주기와 유사하다.

CASVE 주기는 역기능적 진로사고의 실증적 연구에 많은 기여를 했던 Peterson, Sampson과 Reardon(1991)에 의하여 주창된 것으로 현재 상태와 원하는 상태 간의 차이를 인식하는 의사소통(Communication)⇒ 여러 요소 간의 관련성을 인식하는 분석(Analysis)⇒가능한 대안을 창출하는 종합(Synthesis)⇒대안의 우선순위를 정하는 가치 부여(Valuing)⇒잠정적 선택 실행(Execution)으로 이루어진다.

이와 같이 가치분석 과정과 역기능적 진로사고 검사의 이론적 바탕이 된 CASVE의 주기가 유사하다는 사실에서 가치분석이 역기능적 진로사고를 극복하는 데 긍정적인 영향을 미칠 수 있음을 짐작할 수 있다.

역기능적 진로사고를 개선하기 위해서 가치분석 프로그램을 적용할 경우 역기능적 사고가 자신의 진로에 얼마나 부정적인 영향을 미칠 수 있는 것인지 깨닫도록 하여 가치분석 활동의 필요성을 느낄 수 있도록 해야 한다. 동기는 학습의 효과를 극대화하는 필요 불가결의 요소임에 틀림없다. 특히 가치분석 프로그램 중 난이도가 높은 '가치판단 구성요소의 형식검사' 활동을 전개할 때 쉽게 싫증을 느낄 수 있으므로 흥미 유발에 유의해야 한다.

4) 진로성숙에 적용

진로(Career)는 개인의 일생에서 하는 일의 총체로 어린 시절에서 시작하여 퇴직할 때까지 계속되는 발달적 개념이다(김충기, 2001). 인간의 삶을 전체적으로 관찰해 보면 끊임없는 진로발달의 과정이란 사실을 깨달을 수 있다. 진로발달이 순조롭게 진행되어 직업적으로 성공하고 행복을 영위하는 사람이 있는가 하면 진로발달 과정에서 많은 시행착오를 경험하면서 직업적으로 만족을 느끼지 못하며 살고 있는 사람도 있는 것이다.

이것은 결국 진로발달의 중요성을 단적으로 보여준다. Super(1963)는 환상기, 잠정기, 현실기로 진로발달 단계를 설정한 Ginzberg 등(1951)의 이론을 성장기, 탐색기, 확립기, 유지기, 쇠퇴기에 이르는 전 생애적 개념으로 진로발달 단계를 확장하면서 직업성숙도(Vocational maturity)에 따라 진로발달의 정도를 알 수 있다고 하였다. Super에 있어서 직업성숙도는 직업에 따른 발달과업과 연관된 것으로써 한 개인이 속해 있는 동일한 연령층에서 성취해야 할 직업적 준비성이라 할 수 있다. 예컨대 직업 선택에 임하는 태도, 직업에 대한 정보의 획득과 계획, 일관성 있는 직업선호 정도, 자아 특성 요인에 대한 구체화 정도, 직업적 독립, 직업 선택에서의 현실성 등은 직업성숙도의 주요 지표가 되었다(Zunker, 1986).

이러한 Super의 직업성숙도는 Crites(1978)에 의해서 더욱 정교화되고 실증적인 모델로 정립되기에 이른다. Crites는 직업성숙을 진로성숙(Career Maturity)이라는 거시적인 개념으로 확대시키고 진로성숙 검사 도구(Career maturity inventory)까지 개발하는 공헌을 하였다. Crites에 있어서 진로성숙은 Super의 직업성숙과 유사한 개념으로 동일한 연령층들 사이에 나타나는 상대적 직업의 준비 정도를 의미하는 것이다. 예컨대 진로성숙이란 자아의 이해와 일과 직업세계의 이해를 기초로 하여 자신의 진로를 계획하고 선택하는 과정에서 동일 연령이나 발달단계의 집단에서 개인이 차지하는 상대적인 발달과업 수행 정도라고 할 수 있다. 여기서 자아의 이해는 자기의 능력, 적성, 흥미, 가치, 신체적 조건, 환경적 조건 등에 대한 이해를 말하며 일과 직업세계에 대한 이해는 직업정보, 일과 직업의 조건, 직업관 및 직업윤리 등에 대한 이해를 의미한다(송병국, 2000).

따라서 진로성숙에서 자아에 대한 이해는 아주 중요한 요소이다. 자아 이해에 대한 많은 요인 가운데 최근에 가치에 대한 중요성이 부각되고 있다.

Brown과 Lent(1996)는 생애 만족과 진로성숙에 영향을 미치는 요인으로 가치를 가장 중시하면서 이른바 가치 중심적 진로접근 모형을 제시하였다. 가치 중심적 진로접근 모형에 의하면 개인이 우선순위를 부여하는 가치들은 제한적이며 이렇게 한정된 가치들에 의해서 생애역할이 규정되고 진로발달이나 성숙에서 차이가 발생한다는 것이다. Ben-Shem와 Avi-Itzuk(1991) 역시 진로성숙에 가치가 주요 요인으로 작용하며 이타적인 가치가 자기중심적인 가치에 우선한다고 하였다.

이들의 연구를 통해서 진로성숙에 가치가 중요한 영향을 미치고 있음을 알 수가 있다. 진로성숙과 관련된 변인으로 가치의 중요성을 부각시킨 연구로는 고등학생을 대상으로 진로태도 성숙과 관련 변인과의 관계를 구명한 이기학(1997)과 가치에 따라 진로성숙의 차이를 보고한 강경숙(2000), 김정숙(2001) 그리고 Post-Kammer(1987) 등이 있다. 이러한 선행 연구들로부터 가치가 진로성숙의 중요한 변인임이 입증되었다.

진로성숙에는 인지, 정의, 행동적 요소가 복합적으로 들어 있기 때문에 가치분석과 명료화 프로그램을 적용할 경우 이들을 병행하여 실시해 볼 필요가 있다. 의사결정이나 분석, 또는 직업적 선택과 같은 지적 활동이 강조되는 부분은 가치분석 프로그램을, 자아이해와 관련된 정의적, 행동적 부분은 가치명료화 프로그램을 선택적으로 활용할 수 있을 것이다.

이 책에 소개된 정형화된 가치분석이나 명료화 프로그램을 고집하기 보다는 상황에 따라 유연하게 변형하여 사용해 보도록 한다.

5) 자아정체감에 적용

직업성숙도를 제창한 Super는 진로발달을 직업적 성취를 통한 자아실현의 과정으로 보면서 자아관련 요인이 주요 변수가 됨을 강조한 바 있다. 그에 있어서 직업의 선택과 안정, 발전은 자아의 발달과 상응하여 이루어지는 것으로 Tiedeman과 O'Hara(1963)에 영향을 주었다. Tiedeman과 O'Hara에 따르면 개인이 환경과의 상호 작용을 통하여 형성된 자아정체감에 따라 진로발달이 이루어진다. 말하자면 탐색기⇒구체화기⇒선택기⇒명료화기⇒순응기⇒개혁기⇒통합기에 이르는 진로발달 과정은 다름 아닌 자아정체감 발달에 의한 순차적 진행의 단계라는 것이다. 개인은 분화와 통합의 과정을 거치면서 자아정체감을 형성하고 이것이 직업적 자아정체감의 기초가 된다(김충기, 2001). 그런데 흥미롭게도 이러한 자아정체감의 형성 요인으로 가치가 작용한다는 것이다.

일찍이 생애발달 8단계를 주장했던 Erikson(1968)에 의하면 12-18세에 해당하는 5단계 생애발달 과정(정체감 대 역할 혼미)은 신체적, 정신적 각성기로써 아동기에 가졌던 자신의 관점이나 가치의 부조화를 경험하고 새로운 자아상을 정립해 나가는 시기이다. 그에 의하면 가치는 자아정체감과 자신의 역할에 대한 불확실성을 가져오는 주요 요인이다. 자신의 경험에 대한 영속성이나 동일성을 자각하는 것을 자아정체감이라 한다면 가치는 개인의 경험을 선별적으로 제어하여 인식하게 하는 필터의 역할을 하게 된다.

자아정체감에 대한 가치의 역할은 자아정체감을 자기구조화로 파악한 Marcia(1980)의 연구에 의해서도 드러났다. Marcia는 개인의 능력이나 신념, 생활사 등과 관련하여 발생하는 역동적인 체계를 자아정체감으로 규정하고 네 가지 유형의 정체감 상태(정체감 혼미, 정체감 유실, 정체감 유예, 정체감 성취)에 목표, 신념, 가치 등의 개인 내적 요인이 영향을 미친다고 보았다. Waterman(1982)도 자아정체감에 대한 정의를 일곱 가지(① 자기에 대한 명확한 정의내리기, ② 생의 목표, 가치, 신념에 대한 결정, ③ 결정에 대한 실제적 이행 활동, ④ 자기 인정과 수용, ⑤ 자신의 독특성에 대한 자각, ⑥ 정체감형성을 위한 대안 탐색 노력, ⑦ 자신의 미래에 대한 확신)로 내리면서 가치를 하나의 요인으로 포함시켰다. 가치와 자아정체감과의 관계는 자아정체감을 가치인식이나 가치추구 차원에서 파악한 이차선(1998)의 연구에서도 밝혀졌다.

자아정체감에는 가치명료화 프로그램이 유용하게 쓰일 수 있다. 가치갈등 상황을 명료화함으로써 자신에 대한 정체성을 확인할 수 있기 때문이다. 실제 자신이 경험했던 가치갈등 상황을 찾아보고 그것들을 가치명료화 프로그램에 따라 단계적으로 풀어나가는 과정에서 자신의 정체성을 파악하고 증진시킬 수 있을 것이다.

자아정체감은 갈등 상황에서 극명하게 드러나기 때문에 자신이 불안을 느꼈던 상황이나 의사결정 과정에서 혼란을 경험했던 경우를 문제 상황으로 책정하여 이를 본 프로그램에 따라 명료화해 보는 방법이 효과적이다.

6) 자아존중감에 적용

Branden(1992)은 문제나 고난에 맞서서 이겨낼 수 있는 능력에 대한 신념을 자아존중감이라고 정의하면서 고난을 극복하여 자기 자신을 스스로 가치 있는 존재로 인식하는 과정에서 자아존중감이 강화된다고 하였다. Pelham과 Swan(1989) 역시 총체적인 자아는 가치와 밀접하게 연관된 신념 체계(belief system)에 따라 다른 양상을 보인다고 하였는데, 가치에 대한 평가와 수용을 신념 체계의 주요 구성원으로 보았다.

Covault(1973)는 가치명료화 프로그램을 통하여 자신의 가치를 분명히 하게 되면 다른 사람의 가치에 흔들리지 않게 되고 자기 확신감을 가지게 되어 긍정적인 자아존중감을 형성하게 된다고 하였다. 사실 가치를 명료화하는 과정에서 자기 이해와 탐색은 필연적이며 자아 지각이 없이는 활동 자체가 불가능한 일이다. 그렇기 때문에 복잡하게 얽혀 있는 가치들을 선택하여 실천하는 과정 속에서 얻게 되는 성취감은 자신의 존재에 유의미성을 부여하고 자아존중감의 증진으로 이어질 것이란 예측이 가능한 것이다.

Coopersmith(1975)는 자아존중감의 구성요소로 전반적으로 자신에 대해 느끼고 있는 일반적 자아와 자신을 둘러싼 주변 환경이나 사람들로부터 인식되고 있는 사회적 자아를 들면서 학교 및 가정 자아를 추가하였다. 학교 자아는 학교생활에서 동료나 교사들로부터 인정받고 있다는 자아존중감을, 가정 자아는 가정 안에서 부모나 형제자매 간의 원만한 인간관계와 그로부터 인정받고 있다는 가치감이 반영되어 있다.

자아존중감은 인정의 욕구와 밀접하게 관련되어 있기 때문에 가치명료화 프로그램을 실시할 때 학습자 자신이 주인공으로서 제 역할을 다할 수 있도록 지지, 격려해 주도록 해야 한다. 학습자가 자신의 선택을 존중받고 있다고 확신할 수 있을 때 자아존중감은 증대되기 마련이므로 허용적인 분위기 조성은 필연적이다.

꿀벌의 날개 밑에서 진실을 건지다

사이버 상담 하나를 마치고 의자에 몸을 의지한 채 피곤함을 덜어내고 있는데 몸통에 노란 줄무늬를 하고 있는 꿀벌 한 마리가 눈에 들어온다. 녀석은 상담실 유리창문의 투명판 위를 연신 타고내리며 날개 짓을 해댄다.

언제부터 시작된 것일까. 그것은 알 수 없지만 열려 있는 창문을 통하여 들어온 것은 분명하다.

유리창 틀 밑단에서 상단까지 오르내리길 서너 번. 수업 종이 끝나는 종이 울렸건만 녀석은 쉬지 않고 같은 동작을 계속한다. 필사적으로 유리창 밖 세상을 향하여 날개 짓을 해보지만 별 무소용이다.

어찌하여 유리창 문에 갇혀 고생하고 있는 것일까. 유리창의 투명함에 속아 저토록 처절하게 발길질과 날개 짓을 하고 있는 모습이 애처롭게 여겨진다. 투명함으로 포장된 유리창의 진실을 깨닫게 되면 불과 삼십 센티 정도의 거리에 탈출구가 있다는 사실을 알게 될 텐데 가련하기 그지없다.

그러나 이러한 사실을 깨닫지 못하니 참으로 안타까운 노릇이다.

하기야 어디 꿀벌뿐이겠는가. 우리 인간사도 그렇다는 생각이 든다. 바로 눈앞의 이익에 눈이 멀어 유리창의 투명함에 가려진 진실을 알지 못하는 경우가 얼마나 많은가. 조금만 돌아가면, 조금만 천천히 여유를 가지고 앞을 내다보면 깨닫게 되는 삶의 진실들을 유리창 저 너머에 던져두고 송충이처럼 잔득 움츠리며 살아가니 정말 안쓰럽다.

몇 년 전 경기도 광주에 있는 한 미술관에서 보게 된 그림 한 점이 떠오른다. 전체적으로 검정 톤을 띤 그 그림의 제목은 '피리부는 원숭이'였던 것으로 기억한다. 마치 동화에 나오는 '피리부는 소년'을 연상하게 하는 장면이 인상적이었다. 검은 원숭이가 낭떠러지 언덕 위에서 피리를 불고 있는데 맞은편 쪽에서 검은 옷을 입은 사람들이 그 피리 소리에 이끌리어 차례대로 낭떠러지에 추락하고 있다. 그런데 재미있게도 그 그림의 등장인물들은 모두 눈가리개를 하고 있었다.

그 눈가리개는 자기 자신이 스스로 한 것일까. 아니면 강제로 한 것일까. 자발적이든지 비자발적이든지 그렇게 만든 강력한 힘의 배후에는 현실이 도사리고 있을 것이다. 그러나 현실적인 문제를 뒤로 제쳐두고 초연하게 자신의 갈 길을 걸어가는 사람이 몇이나 되겠는가.

꿀벌이 바둑판 크기의 네 배 정도밖에 안 되는 투명한 유리창을 벗어나지 못하는 것처럼 우리 인간도 원숭이가 부는 달콤한 피리 소리 같은 권력이나 부, 명예, 학벌 등의 외재적 대상들에 현혹되어 살아가고 있지는 않은지……

그런데 왜 사람들은 그토록 이러한 외적인 대상들에 이끌리어 살아가는 것일까. 그것은 지극히 현실적인 문제에 해당한다. 우리가 사는 세상은 놀랍게도 이분법적 구조로 이루어져 있다. 예컨대 권력을 가진 자와 갖지 않은 자, 부를 많이 누리는 자와 덜 누리는 자, 명예가 높은 자와 그렇지 않은 자, 학벌이 좋은 자와 좋지 않은 자 등으로 보이지 않는 선을 그어버린다.

물론 이러한 분류가 옳을 리 만무하다. 그런데 사람들은 공산주의의 아버지인 마르크스의 논리처럼 사람 사는 세상을 지배와 피지배의 구조로 단순화하길 좋아한다. 그리고 누구나 지배 계층에 들어가고자 한다. 이것은 인간의 상승 욕구와 맞물려서 더욱 강력해지게 마련이다. 이렇게 되면 자연히 이상이나 진실보다 현실의 무게는 더해진다. 그리고 마침내 사람들은 덫에 걸려들고 만다. 유리창의 투명함에 속는 꿀벌이 되고 원숭이의 피리 소리에 속는 사람이 되고 마는 것이다.

인간관계에서 지배당하지 않기 위해서, 돈과 권력에 지배당하지 않기 위해서 현실로 무장을 하지만 자신을 입증할 현실은 공허할 따름이다. 현실 속에 파고들수록 갈증을 느끼고 외로움에 몸서리치게 된다. 삶의 가치를 생각할 만큼 현실은 여유로움을 허락하지 않는다. 앞을 보고 무작정 달려야 패배하지 않을 것 같은 불안감에 잠을 설친다.

결국 그 끝은 투명한 유리창과 낭떠러지임에도 그것을 알지 못한 채 꿀벌처럼 계속 날개 짓을 하고 원숭이의 피리 소리를 듣는다. 유리창에 갇히고 낭떠러지에 떨어지는 일을 반복하면서 현실의 미로를 정신없이 헤맨다.

참으로 묘하게도 요즘 들어 하늘, 나무, 땅들이 눈에 잘 들어온다. 정신없이 바빠서 시간에 쫓기며 살던 때는 보이지 않던 사물들이 시야에 선명하게 잡힌다. 그냥 보이는 것만이 아니다.

하늘은 나에게 청명하게 살라고 얘기하고, 나무는 자기처럼 푸르게 살라고 한다. 이슬로 촉촉이 젖은 황토는 어떤가. 투박하게 살라고 운동장처럼 넓은 가슴을 보여준다. 모두가 여유롭게 자기 자리에 서 있는 것이다.

이제 '진실의 철학'을 깨치면서 지금까지 살아온 삶에 되돌이표를 던져보아야겠다. 투명한 유리창에 갇힌 꿀벌의 신세가 되지 않도록 삶의 진실에 귀 기울일 때인 것이다. 지금까지 유리창 문을 벗어나지 못하고 있는 꿀벌이 혹시 나 자신이 아닐까 생각해 보니 비애감이 앞선다.

　　그러나 뒤돌아보니 다행히 꿀벌의 자취가 보이지 않는다. 드디어 탈출에 성공한 것이다. 축하할 일이다. 근 두 시간을 방황한 끝에 일궈낸 성취에 박수를 보내고 싶은 심정이다.

　　꿀벌이 사라진 유리창을 바라보고 서 있노라니 왠지 힘이 쏟는다.

　　"그래 갈 길을 가야지, 서두르지 말고 천천히 진실을 찾아서."

참고문헌

1. 국내 문헌

김영채(1998). **사고력: 이론, 개발과 수업**. 서울: 교육과학사.

김영채(1999). **창의적 문제해결**. 서울: 교육과학사.

김태길(1990). **존 듀이의 사회철학**. 서울: 명문당.

남궁달화(1994). **가치탐구교육론**. 서울: 철학과 현실사.

성태제(1999). **교육연구방법의 이해**. 서울: 학지사.

이성진(1996). **교육심리학서설**. 서울: 교육과학사.

이형득(1993). **가치명료화를 위한 집단상담 프로그램**. 서울: 한양대학교
　　　학생생활연구소.

정범모(2000). **가치관과 교육**. 교육신서 1. 서울: 배영사.

정종진(2001). **학교학습과 동기**. 서울: 교육과학사.

정철규(1999). **듀이철학과 교육**. 서울: 지식사회.

조성민(2001). **NIE 탐구공동체**. 서울: 교육과학사.

조성민 · 정선심(1993). **논리와 가치탐구**. 서울: 철학과 현실사.

조성민 · 정선심(1997). **토론이 된다, 논술이 된다**. 서울: 사계절.

탁석산(2001). **오류를 알면 논리가 보인다**. 서울: 책세상.

하병학(2001). **토론과 설득을 위한 우리들의 논리**. 서울: 철학과 현실사.

한국행동요법학회(2001). **행동요법**. 서울: 양서원.

황화성 외(1994). **심성수련프로그램 Ⅰ**. 서울: 한국인성개발.

갈태룡(2000). **가치명료화 수업과 설명식 수업이 학습자의 인지양식에 따라
　　　도덕성 발달에 미치는 효과**. 한국교원대학교 대학원 석사학위논문.

강경숙(2000). **초등학생의 일에 대한 가치관과 진로의식 성숙 수준 관계**

분석. 영남대학교 교육대학원 석사학위논문.

강영린(1994). **가치명료화 훈련이 고교생의 자아개념과 진로성숙에 미치는 효과**. 경성대학교 교육대학원 석사학위논문.

김경희(1998). **비행청소년의 사회적 문제해결능력과 사회적 지지와의 관계**. 가톨릭대학교 대학원 석사학위논문.

김금열(2002). **자활근로대상자를 위한 심리사회적 문제해결능력 향상 프로그램의 효과성**. 가톨릭대학교 대학원 석사학위논문.

김용신(1999). **구성주의에 따른 사회과 현장 학습방법**. 한국교원대학교 대학원 석사학위논문.

김정숙(2001). **실업계고등학생의 직업가치 및 자기효능감과 진로성숙도의 관계.** 한국교원대학교 대학원 석사학위논문.

김재식(1997). **초등 도덕과에서의 가치탐구 능력 신장을 위한 가치분석모형의 적용 연구**. 한국교원대학교 대학원 박사학위논문.

김진훈(1998). **가치분석이론을 적용한 환경윤리교육의 효과**. 한국교원대학교 대학원 석사학위논문.

김충기(2001). **진로교육과 진로상담**. 서울: 동문사.

남정열(1994). **가치명료화모형의 교수론적 효율성**. 한국교원대학교 대학원 석사학위논문.

박석정(1992). **합리적 가치판단능력 신장을 위한 도덕과 수업모형의 탐색**. 한국교원대학교 대학원 석사학위논문.

박육근(2001). **가치분석 중심의 역할놀이 학습이 합리적 의사결정능력 신장에 미치는 효과**. 한국교원대학교 교육대학원 석사학위논문.

박정실(1990). **가치관명료화 과정이 도덕적 판단력과 자아개념에 미치는 영향**. 충남대학교 교육대학원 석사학위논문.

성혜영(2000). **가치명료화 프로그램이 초등학교 아동의 자아존중감 및 친사회성에 미치는 효과**. 한국교원대학교 대학원 석사학위논문.

송도선(1998). **John Dewy의 경험중심 교육론**. 경상대학교 대학원 박사학위논문.

송병국(2000). 개인의 특성발견을 위한 진로성숙도 검사 활용 방안. **진로교육연구 제12호**. 99-122.

신재진(2002). **주의력 결핍·과잉 행동 성향 아동을 위한 사회적 문제해결 기술 훈련프로그램의 효과**. 계명대학교 교육대학원 석사학위논문.

양은심(2000). **가치지가 초등학교 아동의 자아존중감과 친사회성에 미치는 효과**. 조선대학교 교육대학원 석사학위논문.

오현수(1999). **가치명료화 과정이 충동적 사고성향에 따라 자아정체감 형성에 미치는 영향**. 전북대학교 대학원 박사학위논문.

위계욱(1996). **가치명료화 수업 전략이 아동의 친사회적 행동에 미치는 영향**. 한국교원대학교 대학원 석사학위논문.

유영미(1999). **사회과에서의 가치탐구 교수-학습방법에 관한 연구**. 연세대학교 교육대학원 석사학위논문.

이기학(1997). **고등학생의 진로태도성숙과 심리적 변인들과의 관계.** 연세대학교 대학원 박사학위논문.

이수룡(1988). **가치명료화 훈련 유형 간의 효과 비교**. 계명대학교 대학원 박사학위논문.

이승옥(1998). **성인학습자의 문제해결능력에 대한 연구**. 고려대학교 대학원 석사학위논문.

이승훈(1997). **가치관 명료화 프로그램이 아동의 긍정적 자기개념 형성 및 자기 존중감 향상에 미치는 효과**. 교원대학교 대학원 석사학위논문.

임정휘(1993). **가치명료화훈련이 가치명료도와 심리갈등 해소에 미치는 영향**. 단국대학교 교육대학원 석사학위논문.

정의권(2001). **고등학교 도덕과 수업에서의 가치교육연구**. 연세대학교 교육대학원 석사학위논문.

정형진(1996). **가치명료화 수업 적용에 관한 실험연구**. 한국교원대학교 대학원. 석사학위논문.

정호범(1997). **초등사회과에서의 가치교육**. 한국교원대학교 대학원 박사학위논문.

조정현(1986). **가치명료화 훈련이 학습동기, 학습기술 및 학업성적에 미치는 효과**. 계명대학교 대학원 석사학위논문.

주도연(1994). **가치탐구에 대한 심리적·논리적 측면의 상호 보완적 접근**. 한국교원대학교 대학원 석사학위논문.

지용근(2002). **대학생의 가치관 명료도가 진로태도성숙 및 자아정체감에 미치는 영향**. 건국대학교 대학원 박사학위논문.

천명(1994). **가치명료화 수업이 아동의 소비의식에 미치는 효과**. 한국교원대학교 대학원 석사학위논문.

최재홍(1996). **가치명료화 이론의 비판적 고찰**. 한국교원대학교 대학원 석사학위논문.

최현영(2005). **대학생이 지각한 부모와의 애착과 역기능적 진로사고의 관계**. 건국대학교 대학원 석사학위논문.

히로나카 헤이스케(廣中平祐)(1993). **학문의 즐거움**. 방승양(역). 서울: 김영사. (Joy of learning, 1984).

Mother Teresa(1997). **따뜻한 손길**. 이해인(역). 서울: 샘터사. (In the heart of the world, 1997).

Metcalf, L. E.(1994). **가치교육**. 정선심·조성민(공역). 서울: 철학과 현실사. (Values education: Rationale, Strategies, and Procedures, 1971).

Helen, N., & Scott N.(2002). **조화로운 삶의 지속**. 윤구병·이수영(공역). 서울: 보리사. (Continuing the good life, 1979).

Talyor, P. W.(1985). **윤리학의 기본원리**. 김영진(역). 서울: 서광사.

(Principle of ethics, 1958).

2. 외국 문헌

Banks, J. A.(1977). *Teaching strategies for the social studies.* Massachusetts: Addison-Wesley Publishing Co.

Beller, E.(1986). Education for character: An alternative to values clarification and cognitive moral development curricula. *Journal of Educational Thought,* 20(2), 67-76.

Ben-Shem, I., & Avi-Itzhak, T. E.(1991). On work values and career choice in freshmen students: The case of helping vs. other professions. *Journal of Vocational Behavior,* 39, 369-379.

Branden, N.(1992). *The power of self-esteem,* 강승규 역(1995). 나를 존중하는 삶. 서울: 학지사.

Brown, S. D., & Lent, R. W.(1996). A social cognitive framework for career choice counseling. *The Career Development Quarterly, 44,* 354-366.

Coopersmith, S.(1975). *Coopersmith self-inventory.* San Francisco: Self-esteem institute.

Cormier, W. H., Otani, A., & Cormier, L. S.(1986). The effects of problem-solving training on two problem-solving tasks. *Cognitive Therapy and Research,* 10(1), 95-108.

Covault, T. J.(1973). *The application of values clarification teaching strategies with fifth grade students to investigate their influence on students self-concept and related coping and interacting behaviors.* Unpublished doctoral dissertation, Ohio State

University.

Crites, J. O.(1978). *Theory and Research Handbook for the CMI. Monterey.* California: CTB / McGraw-Hill.

Dewey, J.(1916). *Democracy and education.* New York: The Macmillan Company.

Dewey, J.(1939). *Theory of valuation.* Chicago: The University of Chicago Press.

D'zurilla, T. J., & Nezu, A. M.(1982). Social problem solving in adults. In P. C. Kandall(Ed.), *Advances in cognitive-behavioral research and therapy*(Vol.1. pp.201-274). New York: Academic Press.

Erikson, E. H.(1968). *Identity: youth and crisis.* New York: Norton.

Gardner, P.(1989). Neutrality in education. In R. E. Goodin and A. Reeve(Eds), *Liberal neutrality.* London and New York: Routledge.

Gordon, T.(2000). *Parent effectiveness training: The proven program for raising responsible children.* New York: Three Rivers Press.

Guziak, S. J.(1975). *The use of values clarification strategies with fifth grade students to investigate influence on self-concept and values.* Unpublished doctoral dissertation, Ohio State University.

Harren, V. H.(1979). A model of career decision-making for college students. *Journal of Vocational Behavior, 14,* 119-133.

Heppner, P. P., & Peterson, C. H.(1982). *A personal problem solving inventory.* A paper presented at the Annual Convention of the American Psychology Association(Los Angeles, C. A, August).

Howe, L. W., & Howe, M. N.(1975). *Personalizing education: Values clarification and beyond.* New York: Hark Publishing Co.

Hunt, M. P., & Metcalf, L. E.(1968). *Teaching high school social studies,* 2nd ed., New York: Harper & Row.

Kazdin, A., Siegel, T., & Bass, D.(1992). Cognitive problem-solving skills training and parent management training in the treatment of antisocial behavior in children. *Journal of Consulting and Clinical Psychology,* Vol.60.

Kekes, J. H.(1993). *The morality of pluralism.* Princeton: Princeton University Press.

Kelley, F. W.(1976). *Selected values clarification strategies and elementary school pupils self-concept, school sentiment and reading achievement.* Unpublished doctoral dissertation, Fordham University.

Kinnier, R. T.(1995). A reconceptualization of values clarification: Values conflict resolution. *Journal of Counseling & Development,* 74, 18-24.

Kirschenbaum, H.(1973). *Advanced Value Clarification.* La Jolla: University Associates Press.

Kluckhohm, F. R., & Strodbeck, F. L.(1961). *Variations in value orientations.* N. Y.: Row Peterson.

Knefelkamp, L. L, & Slepitza, R.(1976). A cognitive developmental model of career development-an adaptation of the perry scheme. *The Counseling Psychologist,* 6(3).

Kohlberg, L.(1975). The cognitive-developmental approach to moral education. *Phi delta kappan,* 56(10).

Kohlberg, L.(1987). *Child psychology and childhood education.* New York and London: Longman Inc.

Krumboltz, J. D.(1994). The Career Beliefs Inventory. *Journal of Counseling and Development,* 72, 424-28.

Lusting, D. C., & Strauser, D. R.(2002). The relationship between sense of coherence and career thoughts. *The Career Development Quarterly, 51*, 2-11.

Marcia. J.(1980). Identify in adolescence. In J. Axelson(Ed.), *Handbook of adolescent Psychology*(pp.159-187). New York: Wiley.

Massialas, B. G., & Cox, C. B.(1966). *Inquiry in social studies.* New York: McGraw-Hilll.

Meux, M.(1971). Resolving Value Conflicts. In L. E. Metcalf(ed), *Values Education: Rationale, Strategies, and Procedure*, 41st Yearbook. Washington, D. C.: NCSS.

Novitzke, C. L.(2001). *Perception of value beyond school of general education students.* Doctoral Dissertation, The University of Wisconsin Madison.

Oliver, D. W., & Shaver, J. P.(1966). *Teaching public Issues in the High School.* Boston: Houghton Mifflin.

Osman, J. C.(1971). *The feasibility of using selected value clarifying strategies in a health education course for future teachers.* Unpublished Doctoral Dissertation, Ohio State University.

Paulson, W.(1976). *Deciding for myself: A values clarification series.* Minneapolis: Winston Press Inc.

Pelham, B., & Swann, W.(1989). From self-conceptions to self- worth: on the sources and structure of global self-esteem. *Journal of personality and social psychology, 48*, 672-680.

Perry, W.(1970). *Form of intellectual and ethnical development in the college.* New York: Holt, Rinehart & Winston.

Peterson, G. W., Sampson, J. P., & Reardon, R. C.(1991). *Career* development and services: A cognitive approach. Pacific Grove, CA: Brooks/Cole.

Piaget, J.(1970). *The science of education and the psychology of the child*, trans., by D. Coltman, New York: Viking.

Pont, H. B.(1991). *The social cognitive assessment of children with behavior problems.* University of Aberdeen. Dissertation Abstracts International. 5301-B.

Post-Kammer, P.(1987). Intrinsic and extrinsic work values and career maturity of 9th-and 11th-grade boys and girls. *Journal of Counseling and Development,* 65, 420-423.

Pracejus, E. L.(1974). *The effects of value clarification on reading comprehension.* Unpublished doctoral dissertation, University of Pittsburgh.

Randel, B. F.(2001). *Achievement values: A comparison of asian american and european american adolescent.* Unpublished doctoral dissertation, The University of Michigan.

Raths, L. E., Harmin, M., & Simon, S. B.(1978). *Values and teaching: Working with values in the classroom.* Columbus: Charles E, Merrill Company.

Rokeach, M.(1973). *The nature of human values.* New York: The Free Press.

Rosenthal, R. J., & Jacobson, L.(1968). *Pygmalion in the classroom.* New York: Holt, Rinehart and Winston Inc.

Ryan, K.(1994). *Lecture to the center for the advancement of ethics & character.* Boston: Boston University Press.

Sampson, J. P., Peterson, G. W., Lenz, J. G., Reardon, R. C., &

Saunders, D. E.(1996). *Improving your career thoughts: A workbook for the Career Thoughts Inventory.* Odessa, FL: Psychological Assessment Resources.

Samulski, C. M.(2004). *Evaluation of a classroom-based social problem solving program.* State University of New York at Binghamton.

Sichel, B. A.(1982). *Value education for an age of crisis.* New York: Long Island University.

Simon, S. B., Howe, L. W., & Kirschenbaum. H.(1991). *Values clarification: A handbook of practical strategies for teacher and students.* Chesterfield: Values press.

Simon, S. B., Howe, L., & Kirschenbaum, H.(1978). *Values clarification: A hand book of practical strategies for Teaching.* Chesterfield: Values press.

Spranger, E.(1928). *Type of men: The psychology and ethics of personality,* trans., by P. Pigors. New York: Hofner.

Super, D. E.(1963). *Career development: self concept theory.* N. Y.: College Entrance Examination Board.

Tiedeman, D. V., & O'Hara, R. P.(1963). *Career development: Choice and adjustment.* New York: College Entrance Examination Board.

Vogelgesang, L. J.(2000). *The impact of college on the development of civic values and skills: An analysis by race, gender and social class.* Unpublished doctoral dissertation, University of California.

Waterman, A. S.(1982). Identity development from adolescence to adulthood: An extension of theory and a review of research.

Developmental Psychology, 18(3), 341-358.

Wilson, S. K.(1993). *The impact of maltreatment on school problem-solving abilities.* The university of western ontario (Canada). Dissertation Abstracts International. 5509-B.

Yang, F. Y.(1999). *An analysis of 12th grade students' reasoning styles and competencies when presented with an environmental problem in a social and scientific context(twelfth-grade).* Unpublished doctoral dissertation, Columbia University.

Zunker, V. G.(1986). *Career Counseling: Applied Concepts of life planning.* Ca. Brooks/Cole Pub. Co.

부 록

가치분석 기초학습 자료

A. 정언삼단논법

어떤 사람이 "이 그림을 사두면 경제적 가치가 있겠어, 이 그림은 유명한 화가가 그린 것이기 때문에 경제적으로 가치가 있어 보이거든"이라고 생각하고 실제로 그 그림을 샀다고 가정해 봅시다.

이 사람은 '① 유명한 화가들이 그린 그림은 경제적 가치가 있다, ② 이 그림은 유명한 화가가 그린 것이다, ③ 그렇기 때문에 이 그림은 경제적 가치가 있다'와 같은 생각의 과정을 거쳐서 행동을 했다고 할 수 있습니다.

이 사람의 경우처럼 어떤 선택행동이 나오기까지는 상당히 논리적인 사고의 과정이 이루어지고 있다는 점을 알 수 있는 것입니다. 만약 어떤 사람이 논리에 맞지 않은 잘못된 생각을 가지고 행동을 하게 된다면 곧 후회할 일이 생길 것이라고 우리는 예측할 수 있습니다. 그렇기 때문에 자신의 판단이 얼마나 정확하고 올바른 것인가 하는 문제는 아주 중요한 일입니다. 정언삼단논법은 바로 이러한 문제를 해결해 주는 논리적인 접근법입니다. 우리는 대개 자신의 행동을 정당화하기 위해 이유와 근거를 대는데 정언삼단논법은 이를 알기 쉽게 풀어서 구조화시켜 줍니다.

자, 그럼 정언삼단논법의 논리적 구조 속으로 여행을 떠나 볼까요.

1 단계: 정언삼단논법의 논리적 구조 익히기

논리적 추론방법으로 가장 많이 사용되고 있는 정언삼단논법은 **대개념을 포함하고 있는 대전제와 소개념을 포함하고 있는 소전제, 그리고 대개념과 소개념이 함께 들어 있는 결론** 부분으로 구성되어 있습니다.

이들의 논리적 연결 고리는 매개념으로 두 전제 모두에 들어 있으면서 대개념과 소개념을 서로 논리적으로 엮어주는 중요한 역할을 하고 있습니다. 이들 간의 관계를 제시해 보면 다음 논리상자와 같습니다.

정언삼단논법의 논리적 구조

삼단논법 구성요소	문장으로 진술된 정언삼단논법	진술을 형식화한 정언삼단논법	사례 번호
대전제 소전제 결 론	행성은 움직이는 별이다. 지구는 행성이다. 그러므로 지구는 움직이는 별이다.	모든 A는 B이다. 어떤 C는 A이다. ∴어떤 C는 B이다.	1
대전제 소전제 결 론	모든 물고기는 물속에서 산다. 모든 붕어는 물고기이다. 그러므로 모든 붕어는 물속에서 산다.	모든 A는 B이다. 모든 C는 A이다. ∴모든 C는 B이다.	2
대전제 소전제 결 론	모든 동물은 죽는다. 코끼리는 동물이다. 그러므로 코끼리는 죽는다.	모든 A는 B이다. 모든 C는 A이다 ∴모든 C는 B이다.	3

위의 논리상자에서 알 수 있듯이 정언삼단논법은 서로 중요한 개념들을 논리적으로 연관시켜서 정당한 결론을 이끌어 내는 추론방법입니다.

[익히기 문제]들을 통해서 논리 전개에 중요한 역할을 하는 개념들과 논리적 구조를 파악해 봅시다.

익히기 문제 1

위의 정언삼단논법의 논리적 구조 속에 들어 있는 사례 1, 2, 3번 명제 속에 포함되어 있는 개념들을 찾아서 아래의 논리상자에 적어보세요.

정언삼단논법 논리구조 속의 개념 익히기

사례 번호	정언삼단논법 진술 속에 포함되어 있는 개념
1	대개념: 별, 소개념: 지구, 매개념: 행성
2	대개념: ( ), 소개념: ( ), 매개념: ( )
3	대개념: ( ), 소개념: 코끼리, 매개념: ( )

익히기 문제 2

다음의 논리풍선 안에 무작위로 진술되어 있는 명제들 중 논리적으로 서로 연관된 것들을 정언삼단논법의 논리적 구조 익히기 논리상자 속에 기록해보시오.

① 포유류는 젖을 먹는 동물이다.
② 철수는 지능을 가진 동물이다.
③ 호랑이는 포유류다
④ 녹황색 채소는 성인병을 예방하는 성분이 있다.
⑤ 모든 사람은 지능을 가진 동물이다.
⑥ 모든 당근은 녹황색 채소이다.
⑦ 호랑이는 젖을 먹는 동물이다.
⑧ 철수는 사람이다.
⑨ 모든 당근은 성인병을 예방하는 성분이 있다.

정언삼단논법의 논리적 구조 익히기

삼단논법 구성요소	문장으로 진술된 정언삼단논법	진술을 형식화한 정언삼단논법	사례 번호
대전제	( )	모든 A는 B이다.	
소전제	( )	어떤 C는 A이다.	4
결 론	( )	∴어떤 C는 B이다.	
대전제	( )	모든 A는 B이다.	
소전제	( )	모든 C는 A이다.	5
결 론	( )	∴모든 C는 B이다.	
대전제	( )	모든 A는 B이다.	
소전제	( )	어떤 C는 A이다.	6
결 론	( )	∴어떤 C는 B이다.	

2 단계: 문장으로 기술된 내용을 논리적으로 구조화하기(i)

지금까지는 정언삼단논법의 개념과 논리적 구조에 대해 알아보았습니다. 이번에는 문장으로 기술된 내용을 논리적으로 구조화하는 과정을 학습해 보겠습니다. 논법의 구성요소에 따라 진술되어 있는 내용 가운데 일부가 공란으로 남겨져 있습니다. 논리열차를 타고 가면서 여러분이 직접 빈칸을 채워보세요.

모든 □는 △라고 생각해, 만약에 모든 ○가 △이고, 모든 □가 ○이라면 그렇지 않겠어.

삼단논법 구성요소	문장으로 진술된 정언삼단 논법	진술을 형식화한 정언삼단 논법	사례 번호
대전제 소전제 결 론	모든 ○는 △이다. 모든 □는 ○이다. 그러므로 모든 □는 △이다.	모든 A는 B이다. 모든 C는 A이다. ∴모든 C는 B이다.	7

야간이나 비가 오는 날에는 눈에 잘 띄는 밝은 색의 옷을 입는 것이 좋다고 생각해, 만약 비가 오는 날에 밝은 색의 옷을 입게 되면 그만큼 눈에 잘 보여서 교통사고를 피할 수 있으니까.

삼단논법 구성요소	문장으로 진술된 정언삼단 논법	진술을 형식화한 정언삼단 논법	사례 번호
대전제 소전제 결 론	교통사고를 피할 수 있도록 눈에 잘 보이는 모든 옷은 좋다. 만약( ) 입는다면 눈에 잘 보여서 교통사고를 피할 수 있을 것이다. 그러므로 야간이나 비가 오는 날에 밝은 색의 옷을 입는 것이 좋다.	모든 A는 B이다. 어떤 C는 A이다. ∴어떤 C는 ( )이다.	8

삼단논법 구성요소	문장으로 진술된 정언삼단 논법	진술을 형식화한 정언삼단 논법	사례 번호
	축구를 하는 것은 아주 좋은 것 같아, 왜냐하면 축구는 우리 몸을 건강하게 해주는 운동이니까		
대전제	우리 몸을 건강하게 해주는 (　　　　　　)은 좋다.	모든 A는 B이다.	
소전제	축구는 우리 몸을 건강하게 해주는 운동이다.	어떤 (　)는 A이다.	9
결 론	그러므로 (　　　　　　)를 하는 것은 좋다.	∴ 어떤 C는 (　)이다.	

삼단논법 구성요소	문장으로 진술된 정언삼단 논법	진술을 형식화한 정언삼단 논법	사례 번호
	판교지역을 개발하는 정책은 옳다고 생각해, 만약 판교 지역을 개발하면 주민소득이 증대될 것으로 예상되니까..		
대전제	주민의 소득을 증대시키는 정책은 (　　　　　　).	모든 (　)은 B이다.	
소전제	만일 판교지역을 개발하면 (　　　　　　　　　) 것이다.	어떤 (　)는 A이다.	10
결 론	그러므로 (　　　　　　)은 옳다.	∴ 어떤 C는 (　)이다.	

3 단계: 문장으로 기술된 내용을 논리적으로 구조화하기(ii)

　지금까지는 문장으로 기술된 내용을 논리적으로 구조화하는 과정 중에서 부분적으로 공란이 들어 있는 논법의 구조를 학습하였습니다. 잠시 쉬었다가 논리열차를 다시 달려볼까요. 이번에는 논법의 구성요소 가운데 두 가지는 미리 진술되어 있지만 나머지 하나가 공란으로 남겨진 구조를 학습해보겠습니다.

빈칸에 들어갈 알맞은 진술들을 여러분이 직접 적어 넣어 보세요.

부정축재를 한 모든 사람은 공직에 있어서는 안돼, 부정 축재자는 자기 이익만을 챙기는 사람으로 공직에 있을 자격이 없기 때문이야.			
삼단논법 구성요소	문장으로 진술된 정언삼단 논법	진술을 형식화한 정언삼단 논법	사례 번호
대전제	자기 이익만을 챙기는 모든 사람은 공직에 있어서는 안 된다.	모든 A는 B이다.	11
소전제	모든 부정 축재자는 자기이익만을 챙기는 사람이다.	모든 C는 A이다.	
결 론	그러므로 모든 부정 축재자는 공직에 있어서는 안 된다.	∴모든 C는 B이다.	

새치기하는 것은 옳지 않다고 생각해, 새치기하는 것은 공공질서를 지키지 않는 행위로 비난 받아야 마땅하지 않겠니?			
삼단논법 구성요소	문장으로 진술된 정언삼단 논법	진술을 형식화한 정언삼단 논법	사례 번호
대전제	공공질서를 지키지 않는 행위는 옳지 않다.	모든 A는 B이다.	12
소전제	새치기를 하는 것은 공공질서를 지키지 않는 행위이다.	(　　　　　)	
결 론	(　　　　　　　　　)	∴어떤 C는 B이다.	

담배를 피우는 것은 나쁘다고 생각해, 왜냐하면 만약에 담배를 피우게 되면 건강에 해로우니까.

삼단논법 구성요소	문장으로 진술된 정언삼단 논법	진술을 형식화한 정언삼단 논법	사례 번호
대전제	건강에 해로운 행위를 하는 것은 나쁘다.	모든 A는 B이다.	
소전제	( )	어떤 C는 A이다.	13
결 론	그러므로 담배를 피우는 것은 나쁘다.	∴ ( )	

우리는 우유식품를 많이 먹어야 해, 우유식품 속에는 단백질 성분이 많아서 우리 몸을 좋게 해주니까 말이야.

삼단논법 구성요소	문장으로 진술된 정언삼단 논법	진술을 형식화한 정언삼단 논법	사례 번호
대전제	( )	모든 A는 B이다.	
소전제	우유식품은 단백질 성분이 많다.	( )	14
결 론	그러므로 우유식품은 몸에 좋다.	∴ 모든 C는 B이다.	

4 단계: 문장으로 기술된 내용을 논리적으로 구조화하기(iii)

　지금까지는 문장으로 기술된 내용을 논리적으로 구조화하는 과정에서 두 가지 구성요소는 미리 진술되어 있지만 나머지 한 가지가 비어 있는 구조를 학습하였습니다. 이번에는 미리 진술되어 있는 논법의 구성요소가 하나이거나 전혀 없는 구조들을 학습해 보겠습니다. 빈칸에 알맞은 명제들을 여러분이 직접 적어 넣어 보세요.

이제 여러분이 타고 있는 논리열차의 속도는 더욱 빨라지게 될 것입니다.

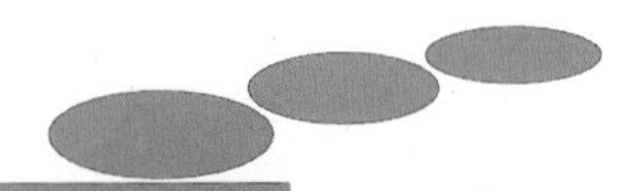

고려청자는 우리나라의 독창적인 예술품이다.　모든 훌륭한 예술품에는 작가의 창의성이 깃들어 있기 마련인데 고려창자에는 작가의 창의성이 깃들어 있거든.

삼단논법 구성요소	문장으로 진술된 정언삼단 논법	진술을 형식화한 정언삼단 논법	사례 번호
대전제	모든 독창적인 예술품은 작가의 창의성이 깃들어 있다.	모든 A는 B이다.	
소전제	고려청자는 독창적인 예술품이다.	어떤 C는 A이다.	15
결 론	그러므로 고려청자에는 작가의 창의성이 깃들어 있다.	∴어떤 C는 B이다.	

구한말 쇄국 정책은 선진국의 침략을 가져와 나라를 망하게 했기 때문에 옳지 않은 정책이다.

삼단논법 구성요소	문장으로 진술된 정언삼단 논법	진술을 형식화한 정언삼단 논법	사례 번호
대전제	(　　　　　　　)	모든 A는 B이다.	
소전제	구한말 쇄국정책은 선진국의 침략을 가져와 나라를 망하게 하였다.	(　　　　)	16
결 론	(　　　　　　　)	∴ 어떤 C는 B이다.	

이 만화책은 마음의 양식이 될 수 있을 거야, 모든 유익한 책은 마음의 양식이 될 수 있는데 이 만화책은 유익한 책이니까.

삼단논법 구성요소	문장으로 진술된 정언삼단 논법	진술을 형식화한 정언삼단 논법	사례 번호
대전제	모든 유익한 책은 마음의 양식이 될 수 있다.	(　　　　　　)	
소전제	(　　　　　　　　　　　)	어떤 C는 A이다.	17
결　론	(　　　　　　　　　　　)	∴어떤 C는 B이다.	

나는 옷을 살 때마다 버스를 타고 30분이 넘게 가야 하는 K가게에 간다. 이 가게는 정찰제로만 옷을 파는데 나는 왠지 믿음이 가기 때문이다. 우리 집 근처에는 옷값을 대개 30% 정도 깎아 주는 곳도 있지만 어쩐지 미덥지 않아서 가지 않는다. 그리고 다른 곳은 심지어 50%까지 깎아주는 곳도 있지만 소비자 입장에서는 그 들의 속마음을 알 수가 없다.

　실제로 그만큼 값을 내려 받는지 아니면 얄팍한 속임수인지 모를 경우가 많다. 내 경험으로는 아무래도 속임수 같다. 그리고 이런 식으로 물건값이 지켜지지 않는다면 소비자와 판매자간에 불신이 커질 것이다. 사실 30% 값을 내려 받는다지만 어느 곳에 가면 똑같은 물건이 50% 세일인 경우가 많다.

　따라서 물건을 살 때 정찰제로 상거래 질서를 유지하도록 모두 노력했으면 좋겠다.

삼단논법 구성요소	문장으로 진술된 정언삼단 논법	진술을 형식화한 정언삼단 논법	사례 번호
대전제	(　　　　　　　　　　　)	모든 A는 B이다.	
소전제	(　　　　　　　　　　　)	어떤 C는 A이다.	18
결　론	그러므로 정찰제는 좋다.	∴(　　　　　)	

우리 삼촌의 집에는 마당에도 거실에도 온통 분재로 가득하다. 나는 가끔 삼촌 집으로 놀려가기도 하는데 그 분재들을 보는 순간 안타까운 생각이 든다. 굵은 철사로 살아있는 나무를 강제로 얽어 맨 모습에 눈물이 날 지경이다.

내가 삼촌에게 "삼촌 ! 나무들이 너무 불쌍해요. 나무들이 옴짝달싹 못하게 철사로 매는 것은 너무해요. 저것 봐요. 저 나무는 몸집이 커져서 나무껍질 속에 철사가 박힐 지경이잖아요." 라고 말하면 삼촌은 그저 빙그레 웃고 만다. 그러나 이것은 일종의 식물 학대라는 생각이 든다. 사실 삼촌은 지나칠 정도로 분재광이다. 마당에는 내 키보다 큰 나무도 있는데 여기저기 산에서 몰래 캐어 온 것들이다. 그리고 그 중의 상당수가 죽어서 마당 한편에 방치되어 있기도 한다.

삼촌의 취미생활은 이해하지만 자연을 훼손하는 행위는 옳지 못하다는 생각이 든다.

삼단논법 구성요소	문장으로 진술된 정언삼단 논법	진술을 형식화한 정언삼단 논법	사례 번호
대전제	( )	모든 A는 B이다.	
소전제	( )	어떤 C는 A이다.	19
결 론	( )	∴어떤 C는 B이다.	

B. 사실판단과 가치판단 구별

지금까지 여러분은 논리열차를 타고 다니면서 정언삼단논법의 구성요소와 논리적 구조가 어떻게 이루어지고 있는가를 학습했습니다.

정언삼단논법에 의해서 논리적으로 결론을 내리는 합리적인 판단의 종류에는 사실판단과 가치판단으로 나눌 수 있습니다. 사실판단은 우리가 경험적으로 참인지 거짓인지를 가릴 수 있는 사실적 진술들로 이루어져 있으며, 가치판단은 '좋다', '나쁘다', '옳다', '옳지 않다', '~을 해야 한다', '~을 하지 말아야 한다', '효과적이다', '아름답다' 등 어떤 것을 평가하는 용어를 사용한 진술들이 포함되어 있습니다.

다음 [익히기 문제]를 통해 사실판단과 가치판단의 차이점을 알도록 합시다.

익히기 문제 1

다음의 논리화면에 진술되어 있는 목록 중에서 사실판단과 가치판단을 구분하여 논리상자 속의 해당란에 각각 그 번호를 써보세요.

논리화면 목록

① 비행기를 타면 위험하다.
② 전문직에 종사하는 사람은 교육 수준이 높은 편이다.
③ 달리기는 건강에 좋다.
④ 화성에는 사람이 살고 있지 않다.
⑤ 부탄가스를 사용할 때는 조심해야 한다.
⑥ 금융실명제는 실제의 이름으로 돈을 거래하는 것이다.
⑦ 아버지는 어머니보다 훌륭하다.
⑧ 값싼 수입 원자재를 사용해서 제품을 만드는 것이 효과적이다.
⑨ 토론식 수업은 학생들의 사고력을 높여 준다.
⑩ 부모님께 효도하는 사람이 그렇지 않은 사람보다 오래 산다.

사실판단	가치판단

익히기 문제 2

앞의 A 과정에서 제시된 19개의 사례들을 사실판단과 가치판단으로 구별하여 다음 논리상자 속에 그 번호를 적어보시오.

사실판단과 가치판단 구분하기

구 분	사례 번호
사실판단	
가치판단	

C. 가치판단의 논리적 구조

가치판단의 논리적 구조

삼단논법의 논리적 구성요소	가치판단의 논리적 구성요소	진술 형태
대전제	가치원리	특성 평가대상이 속하는 부류 평가용어
소전제	사 실	평가대상 특성(평가대상이 속하는 부류)
결 론	가치판단	평가대상 평가용어

위의 논리상자에서 알 수 있는 것처럼 가치판단의 논리적 구조는 삼단논법의 논리적 구성요소인 대전제가 가치원리로, 소전제가 사실로, 결론이 가치판단으로 용어의 변화를 가져왔을 뿐 근본적으로 그 형식은 동일한 것입니다. 그리고 소전제 사실의 평가대상이 속하는 부류는 문맥상 생략되는 경우가 많습니다.

다음 [익히기 문제]들을 통하여 가치판단의 논리적 구조를 확인하도록 합시다.

익히기 문제 1

사례 9번에 대한 가치판단의 논리적 구조화가 어떻게 이루어지는지 잘 나타내고 있는 다음 논리상자를 보기 삼아 사례 11번과 12번을 구조화해 보세요.

가치판단의 논리적 구성요소	진술 형태
가치원리	특성　　　　평가대상이 속하는 부류　　평가용어 (우리 몸을 건강하게 해주는), (운동),　　　　(좋다)
사　실	평가대상　　　　　　특성 (축구),　(우리 몸을 건강하게 해주는)
가치판단	평가대상　　　　평가용어 (축구),　　　　(좋다)

가치판단의 논리적 구조화하기(사례 11번)

가치판단의 논리적 구성요소	진술 형태
가치원리	특성 평가대상이 속하는 부류 평가용어 ( ), ( ), ( )
사 실	평가대상 특성 ( ), ( )
가치판단	평가대상, 평가용어 ( ), ( )

가치판단의 논리적 구조화하기(사례 13번)

가치판단의 논리적 구성요소	진술 형태
가치원리	특성 평가대상이 속하는 부류 평가용어 ( ), ( ), ( )
사실	평가대상 특성 ( ), ( )
가치판단	평가대상 평가용어 ( ), ( )

익히기 문제 2

1. **사례 17번** 진술 내용에서 평가대상의 특성은 무엇입니까?
(   )

2. **사례 16번** 진술 내용에서 평가대상은 무엇입니까?
(   )

3. **사례 14번** 진술 내용에서 사용된 평가용어는 무엇입니까?
(   )

4. **사례 12번** 진술 내용에서 평가대상의 특성은 무엇입니까?
(   )

5. **사례 19번** 진술 내용에서 평가대상은 무엇입니까?
(   )

6. **사례 18번** 진술 내용에서 사용된 평가용어는 무엇입니까?
(   )

가치판단 기본성향 검사

☞ 다음은 여러분의 가치판단에 대한 기본적인 성향을 알아보는 검사 문
  항입니다. 문항의 질문 내용이 자신의 생각과 일치하는 곳의 번호를
  적어주세요.

1. 가치갈등 사태를 만났을 때 고민거리에 해당하는 가치판단의 대상에 대해
  신중하게 생각해 봅니까?
  ① 아주 그렇다. ② 조금 그렇다. ③ 거의 그렇지 않다. ④ 전혀 그렇지 않다.

2. 가치갈등 사태를 만났을 때 문제를 일으키는 가치들의 종류를 꼼꼼히 따져
  봅니까?
  ① 아주 그렇다. ② 조금 그렇다. ③ 거의 그렇지 않다. ④ 전혀 그렇지 않다.

3. 가치갈등 사태를 해결하고자 할 때 가치판단 대상에 대한 긍정적인 사실과
  부정적인 사실 모두를 충분히 고려합니까?
  ① 아주 그렇다. ② 조금 그렇다. ③ 거의 그렇지 않다. ④ 전혀 그렇지 않다.

4. 가치갈등 사태를 해결하기 위해서 다양한 대안들을 찾아봅니까?
  ① 아주 그렇다. ② 조금 그렇다. ③ 거의 그렇지 않다. ④ 전혀 그렇지 않다.

5. 가치갈등 사태를 해결하기 위해서 결과를 미리 생각해 보고 대안들의 순위
  를 매겨 봅니까?
  ① 아주 그렇다. ② 조금 그렇다. ③ 거의 그렇지 않다. ④ 전혀 그렇지 않다.

6. 가치갈등 사태를 해결하기 위한 가치판단을 내릴 때 가치의 원리와 사실들을 논리적으로 따져 봅니까?
① 아주 그렇다. ② 조금 그렇다. ③ 거의 그렇지 않다. ④ 전혀 그렇지 않다.

7. 가치갈등 사태를 해결하는 과정에서 잘못을 줄이기 위해 사실판단진술과 가치판단진술을 분명히 구분하여 생각해 봅니까?
① 아주 그렇다. ② 조금 그렇다. ③ 거의 그렇지 않다. ④ 전혀 그렇지 않다.

8. 가치갈등 사태를 해결하기 위해서 마음속으로 내린 가치판단이 논리적인 형식에서 아무런 문제가 없는지 따져 봅니까?
① 아주 그렇다. ② 조금 그렇다. ③ 거의 그렇지 않다. ④ 전혀 그렇지 않다.

9. 가치판단 과정에서 사실적 근거와 원리들의 내용을 검사하는 방법을 적절히 이용하여 최종적으로 올바른 가치판단을 내리고자 합니까?
① 아주 그렇다. ② 조금 그렇다. ③ 거의 그렇지 않다. ④ 전혀 그렇지 않다.

10. 가치갈등 사태를 해결하기 위해 최종적으로 가치판단을 내린 다음 실천 방안에 따라 행동으로 옮기고자 노력합니까?
① 아주 그렇다. ② 조금 그렇다. ③ 거의 그렇지 않다. ④ 전혀 그렇지 않다.

가치명료도 검사

* 이 검사는 여러분의 가치명료화 정도를 알아보기 위한 항목들로 이루어져 있습니다. 문항의 내용이 자신의 생각에 가장 가깝다고 생각되는 것의 번호에 ∨표를 해 주시기 바랍니다.

	전혀 그렇지 않다	그렇지 않다	그렇다	아주 그렇다
1. 중요한 결정은 나의 가치기준에 따라 내 스스로 한다.	①	②	③	④
2. 자신의 생각이 옳다고 생각되지만 상대편에 이끌리어 가는 경우가 많다.	①	②	③	④
3. 내가 가치 있다고 생각되는 것은 자랑스럽게 다른 사람에게 얘기한다.	①	②	③	④
4. 내 생각과 다른 생각을 가진 사람들에도 나의 결정에 대해 얘기한다.	①	②	③	④
5. 남의 약점보다는 장점을 높이 평가한다.	①	②	③	④
6. 나는 타인이 지닌 가치와 태도가 나와 다르다고 해서 그를 이상하게 여기거나 싫어하지 않는다.	①	②	③	④
7. 한번 마음먹은 일은 끝까지 한다.	①	②	③	④
8. 옳다고 판단되면 장애요인이 있어도 밀고 나가는 추진력이 있다.	①	②	③	④
9. 자주 활기를 갖고 일을 하나 금방 그 일을 집어치우고 다른 흥미로운 일에 정력을 쏟는다.	①	②	③	④
10. 나는 시작할 수는 있으나 끝까지 해내는 것 같지 않다.	①	②	③	④
11. 내 의견을 내세우기보다는 다른 사람의 의견을 받아들이는 것이 마음이 편할 때가 있다.	①	②	③	④
12. 나는 기꺼이 다른 사람에게 나의 소중하고 가치 있게 여기는 것을 말한다.	①	②	③	④

	전혀 그렇지 않다	그렇지 않다	그렇다	아주 그렇다

13. 무엇을 하기를 원하는 가를 다른 사람에게 분명하게 밝힌다. ① ② ③ ④

14. 남의 입장이나 처지를 잘 이해해 주는 편이다. ① ② ③ ④

15. 상대방에 대한 비난보다는 칭찬하기를 좋아한다. ① ② ③ ④

16. 옳다고 생각되는 일은 목표가 이루어질 때까지 실행한다. ① ② ③ ④

17. 하기로 마음먹은 일은 반복해서 지속적으로 실행한다. ① ② ③ ④

18. 나는 많은 일에 관심을 보이나 일시적이다. ① ② ③ ④

19. 나는 지나가는 일시적인 변덕이나 또는 아무런 생각 없이 행동을 하곤 한다. ① ② ③ ④

20. 중요한 결정은 내 스스로 하기가 힘들어 다른 사람이 결정해 주는 것이 편하다. ① ② ③ ④

21. 선택이나 결정을 할 때 원래의 의도를 충족 또는 대치시킬 수 있는 가능한 모든 대안을 빠짐없이 알아본다. ① ② ③ ④

22. 사전에 치밀한 계획을 세워 계획에 따라 일 처리를 한다. ① ② ③ ④

23. 내가 한 방식이 좋다고 사람들에게 터놓고 말한다. ① ② ③ ④

24. 타인의 감정이나 느낌을 잘 이해하고 받아준다. ① ② ③ ④

25. 나는 상대방의 입장에 서서 그를 이해하고자 한다. ① ② ③ ④

26. 어떤 일을 하기로 결정하였을 경우 곧장 실천에 옮긴다. ① ② ③ ④

27. 한번 계획한 일은 계획대로 일 처리를 한다. ① ② ③ ④

28. 나는 많은 것에 흥미를 느끼나 오랫동안 가지는 못한다. ① ② ③ ④

29. 내가 중요하다고 생각했던 것도 주변 상황 등에 쉽게 흔들리는 것 같다. ① ② ③ ④

30. 나만의 확실한 기준이 없어 내 스스로 중요한 결정을 내리기가 어렵다. ① ② ③ ④

31. 일 처리를 함에 있어 각 대안의 결과를 신중히 고려한 후에 선택을 한다. ① ② ③ ④

	전혀 그렇지 않다	그렇지 않다	그렇다	아주 그렇다
32. 어떤 일을 하기 전에 그 일에 대한 사전 지식을 얻기 위해 노력한다.	①	②	③	④
33. 내가 소중히 여기는 것을 다른 사람에게 기꺼이 옹호하고 설명한다.	①	②	③	④
34. 자신이 선택하고 결정한 일은 긍지를 가지고 자랑스럽게 말한다.	①	②	③	④
35. 남의 잘못을 너그럽게 이해해 준다.	①	②	③	④
36. 사람들은 누구나 자기 나름대로의 장점을 가지고 있다고 생각하고 다른 사람을 대한다.	①	②	③	④
37. 나는 결심을 하면 그 결심대로 밀고 나갈 수 있다.	①	②	③	④
38. 목표가 분명하고 그 목표를 향해 꾸준히 노력한다.	①	②	③	④
39. 많은 것에 관심을 보이나 금방 다른 것으로 관심을 돌린다.	①	②	③	④
40. 나는 이것에서 저것으로 재빨리 옮겨 다닌다.	①	②	③	④
41. 나는 중요한 결정을 해야 할 때 우선 충분한 시간을 갖고 계획을 세워 실천할 일들을 골똘히 생각한다.	①	②	③	④
42. 내가 진정으로 원하는 것인지를 생각해 보고 결정을 한다.	①	②	③	④
43. 옳다고 믿고 있는 것을 공개적으로 얘기한다.	①	②	③	④
44. 친구들과 어울릴 때에 하고 싶은 얘기를 스스럼없이 한다.	①	②	③	④
45. 남을 비판하기에 앞서 이해하려고 애쓴다.	①	②	③	④
46. 자신이 선택하고 결정한 일은 강한 의지를 가지고 즉시 실행한다.	①	②	③	④
47. 나는 결심을 하면 꼭 지키려고 노력한다.	①	②	③	④
48. 나는 상당히 많은 것에 관심이 있으나, 단지 잠깐 동안뿐이고 곧 다른 것으로 관심을 돌린다.	①	②	③	④
49. 이리저리 계획도 없고 열정도 없이 행동을 한다.	①	②	③	④
50. 나는 중요한 일을 할 때 미리 주의 깊게 세밀한 계획을 세운다.	①	②	③	④

	전혀 그렇지 않다	그렇지 않다	그렇다	아주 그렇다

51. 물건을 살 때 필요한지 여부를 꼼꼼히 생각해 보고 물건을 산다. ① ② ③ ④

52. 내 자신의 의견을 자신 있게 표현한다. ① ② ③ ④

53. 다른 사람의 의견이나 생각이 나와 다를 수 있다는 것을 알고 존중하려고 한다. ① ② ③ ④

54. 여러 가지 일로 사람들이 찾아오지만 귀찮지 않으면, 성의껏 대한다. ① ② ③ ④

55. 자신이 스스로 선택하고 결정한 일은 주위 사람 눈치를 보지 않고 끝까지 완수한다. ① ② ③ ④

56. 나는 한번 선택한 일은 장애요인이 있더라도 극복하고 실천하려고 노력한다. ① ② ③ ④

57. 관심을 두는 시간이 짧고 어떤 일을 시작하면 계속하는 일이 거의 없다. ① ② ③ ④

58. 일상생활에서 마음을 정하지 못하고 변덕스럽고 일관성이 없다. ① ② ③ ④

59. 가능성이 있는 대안들이 가져올 각각의 결과를 고려하여 심사숙고해서 선택을 한다. ① ② ③ ④

60. 나는 어떤 결정을 하기 전에 그 결정이 가져올 결과를 가능한 한 많이 알고자 한다. ① ② ③ ④

61. 여러 사람 앞에서 내 의견을 말하기를 좋아한다. ① ② ③ ④

62. 다른 사람의 생각이나 경험을 존중한다. ① ② ③ ④

63. 내 생각이 중요하듯이 다른 사람의 생각도 중요하다고 생각하고 존중한다. ① ② ③ ④

64. 한번 하기로 마음먹은 일은 반드시 행한다. ① ② ③ ④

65. 나는 목표달성을 위해서 최선의 노력을 기울인다. ① ② ③ ④

66. 어떤 일을 마음먹고 행동을 옮겼을지라도 계속하기 어려우면 쉽게 중단한다. ① ② ③ ④

67. 확고한 태도를 취하는 것이 필요한 때에도 그렇지 못해 내 자신에게 불만일 때가 있다. ① ② ③ ④

	전혀 그렇지 않다	그렇지 않다	그렇다	아주 그렇다
68. 문제를 다양한 관점에서 생각해보고 다양한 해결책을 생각한다.	①	②	③	④
69. 자신이 선택한 일을 실행할 때 장애요인을 확인하고 해결방법을 생각한다.	①	②	③	④
70. 어떤 일을 하기로 결정을 하면 어려운 조건이 있을지라도 일단 시작해 본다.	①	②	③	④
71. 감정이나 기분에 휩싸이지 않고 구체적인 계획을 세워서 일을 추진한다.	①	②	③	④
72. 먼저 해야 할 일과 나중에 해야 할 일을 알고 일 처리를 한다.	①	②	③	④

가치분석 기초학습자료 정답
논법개념 익히기
논리구조 익히기
논리적으로 구조화 하기(사례:8)
논리적으로 구조화 하기(사례:9)
논리적으로 구조화 하기(사례:10)
논리적으로 구조화 하기(사례:12)
논리적으로 구조화 하기(사례:13)
논리적으로 구조화 하기(사례:14)
논리적으로 구조화 하기(사례:16)
논리적으로 구조화 하기(사례:17)
논리적으로 구조화 하기(사례:18)
논리적으로 구조화 하기(사례:19)
사실판단과 가치판단의 구별하기
가치판단 논리적 구조화하기(사례:11)
가치판단 논리적 구조화하기(사례:13)
가치판단 논리적 구조(익히기 문제2)

정언삼단논법 논리 구조 속의 개념 익히기
사례 번호 2
대개념: 물
소개념: 붕어
매개념: 물고기
사례 번호 3
대개념: 죽는다.
소개념: 코끼리
매개념: 동물

정언삼단논법의 논리적 구조 익히기
대전제: ①
소전제: ③
결론: ⑦
대전제: ④
소전제: ⑥
결론: ⑨
대전제: ⑤
소전제: ⑧
결론: ②

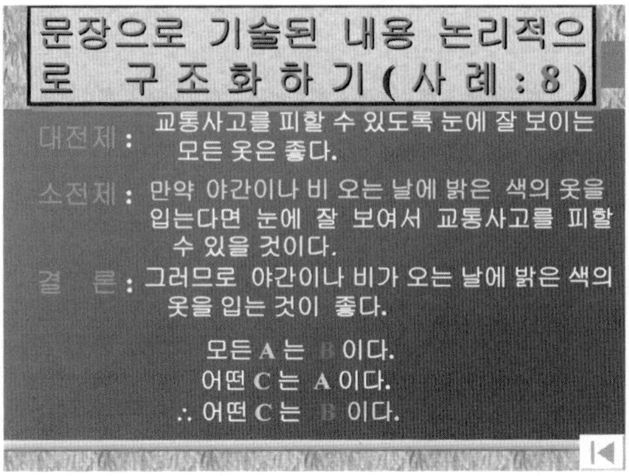

문장으로 기술된 내용 논리적으로 구조화하기(사례:8)

대전제 : 교통사고를 피할 수 있도록 눈에 잘 보이는 모든 옷은 좋다.

소전제 : 만약 야간이나 비 오는 날에 밝은 색의 옷을 입는다면 눈에 잘 보여서 교통사고를 피할 수 있을 것이다.

결 론 : 그러므로 야간이나 비가 오는 날에 밝은 색의 옷을 입는 것이 좋다.

모든 A 는 B 이다.
어떤 C 는 A 이다.
∴ 어떤 C 는 B 이다.

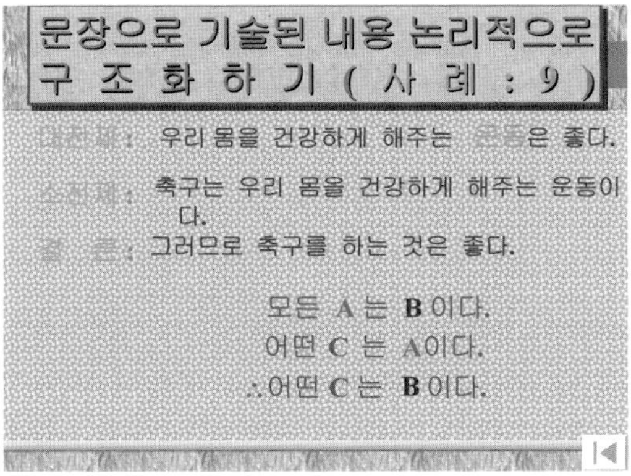

문장으로 기술된 내용 논리적으로 구조화하기 (사 례 : 9)

대전제 : 우리 몸을 건강하게 해주는 운동은 좋다.

소전제 : 축구는 우리 몸을 건강하게 해주는 운동이다.

결 론 : 그러므로 축구를 하는 것은 좋다.

모든 A 는 B 이다.
어떤 C 는 A 이다.
∴ 어떤 C 는 B 이다.

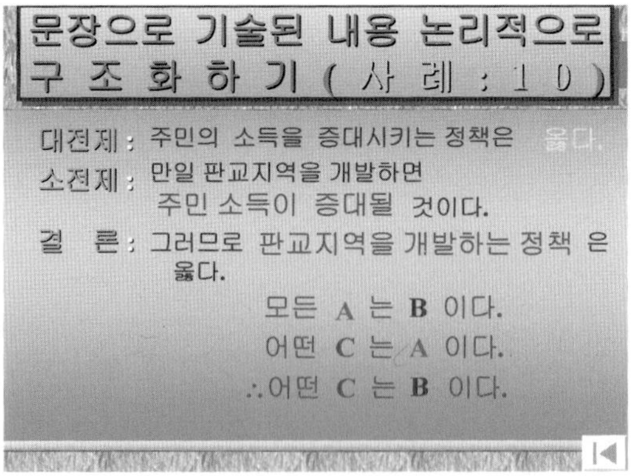

문장으로 기술된 내용 논리적으로 구조화하기 (사 례 : 10)

대전제 : 주민의 소득을 증대시키는 정책은 옳다.

소전제 : 만일 판교지역을 개발하면 주민 소득이 증대될 것이다.

결 론 : 그러므로 판교지역을 개발하는 정책 은 옳다.

모든 A 는 B 이다.
어떤 C 는 A 이다.
∴ 어떤 C 는 B 이다.

문장으로 기술된 내용 논리적으로 구 조 화 하 기 (사 례 : 1 2)

대전제 : 공공질서를 지키지 않는 행위는 옳지 않다.

소전제 : 새치기를 하는 것은 공공질서를 지키지 않는 행위이다.

결 론 : 그러므로 새치기를 하는 것은 옳지 않다.

모든 **A** 는 **B** 이다.

어떤 **C** 는 **A** 이다.

∴어떤 **C** 는 **B** 이다.

문장으로 기술된 내용 논리적으로 구 조 화 하 기 (사 례 : 1 3)

대전제 : 건강에 해로운 행위를 하는 것은 나쁘다.

소전제 : 만약 담배를 피우면 건강에 해로워질 것이다.

결 론 : 그러므로 담배를 피우는 것은 나쁘다.

모든 **A** 는 **B** 이다.

어떤 **C** 는 **A** 이다.

∴ 어떤 **C** 는 **B** 이다.

문장으로 기술된 내용 논리적으로 구 조 화 하 기 (사 례 : 1 4)

대전제 : 단백질 성분이 많은 음식물은 몸에 좋다.

소전제 : 우유식품은 단백질 성분이 많다.

결 론 : 그러므로 우유식품은 몸에 좋다.

모든 **A** 는 **B** 이다.

모든 **C** 는 **A** 이다.

∴어떤 **C** 는 **B** 이다.

문장으로 기술된 내용 논리적으로 구조화하기 (사 례 : 16)

문장으로 기술된 내용 논리적으로 구 조 화 하 기 (사 례 : 1 7)

문장으로 기술된 내용 논리적으로 로 구 조 화 하 기 (사 례 : 1 8)

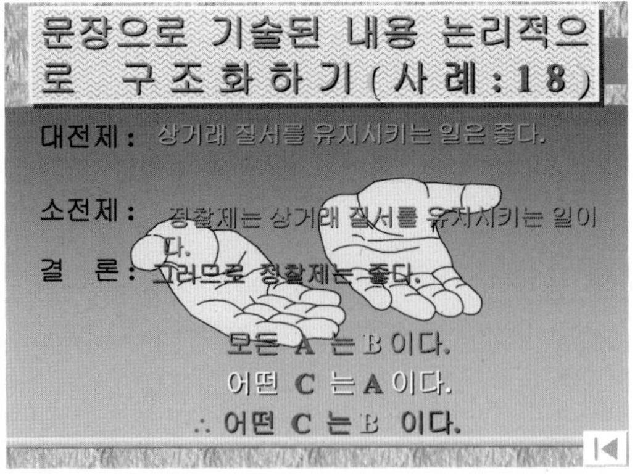

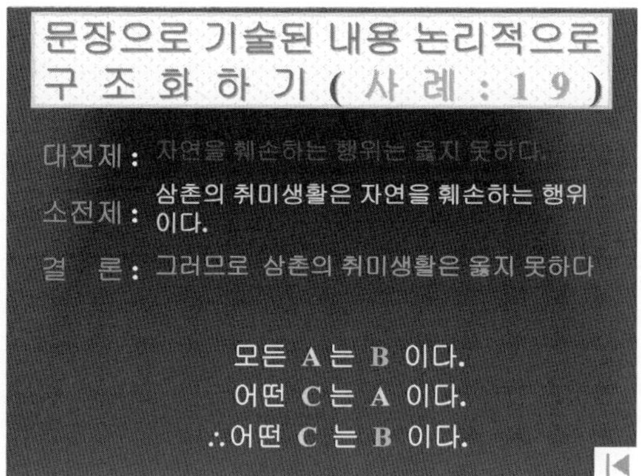
문장으로 기술된 내용 논리적으로
구 조 화 하 기 (사 례 : 1 9)
대전제 : 자연을 훼손하는 행위는 옳지 못하다.
소전제 : 삼촌의 취미생활은 자연을 훼손하는 행위
이다.
결 론 : 그러므로 삼촌의 취미생활은 옳지 못하다

모든 A 는 B 이다.
어떤 C 는 A 이다.
∴어떤 C 는 B 이다.

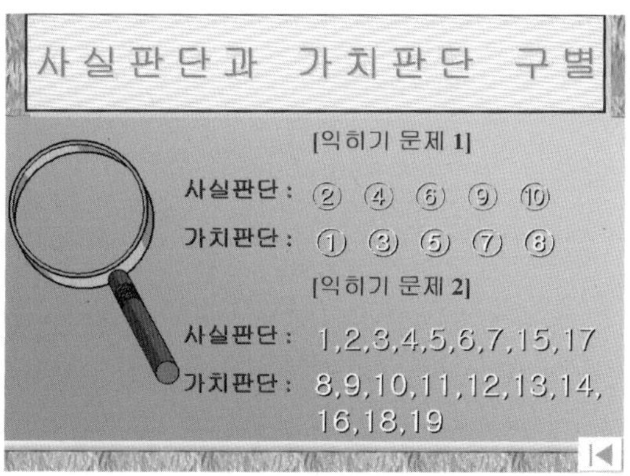
사 실 판 단 과 가 치 판 단 구 별
[익히기 문제 1]
사실판단 : ② ④ ⑥ ⑨ ⑩
가치판단 : ① ③ ⑤ ⑦ ⑧
[익히기 문제 2]
사실판단 : 1,2,3,4,5,6,7,15,17
가치판단 : 8,9,10,11,12,13,14,
16,18,19

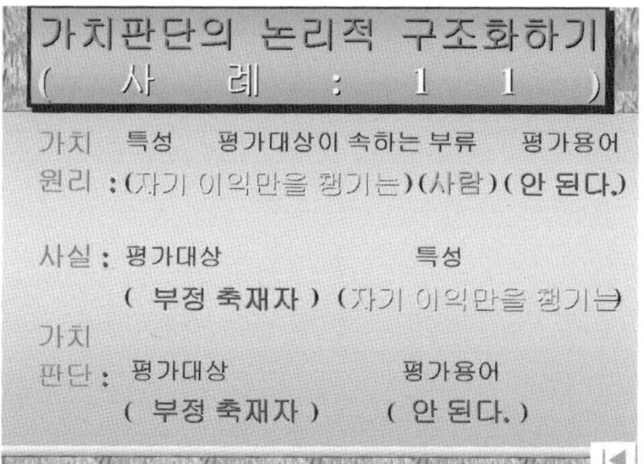
가치판단의 논리적 구조화하기
(사 례 : 1 1)
가치 특성   평가대상이 속하는 부류   평가용어
원리 :(자기 이익만을 챙기는)(사람)(안 된다.)

사실 : 평가대상   특성
(부정 축재자) (자기 이익만을 챙기는)
가치
판단 : 평가대상   평가용어
(부정 축재자)   (안 된다.)

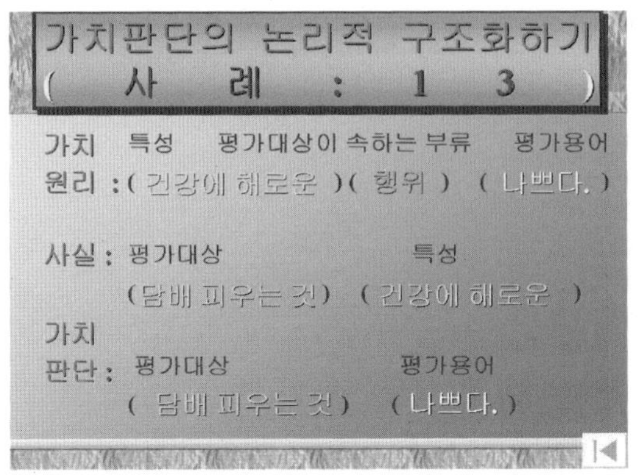
가치판단의 논리적 구조화하기
(사 례 : 1 3)
가치 특성 평가대상이 속하는 부류 평가용어
원리 : (건강에 해로운)(행위) (나쁘다.)
사실 : 평가대상 특성
(담배 피우는 것) (건강에 해로운)
가치
판단 : 평가대상 평가용어
(담배 피우는 것) (나쁘다.)

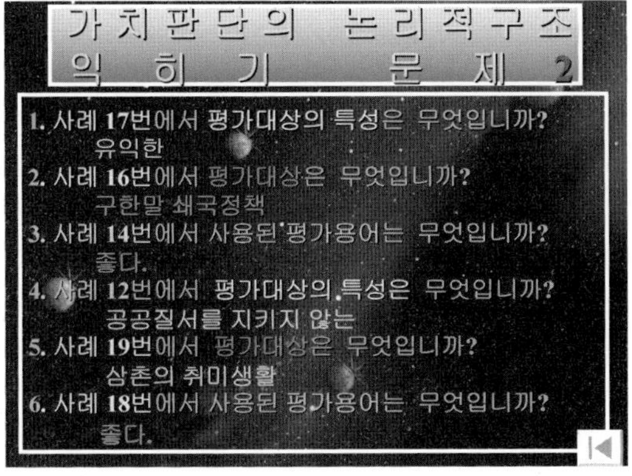
가치판단의 논리적구조
익 히 기 문 제 2
1. 사례 17번에서 평가대상의 특성은 무엇입니까?
유익한
2. 사례 16번에서 평가대상은 무엇입니까?
구한말 쇄국정책
3. 사례 14번에서 사용된 평가용어는 무엇입니까?
좋다.
4. 사례 12번에서 평가대상의 특성은 무엇입니까?
공공질서를 지키지 않는
5. 사례 19번에서 평가대상은 무엇입니까?
삼촌의 취미생활
6. 사례 18번에서 사용된 평가용어는 무엇입니까?
좋다.

· **저자** ·

설재풍 · **약 력** ·
偰在豊
　　　　전북대학교 사범대학(윤리교육) 문학사
　　　　건국대학교 교육대학원(상담심리) 교육학 석사
　　　　건국대학교 대학원(교육심리) 교육학 박사
　　　　전국학교상담지원센터 이사
　　　　KEDI 교육현안문제 모니터 위원
　　　　교육인적자원부 사이버 자문위원
　　　　한국교원단체총연합회 전문위원
　　　　청소년상담원 전문상담위원
　　　　에듀넷 사이버 상담교사
　　　　커리어넷 사이버 상담원
　　　　건국대학교, 안산공과대학, 국제신학대학원대학교, 한세대학교 강사
　　　　(현)성남공업고등학교 교사

· **주요논저** ·
「합리적 진로의사결정유형 증진을 위한 가치명료화 프로그램의 개발과 적용 효과」
「사회적 문제해결능력 증진을 위한 가치명료화 프로그램의 개발과 적용 효과」
「가치분석 프로그램이 역기능적 진로사고에 미치는 효과」(공저)
「가치명료화 프로그램이 고등학생의 사회적 문제해결능력과
　자아존중감에 미치는 효과」(공저)
「진로성숙과 자아정체감에 미치는 가치분석과 가치명료화 프로그램의 효과 비교」
「상담자 개인변인과 자기효능감, 상담협력관계 및 역전이 행동과의 관계」(공저)
『교육학 개론』(공저)
『중학교 진로와 직업』(공저)
『진로와 직업 교사용 지도서』(공저)
『사랑을 심는 정원사』
『관문놀이』
외 다수

E-mail : seolpun@hanmail.net
(가치교육과 상담의 세계를 함께 열어갈 분을 기다립니다.)

가치분석과 명료화

- 초판 인쇄 2007년 4월 20일
- 초판 발행 2007년 4월 20일

- 지 은 이 설재풍(전국학교상담지원센터)
- 펴 낸 이 채종준
- 펴 낸 곳 한국학술정보㈜
  경기도 파주시 교하읍 문발리 526-2
  파주출판문화정보산업단지
  전화 031) 908-3181(대표) · 팩스 031) 908-3189
  홈페이지 http://www.kstudy.com
  e-mail(출판사업부) publish@kstudy.com
- 등   록 제일산-115호(2000. 6. 19)
- 가   격 30,000원

ISBN 978-89-534-6621-0 93370 (Paper Book)
      978-89-534-6622-7 98370 (e-Book)